New OPIc

IH&AL 보장

PAGODA Books

New
OPIc
IH&AL 보장

초판 1쇄 인쇄 2016년 1월 2일
초판 1쇄 발행 2016년 1월 2일
초판 10쇄 발행 2025년 5월 7일

지 은 이 | 헤더리, 제시리
펴 낸 이 | 박경실
펴 낸 곳 | **PAGODA Books** 파고다북스
출판등록 | 2005년 5월 27일 제 300-2005-90호
주   소 | 06614 서울특별시 서초구 강남대로 419, 19층(서초동, 파고다타워)
전   화 | (02) 6940-4070
팩   스 | (02) 536-0660
홈페이지 | www.pagodabook.com

저작권자 | ⓒ 2016 헤더리, 제시리

ISBN 978-89-6281-708-9 (13740)

파고다북스   www.pagodabook.com
파고다 어학원   www.pagoda21.com
파고다 인강   www.pagodastar.com
테스트 클리닉   www.testclinic.com

▌ 낙장 및 파본은 구매처에서 교환해 드립니다.

머리말

처음 외국에 가서 영어를 접하면서 많은 시행 착오를 겪었습니다. 1, 2년이란 시간 동안 어느 정도의 의사소통을 구사할 수 있는 실력이 쌓이면서 꽤 영어를 잘하고 있다고 생각한 적도 있습니다. 그러나 10년의 외국 생활을 마감한 지금 다시 생각해 보면, 그 또한 영어를 배워 가는 과정이었으며 앞으로도 갈 길이 멀다는 것을 새삼 느끼게 됩니다. 의사소통이 된다고 영어를 잘하는 것이 아니며, 말할 때 하는 영어와 작문에서 쓰는 영어, 또 상황별로 적합한 영어가 모두 다르다는 것을 알고 있습니다.

OPIc이란 얼마나 회화를 자연스럽게, 원어민처럼 구사할 수 있는지를 확인하는 커뮤니케이션 테스트입니다. 어려운 단어를 쓴다고 회화를 잘하는 것이 아닌 것처럼 OPIc 또한 책에서나 볼 법한 어려운 어휘를 떠나 본인이 하고자 하는 이야기를 얼마나 다양한 뉘앙스로 소화할 수 있는지를 테스트하는 동시에 본인의 영어 실력을 가장 정확하게 확인할 수 있는 수단임을 확신합니다.

오랜 해외 생활에서 직접 부딪히면서 느꼈던 주제별 표현, 뉘앙스에 맞는 문장들을 최대한 자연스럽게 책에 녹여내려고 노력했습니다. OPIc의 채점관들이 이 책을 통해 해외 생활을 하지 않고도 자연스러운 표현을 구사하는 여러분들을 저만큼이나 회화 스킬에 능숙한 사람으로 확신하게 만드는 것이 이 교재의 가장 중요한 포인트입니다.

단기간에 회화를 잘하기란 분명 어려운 일입니다. 그렇기 때문에 매회 시험을 분석한 정확한 데이터를 바탕으로 채점관들이 원하는 답변에 대해 최소의 노력으로 최대한의 퍼포먼스를 보여 줄 수 있도록 교재를 구성했습니다. 여러분이 교재 내에 정해진 가이드라인만 정확하게 따라간다면, 분명 정해진 IH/AL의 요소들을 충족시키실 수 있을 것이고, 원하는 등급 또한 얻을 수 있을 것입니다. 여러분이 이 책의 마지막 장을 넘길 때쯤이면 원하는 등급뿐 아니라 오랜 시간 동안 여러분들을 괴롭혀 왔던 영어라는 장벽이 보다 가깝게 느껴질 것이라고 확신합니다. 더 나아가서는 자연스럽게 회화에도 자신감이 붙을 수 있을 것입니다.

이 책을 쓰면서 많은 시행 착오를 겪었습니다. 먼저 강사로서 한 단계 성장할 수 있게 기회를 주시고 이 책이 나오기까지 물심양면 지원을 아끼지 않아 주셨던 파고다 박경실 회장님, 항상 든든하게 뒤에서 응원해 주시는 루다 이사님, 정말 감사합니다. 또한 항상 강사로서의 프로페셔널함에 대해 지도해 주시는 천세은 부원장님, 유재원 부원장님 정말 감사 드립니다. 개인적으로 김 조교, 주애 조교, LJH, SJY, LSJ, JYK 멘탈 지원을 아끼지 않았던 모든 분들께 감사 전하고 싶습니다. 마지막으로 하고 싶은 말로 이 책을 마무리하도록 하겠습니다.

Thanks God for blessing me much more than I deserve,

저자 헤더리, 제시리

책의 구성

빈출 주제 정하기

빈출 주제는 Background Survey에서 본인이 선택하는 선택형 주제입니다.
직업, 가족 관계, 취미, 여가활동, 운동 활동, 휴가까지 다양하게 본인의 정보를 선택하는 주제이며
빈출도가 높고 문제 유형들이 연관이 있어 발화량을 위한 아이디어 구성에 도움이 되는
항목들 위주로 선정하였습니다.

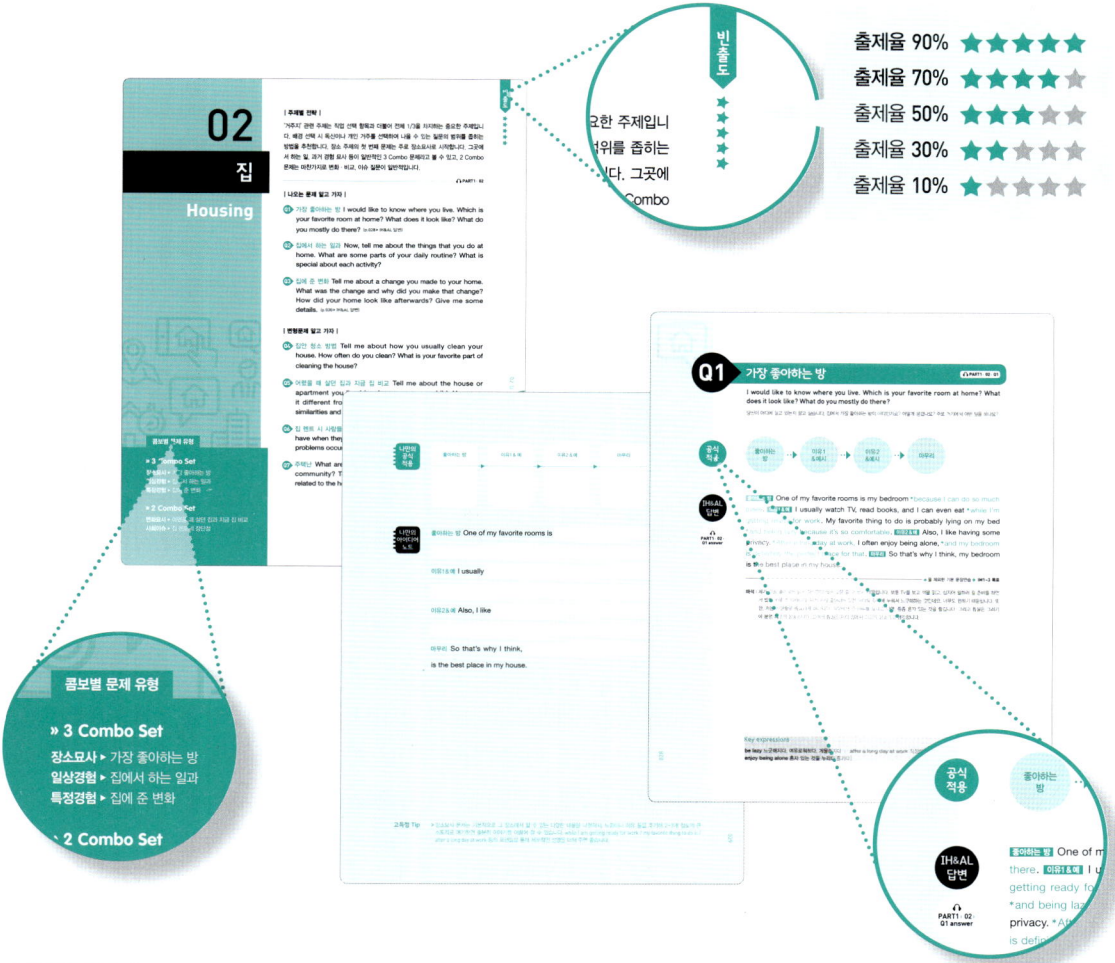

출제율 90%	★★★★★
출제율 70%	★★★★☆
출제율 50%	★★★☆☆
출제율 30%	★★☆☆☆
출제율 10%	★☆☆☆☆

PART 2 돌발 주제 정복하기

돌발 주제는 선택형 주제와는 무관하게 시험을 보는 모든 이들에게 나올 수 있는 주제를 말합니다.
실제 돌발 주제는 50여 가지가 되며 이 책에서는 지난 몇 년간의 데이터를 통해
빈번히 출제되는 주제들만 엄선하여 최신 기출을 반영하였습니다.

PART 3 · Role-Play 정복하기

롤플레이는 고득점을 위한 레벨의 테스트에서는 2문제가 출제되며,
'주어진 상황에서 직접/전화 질문하기'와 '문제 상황에서 상황 설명과 대안 제시하기'가 있습니다.
아무리 당황스러운 상황이라 할지라도 상황별 패턴을 익혀 두면 능숙하게 롤플레이를 답할 수 있습니다.

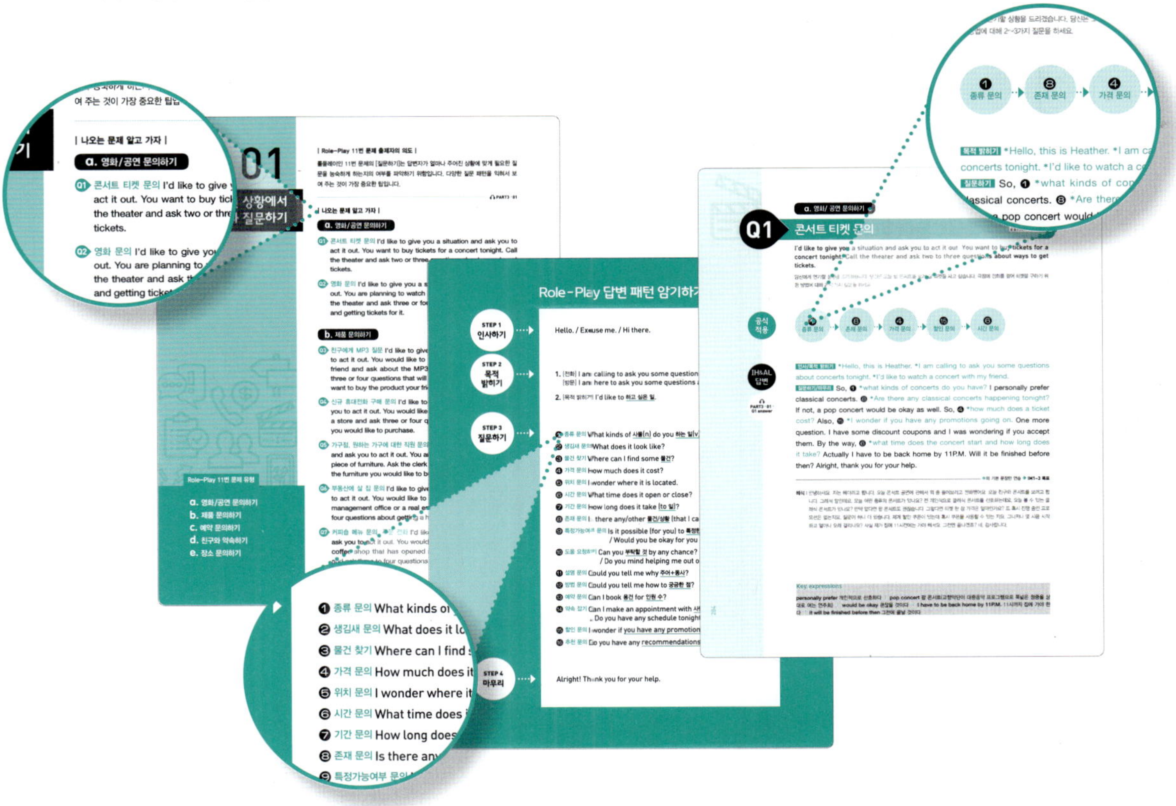

온라인 모의테스트

모의고사를 보고 실제 시험에 임하느냐가
등급 하나를 좌우할 수 있을 만큼 모의테스트는 중요합니다.
온라인 모의테스트를 통해 시험 전 실전감각을 충분히 기르는 연습이 필요합니다.
오픽은 얼마나 말을 능숙하게 하느냐가 관건이 되는 시험이기 때문에
충분히 표현이나 어휘들을 숙지했더라도 실전에서 등급 편차가 심할 수 있습니다.
충분히 공부한 후 온라인 모의테스트를 통해 실전에서 필요한 순발력,
시간 분배, 발화량, 전달력 등을 충분히 확인하고 연습할 수 있습니다.

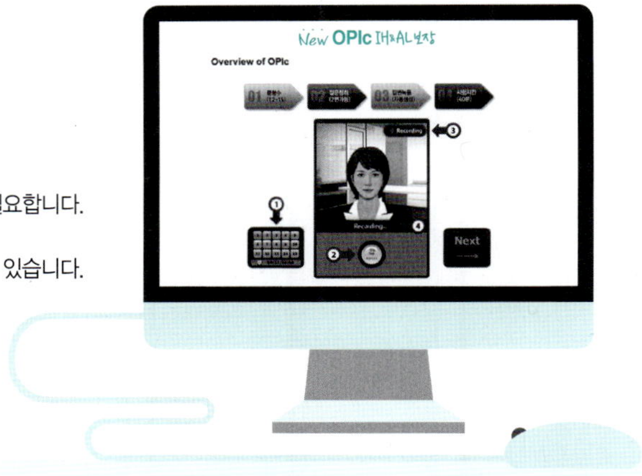

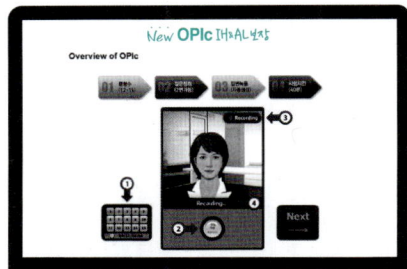

목차

PART 1 » 빈출 주제 정하기

PART 2 » 돌발 문제 정복하기

PART 3 >> Role-Play 정복하기

OPIc 시험 소개

1 OPIc이란?

OPIc은 OPI의 일대일 또는 면대면 형식의 말하기 평가가 computer 버전으로 재탄생된 영어 말하기 테스트라고 할 수 있습니다. 모니터 속의 에바가 오프라인에서의 면접관을 대신해 질문을 합니다. 단순히 문법 요소나 어휘 등을 평가하는 형태의 시험이 아니라 파트너의 입장에서 의사소통을 얼마나 매끄럽고 효과적으로 할 수 있는가를 측정하는 언어평가시험입니다.

국내에서는 2007년에 처음 시행되어 현재 약 2,000여 개의 기업 및 공공 기관에서 채용, 인사(평가) 등에 활용되고 있습니다. 영어에서부터 중국어, 러시아어, 스페인어, 한국어에 이르기까지 총 5개의 언어로 시험을 볼 수 있는 OPIc은 우리나라뿐만 아니라 해외 다른 나라에서도 통일된 기준을 가지고 체계적으로 언어를 평가할 수 있는 테스트로서 폭넓게 활용되어 각광받고 있습니다.

> ### OPIc(Oral Proficiency Interview computer)
>
> - 총 15문제 (자기소개/주제별 총 5세트)
> - 오리엔테이션 시간을 통해 Background Survey와 등급 설정
> - 오리엔테이션 시간: 약 20분
> - 시험 시간: 40분 (문제당 제한 시간 없음)
> - 총괄적 평가 방식 (문제당 개별 점수 없음)
> - 시험 결과: 시험 후 5일 경과 후 크레듀 사이트를 통해 확인 가능

2 OPIc 등급 체계

Level		레벨별 요약 설명
Advanced	Advanced LOW	생각, 경험을 유창히 표현하는 수준, 일괄적인 시제 관리, 묘사 및 설명에 다양한 형용사를 사용, 적절한 접속사/연결어 사용으로 문장간의 결속력이 높고 문단의 구조를 능숙히 구성한다. 익숙지 않은 복잡한 상황에서도 문제를 설명, 해결할 수 있다.
Intermediate	Intermediate HIGH	문법적으로 크게 오류가 없는 문단 단위의 언어를 구사하고 기본적인 토론과 업무 관련 의사소통이 가능하다. 익숙하지 않거나 예측하지 못한 복잡한 상황을 만날 때, 대부분의 상황에서 사건을 설명하고 문제를 효과적으로 해결 가능하다. 발화량이 많고 다양한 어휘를 사용한다.
	Intermediate MID	문법적 오류를 범하나 문장 단위의 언어를 구사하고 깊은 토론 외의 의사소통이 가능하다. 일상적인 소개 및 익숙한 상황을 문장으로 표현할 수 있다. 다양한 문장 형식이나 어휘를 실험적으로 사용하려고 하며 상대방이 조금만 배려해 주면 오랜 시간 대화가 가능하다.
	Intermediate LOW	일상적인 소재에 한해서 짧은 문장으로 구성하여 말할 수 있다. 대화에 참여하고 선호하는 소재에서는 자신감을 가지고 말할 수 있다.
Novice	Novice HIGH	단어나 어구를 통한 의사소통이 가능하며, 일상적이고 간단한 대화가 가능하다. 일상적인 소재에 대해 복합적인 단어 혹은 문장으로 말할 수 있다.
	Novice MID	이미 암기한 단어나 문장으로 말하기를 할 수 있다.
	Novice LOW	제한적인 수준이지만 영어 단어를 나열하며 말할 수 있다.

3 OPIc 화면 구성

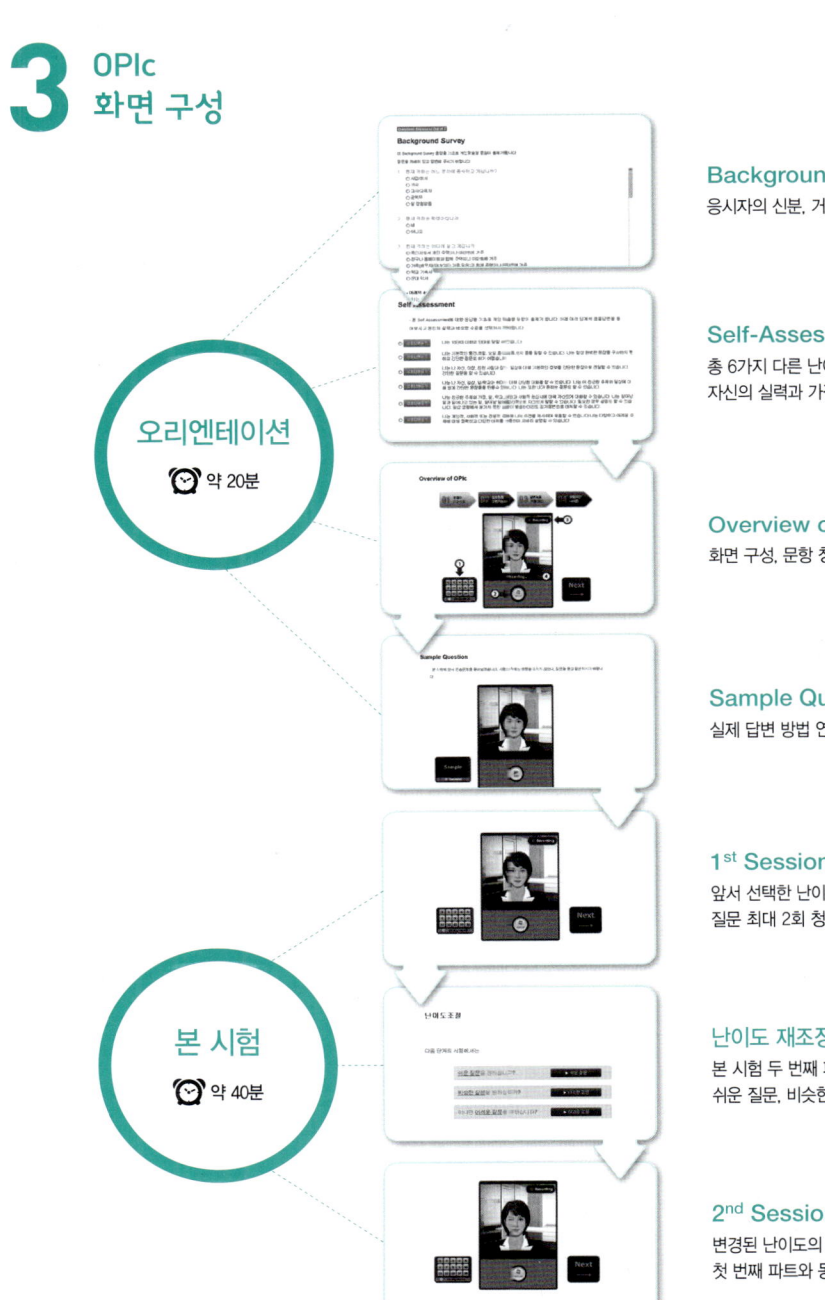

오리엔테이션
🕐 약 20분

본 시험
🕐 약 40분

Background Survey : 배경설문
응시자의 신분, 거주지 및 관심 분야 선택

Self-Assessment : 난이도 선택
총 6가지 다른 난이도의 샘플 답변을 듣고,
자신의 실력과 가장 유사하다고 생각되는 레벨 선택

Overview of OPIc : 시험 진행 안내
화면 구성, 문항 청취 및 답변 방법 안내

Sample Question : 샘플 질문
실제 답변 방법 연습

1st Session : 본 시험 첫 번째 파트
앞서 선택한 난이도의 문제 출제 / 약 7문제 출제 /
질문 최대 2회 청취 / 문항별 답변 시간 제한 없음

난이도 재조정 : 난이도 변경 옵션
본 시험 두 번째 파트 문제들의 난이도 조정 /
쉬운 질문, 비슷한 질문, 어려운 질문 중 하나 선택

2nd Session : 본 시험 두 번째 파트
변경된 난이도의 문제 출제 / 약 5~8문제 출제 /
첫 번째 파트와 동일한 시험 방식

4 OPIc Background Survey 화면

New OPIc에 업데이트된 Background Survey 항목입니다. OPIc 시험 공략법(p.12)의 설문조사 Tip을 참고하여, 아래 항목들에서 어떤 주제에 대한 답변을 구성할지 미리 준비해 보세요.

1. 현재 귀하는 어느 분야에 종사하고 계십니까?
- ☐ 사업/회사
- ☐ 가사
- ☐ 교사/교육자
- ☐ 군복무
- ☐ 일 경험없음

'사업/회사, 가사' 선택 시 추가 질문
1.1 현재 귀하는 직업이 있으십니까?
- ☐ 네
- ☐ 아니오

'네' 선택 시 추가 질문
1.1.1 귀하의 근무 기간은 얼마나 되십니까?
- ☐ 첫 직장 – 2개월 미만
- ☐ 첫 직장 – 2개월 이상
- ☐ 첫 직장 아님 – 경험 많음

'첫 직장 – 2개월 이상, 첫 직장 아님 – 경험 많음' 선택 시 추가 질문
1.1.1.1 귀하는 부하 직원을 관리하는 관리직을 맡고 있습니까?
- ☐ 네
- ☐ 아니오

'교사/교육자' 선택 시 추가 질문
1.1 현재 귀하는 어디에서 학생을 가르치십니까?
- ☐ 고등학교/대학교
- ☐ 초등학교/중학교
- ☐ 평생교육

3가지 항목 모두 선택 시 추가 질문
1.1.1 현재 귀하는 직업이 있으십니까?
- ☐ 네
- ☐ 아니오

'네' 선택 시 추가 질문
1.1.1.1 귀하의 근무 기간은 얼마나 되십니까?
- ☐ 2개월 미만 – 첫 직장
- ☐ 2개월 미만 – 교직은 처음이지만 이전에 다른 직업을 가진 적이 있음
- ☐ 2개월 이상

'2개월 이상' 선택 시 추가 질문
1.1.1.1.1 귀하는 부하 직원을 관리하는 관리직을 맡고 있습니까?
- ☐ 네
- ☐ 아니오

2. 현재 귀하는 학생이십니까?
- ☐ 네
- ☐ 아니오

2.1 강의를 듣는 목적은 무엇입니까?
- ☐ 학위 취득
- ☐ 전문기술을 향상시키기 위한 평생학습
- ☐ 어학수업
- ☐ 어학수업 5년 이상 안 함

3. 현재 귀하는 어디에 살고 계십니까?
- ☐ 독신자로서 개인 주택이나 아파트에 거주
- ☐ 친구나 룸메이트와 함께 주택이나 아파트에 거주
- ☐ 가족(배우자/자녀/기타 가족 일원)과 함께 주택이나 아파트에 거주
- ☐ 학교 기숙사
- ☐ 군대 막사

아래의 4~7번 문항에서 12개 이상을 선택해 주시기 바랍니다.

4. 귀하는 여가 활동으로 주로 무엇을 하십니까? (두 개 이상 선택)
   - ☐ 영화보기
   - ☐ 클럽/나이트클럽 가기
   - ☐ 공연보기
   - ☐ 콘서트보기
   - ☐ 박물관가기
   - ☐ 공원가기
   - ☐ 캠핑가기
   - ☐ 독서하기
   - ☐ 해변가기
   - ☐ 스포츠관람
   - ☐ 집안일 거들기
   - ☐ 술집/바에 가기
   - ☐ 카페/커피전문점에 가기
   - ☐ 게임하기 (비디오, 카드, 보드, 휴대폰 등)
   - ☐ 당구치기
   - ☐ 리얼리티 TV쇼
   - ☐ 체스하기
   - ☐ SNS (페이스북, 트위터, 싸이월드 등)에 글 올리기
   - ☐ 친구들에게 문자보내기
   - ☐ 시험대비 과정 수강하기
   - ☐ 뉴스를 보거나 듣기
   - ☐ 요리관련 프로그램 시청하기
   - ☐ 차로 드라이브하기
   - ☐ 쇼핑
   - ☐ 스파가기
   - ☐ 구직활동 하기
   - ☐ 자원봉사 하기

5. 귀하의 취미나 관심사는 무엇입니까? (한 개 이상 선택)
   - ☐ 아이에게 책 읽어주기
   - ☐ 음악 감상하기
   - ☐ 악기 연주하기
   - ☐ 혼자 노래부르거나 합창하기
   - ☐ 춤추기
   - ☐ 글쓰기 (편지, 단문, 시 등)
   - ☐ 그림 그리기
   - ☐ 요리하기
   - ☐ 애완동물 기르기

   - ☐ 주식투자하기
   - ☐ 신문읽기
   - ☐ 여행 관련 잡지나 블로그 읽기
   - ☐ 진촬영하기

6. 귀하는 주로 어떤 운동을 즐기십니까? (한 개 이상 선택)
   - ☐ 농구
   - ☐ 야구/소프트볼
   - ☐ 축구
   - ☐ 미식축구
   - ☐ 하키
   - ☐ 크리켓
   - ☐ 골프
   - ☐ 배구
   - ☐ 테니스
   - ☐ 배드민턴
   - ☐ 탁구
   - ☐ 수영
   - ☐ 자전거
   - ☐ 스키/스노우보드
   - ☐ 아이스 스케이트
   - ☐ 조깅
   - ☐ 걷기
   - ☐ 요가
   - ☐ 하이킹/트레킹
   - ☐ 낚시
   - ☐ 헬스
   - ☐ 태권도
   - ☐ 운동 수업 수강하기
   - ☐ 운동을 전혀 하지 않음

7. 당신은 어떤 휴가나 출장을 다녀온 경험이 있습니까?
   (한 개 이상 선택)
   - ☐ 국내출장
   - ☐ 해외출장
   - ☐ 집에서 보내는 휴가
   - ☐ 국내 여행
   - ☐ 해외 여행

5 OPIc 시험 공략법

배경설문
(Background Survey)
주제 선택 Tip

1. 직업 ☑ 일 경험 없음

2. 학생 유무 ☑ 아니오

🅣🅘🅟 실제 신분과 상관없이 수험자가 자신 있게 말할 수 있는 항목을 선택합니다. 채점자는 배경설문에서 선택한 항목을 볼 수 없기에 답변과는 무관합니다.

2.1 강의 듣는 목적 ☑ 어학수업 5년 이상 안 함

3. 거주지 ☑ 독신자로서 주택이나 아파트에 거주

🅣🅘🅟 실제 거주하고 있는 장소나 함께 사는 사람과 상관없이 영어로 말하기 쉬운 항목을 선택합니다.

4~7. 12개 이상의 항목 선택(여가 활동, 취미 및 관심사, 운동, 휴가 및 출장)

🅣🅘🅟 본인의 성향에 맞춰서 항목을 선택하되 자신이 알고 있는 표현법을 다양하게 응용할 수 있도록 최대한 비슷한 주제들을 묶어서 선택하세요. 그리고 '영화 보기, 공연 보기, 콘서트 보기'와 같은 항목들은 출제되는 질문 유형도 비슷하므로 함께 선택하면 문제의 빈출도를 조절할 수 있습니다.

난이도 선택 Tip
(Self Assessment)

총 6개의 등급으로 나눠진 Self Assessment는 각각의 샘플 답변을 듣고 해당하는 등급을 선택하고, 그 난이도에 맞는 수준의 문제가 출제됩니다. 주의해야 할 것은 문제의 수준이 다른 만큼 평가 기준에도 영향을 끼칠 수 있기 때문에, IH 또는 AL을 목표로 하는 모든 분들은 5-5단계의 선택을 추천합니다.

Self Assessment

본 Self Assessment에 대한 응답을 기초로 개인 맞춤형 문항이 출제가 됩니다. 아래 여섯 단계의 샘플 답변을 들어 보시고, 본인의 실력과 비슷한 수준을 선택하시기 바랍니다.

○ 샘플 음성 듣기 나는 10단어 이하의 단어로 말할 수 있습니다.

○ 샘플 음성 듣기 나는 기본적인 물건, 색깔, 요일, 음식, 의류, 숫자 등을 말할 수 있습니다. 나는 항상 완벽한 문장을 구사하지 못하고 간단한 질문도 하기 어렵습니다.

○ 샘플 음성 듣기 나는 나 자신, 직장, 친한 사람과 장소, 일상에 대한 기본적인 정보를 간단한 문장으로 전달할 수 있습니다. 간단한 질문을 할 수 있습니다.

○ 샘플 음성 듣기 나는 나 자신, 일상, 일/학교와 취미에 대해 간단한 대화를 할 수 있습니다. 나는 이 친근한 주제와 일상에 대해 쉽게 간단한 문장들을 만들 수 있습니다. 나는 또한 내가 원하는 질문도 할 수 있습니다.

◉ 샘플 음성 듣기 나는 친근한 주제와 가정, 일, 학교, 개인과 사회적 관심사에 대해 자신 있게 대화할 수 있습니다. 나는 일어난 일과 일어나고 있는 일, 일어날 일에 대해 합리적으로 자연스럽게 말할 수 있습니다. 필요한 경우 설명도 할 수 있습니다. 일상 생활에서 예기치 못한 상황이 발생하더라도 임기응변으로 대처할 수 있습니다.

○ 샘플 음성 듣기 나는 개인적, 사회적 또는 전문적 주제에 나의 의견을 제시하여 토론할 수 있습니다. 나는 다양하고 어려운 주제에 대해 정확하고 다양한 어휘를 사용하여 자세히 설명할 수 있습니다.

먼저 최신 경향의 오픽에서 가장 조심해야 할 부분은 암기형 스타일의 답변입니다. 같은 패턴의 문장이 매번 나온다거나 질문에 대한 답을 하는 것이 아니라 외운 공식을 풀어내듯 영어 문장을 반복적으로 사용할 때 NH, 즉 패널티를 받을 수 있다는 것을 조심해야 합니다. 그렇기 때문에 이미 숙지하고 있는 문장이라고 하더라도 꼭 자연스러운 자신의 표현으로 소화해서 이야기하는 것이 중요합니다.

오픽에서 가장 기본적으로 충족시켜야 할 부분은 문법이나 어휘가 아닌 바로 발화량과 능숙도입니다. 주어진 주제에 대해서 얼마나 많은 이야기를 풀어 나갈 수 있는지가 중요합니다. 주제와 관련하여 어떠한 고급스럽고 특정한 문장을 쓰는 것보다 단순한 문장으로라도 꾸준히 대화를 이어갈 수 있다면 IM2 등급까지는 충분히 받으실 수 있습니다.

이와 같이 발화량은 오픽의 가장 기본적인 사항이며, IH&AL을 목표로 하는 분들이라면 일괄적인 시제 관리나 다양한 부사어, 형용사들을 추가시켜 문장을 구체화시키고 풍성한 의미를 전달할 수 있어야 하며, 현재완료나 관계사절 등을 추가시켜 문장의 뉘앙스를 다양하게 표현하면 목표했던 등급으로 충분히 갈 수 있습니다.

IH와 AL은 완성도의 차이입니다. 추가적으로 평가 요소에 들어가는 항목이 없기 때문에 IH를 목표로 하는 분들이라면 AL로 목표를 바꾸길 추천합니다.

OPIc 시험 샘플 문제

등급 5-5를 선택했을 때 기준의 실제 시험 세트입니다.

1번 문제는 항상 자기소개이며, 4번째 세트에 해당하는 Q11-13은 항상 롤플레이입니다. 마지막 2콤보짜리 한 세트는 문제 난이도가 항상 높은 문제들로 구성됩니다. 배경설문 주제와 돌발 주제는 모든 시험 세트가 다 랜덤으로 출제됩니다.

자기소개	**Q1** 자기소개 Let's start the interview. Tell me something about yourself.
집에서 보내는 휴가 관련 (배경설문 주제)	**Q2** 집에서 휴가를 보낼 때 보고 싶은 사람 You indicated that you take vacations at home. Who do you meet when you spend vacations at home? What you do with them? Plus, who do you want to meet in the future for your vacation? Why is that?
	Q3 지난 휴가 때 한 일 Tell me about what you did during your last vacation. How did your vacation start and how it end? What did you do on each day? Tell me everything about the things you did on your last vacation at home.
	Q4 집에서 보낸 휴가 중 기억에 남는 경험 Now, tell me about an unusual or unexpected experience you had during a vacation you spent at home. Why was it memorable? Who were you with? Where were you at? What did you do? What are some things or events that you remember?
집 관련 (배경설문 주제)	**Q5** 가장 좋아하는 방 I would like to know where you live. Which is your favorite room at home? What does it look like? What do you mostly do there? Why do you like that room?
	Q6 어렸을 때 살던 집과 지금 집 비교 Tell me about the house or apartment you lived in when you were a child. How was it different from the one you live in now? What are the differences and similarities?
	Q7 집에서 일어난 문제 상황, 해결 방법 Something can go wrong at your home. Tell me about a time when something unexpected happened at your home. What was the problem and how did you solve the situation?

**기술_전화 관련
(돌발 주제)**

Q8 일상 기술 What piece of technology do you use every day? How do you use it and how often do you use this gadget? Would you say that you highly depend on technology throughout the day? Tell me all about it.

Q9 새로운 기술을 접한 경험 A new type of technology can be frustrating. Tell me about a time when you had trouble due to a new technology. What kind of problems did that technology give you? Why was it frustrating? Tell me everything about that experience you had.

Q10 기술 변화 How has the technology you use changed over the years? What is different with the technology you use today compared to the technology you used in the past? Give me all the details.

**MP3 관련
(롤플레이 + 돌발 주제)**

Q11 친구에게 MP3 질문 I'd like to give you a situation and ask you to act it out. You would like to buy an MP3 Player. Call your friend and ask about the MP3 Player he/she is using. Ask three or four questions that will help you decide whether you want to buy the product your friend is using.

Q12 친구 MP3 고장, 상황 설명/대안 제시 I'm sorry, but there is a problem I need to resolve. You have borrowed your friend's MP3 Player but broke it by accident. Call your friend and explain the situation. Give two or three alternatives that will help solve the situation.

Q13 기계 고장 경험, 해결 방법 That's the end of the situation. Do you have any personal experience when a device broke and you had trouble because of that? What exactly happened and how did you fix the problem? Tell me everything about that experience.

**공원 관련
(배경설문 주제)**

Q14 두 공원 비교 Pick two popular parks that you know of and tell me about their similarities and differences. Which one do you prefer and why?

Q15 공원들이 직면하고 있는 이슈, 해결책 I'd like to know about one of the issues today's parks are faced with. What are the challenges public parks are face with these days? Discuss what has caused these concerns. What kind of steps need to be taken to address these issues?

7 유용한 답변 공식과 표현

문제 유형별 공식

OPIc은 많은 문제들은 실로 다양해 보이나 실제로 OPIc을 준비하다 보면 유사한 문제들이 많음을 느낄 수 있습니다. 크게 몇 가지 종류가 토픽별로 바꿔 가며 반복적으로 사용되고 있어 전체적인 문제 유형을 파악하면 답변 준비를 할 때 핵심을 파악하고 유형별 패턴을 사용하기 편리합니다.

- **종류묘사**

  What kind/ type/ genre of 주제 do you like?와 What is your favorite 주제? 등의 문장들로 시작되며 특정으로 좋아하거나 즐기는 장르, 이유, 예를 물어보는 일반묘사입니다. >> 공식: 종류 + 이유 + 예

- **장소묘사**

  Where is your favorite/ typical 특정 장소? 식으로 질문하며 특정 장소의 분위기, 시설, 사람 등을 묻는 일반묘사 입니다. >> 공식: 장소의 위치 + 분위기 + 시설

- **경향묘사**

  What do you do?라는 질문과 함께 특정 장소나 상황에서 주로 하는 습관 혹은 행동과 함께 '언제, 얼마나 자주, 누구와 하는지' 등을 묻는 일반묘사입니다. >> 공식: 시기/빈도 + 어디서 + 누구 + 하는 일

- **비교묘사**

  Tell me about their similarities and differences.와 같이 유사점과 차이점을 묻는 일반묘사입니다. 비교묘사인 만큼 대비되는 아이디어를 제시해야 합니다. >> 공식: 유사점1, 2 + 차이점 1, 2

- **경험묘사**

  What did you do during 시기? 특정 주제 관련 경험을 묻는 경험묘사입니다. 경험묘사는 크게 일상경험과 특정경험으로 나뉘며 과거시제가 주를 이루는 과거묘사입니다. >> 공식: 시기 + 어디서 + 누구 + 경험 + 느낀점

- **변화묘사**

  How have the 주제 changed over the years?와 같이 과거와의 변화 및 비교를 물어보는 묘사입니다. >> 공식: 변화 + 과거 + 현재 + 결론

- **사회이슈묘사**

  사회적인 이슈, 문제, 뉴스 등 본인과 관련된 이야기가 아닌 사회적인 시사점을 물어보는 일반묘사입니다. >> 공식: 이슈 + 현상 + 해결 방안

주제와 상관없이 응용할 수 있는 표현

- **문제를 이해하지 못했을 때**

  I'm sorry, but I'm not sure what you're asking. 미안하지만, 뭐라고 물어보는지 잘 모르겠어요.
  Let me tell you (about) something else instead. 대신 다른 이야기를 해 보려 해요.

I am sorry, Eva. I don't know if I heard you right because it's a bit loud here. Let me see what I can do.
미안해요, 에바. 여기가 조금 시끄러워서 제대로 들렸는지 모르겠어요. 최선을 다해 볼게요.
I am sorry, Eva. Honestly, I haven't thought about this topic much, so I will try my best.
미안해요, 에바. 솔직히, 이런 주제는 생각 해 본 적이 없어요. 하지만 최선을 다해 볼게요.

• 정확한 표현이 생각나지 않을 때

Let me see. 글쎄요. 어디 보자.
Well, I don't know how to say this in English. 이걸 영어로 어떻게 얘기해야 할지 모르겠어요.
I'm not sure if this word is right. 이게 맞는 단어인지 모르겠어요.

• 제시한 내용이 충분하지 않다고 느껴질 때

Well, that's all I have for now. Yeah, that's it. Thanks. 음, 지금까지는 이게 다예요. 응 그 정도예요. 고마워요.
Well, that's the only thing I can think of at the moment. 음, 지금 생각할 수 있는 건 이게 다인 거 같아요.
Well, that's all I remember for now. 음, 지금 기억나는 건 이게 다예요.

• 질문과 관련된 경험이 잘 기억나지 않을 때

I can't remember it clearly. / It's hard to remember. 확실히 기억이 안 나요. / 기억이 잘 나지 않아요.
It has been a long time since then. 그때부터 시간이 꽤 지났어요.
But I'll try to remember as much as I can. 하지만 내가 할 수 있는 한 최선을 다해 볼게요.

• 질문과 관련된 경험이 없을 때

To be honest, I have never experienced such a thing. 솔직히, 그런 경험은 한 번도 없어요.
I'll talk about my other experiences related to this. 이것과 관련된 다른 경험을 이야기해 볼게요.

• 생각해 보지 않은 주제에 대해 물어볼 때

To be honest, I'm not   familiar with the subject. 솔직히, 이 주제가 익숙하지 않아요.

• 이미 답변한 내용에 대해 물어볼 때

As I mentioned earlier, 미리 언급했듯이
As I told you, 말했던 것처럼

• 주제를 벗어났거나 한 말을 다시 전달하고 싶을 때

I think I'm off the topic now (a little bit). 조금 주제를 벗어난 것 같네요.
I think what I'm saying is out of the point. 요점을 조금 벗어난 얘기를 하고 있는 거 같아요.
Let me make it clear. 좀 더 확실하게 해 볼게요.

• 답변 시간이 부족할 때

Unfortunately, I'm almost out of time. / I wish I could have more time.
안타깝게도, 시간이 다 된 것 같아요. / 시간이 좀 더 있었으면 좋겠어요.
If there's a chance, I'd like to tell you about it in more detail next time.
기회가 된다면, 다음에 좀 더 자세히 얘기하고 싶어요.
Why don't we talk about this later, maybe in person? 실제로 만나서 이것에 대해 얘기해 보는 게 어때요?

학습 플랜

10일 속성 완성

✚ 함께 학습하면 득이 되는 주제별로 묶어서 스케줄표를 구성하였습니다.

DAY 1

PART 1
01 자기소개
02 집
15 집에서 보내는
   휴가

PART 2
10 가구

DAY 2

PART 1
12 음악 감상하기
03 영화 보기
11 리얼리티 방송

DAY 3

PART 1
04 공원 가기
05 해변 가기
13 조깅/걷기

PART 2
01 지형
07 커뮤니티
08 재활용

DAY 4

PART 1
08 SNS에 글 올리기
09 친구에게 문자
   보내기
10 쇼핑

PART 2
02 기술 1_전화
03 기술 2_인터넷
04 산업/업종
13 패션

DAY 5

PART 1
06 술집/바 가기
07 카페 가기

PART 2
09 음식점

DAY 6

PART 1
14 국내외 여행

PART 2
14 예약
15 호텔
16 교통
17 날씨

DAY 7

PART 2
05 가족/친구
06 건강
11 명절/휴일
12 은행

DAY 8

PART 3
01 주어진 상황에서
   직접/전화
   질문하기

DAY 9

PART 3
02 문제 상황에서
   상황 설명과 대안
   제시하기

DAY 10

온라인 모의테스트

20일 집중 완성

✚ 함께 학습하면 득이 되는 주제별로 묶어서 스케줄표를 구성하였습니다.

DAY 1

PART 1
01 자기소개
02 집

PART 2
10 가구

DAY 2

PART 1
14 국내외 여행
15 집에서 보내는 휴가

DAY 3

PART 1
04 공원 가기
13 조깅/걷기

DAY 4

PART 1
05 해변 가기

PART 2
01 지형

DAY 5

PART 1
07 커뮤니티
08 재활용

DAY 6

PART 1
03 영화 보기
12 음악 감상하기
11 리얼리티 방송

DAY 7

PART 1
08 SNS에 글 올리기
09 친구에게 문자 보내기

DAY 8

PART 2
02 기술 1_전화
03 기술 2_인터넷

DAY 9

PART 1
10 쇼핑

PART 2
04 산업/업종
13 패션

DAY 10

PART 2
06 건강

DAY 11

PART 1
06 술집/바
07 카페 가기

PART 2
09 음식점

DAY 12

PART 2
15 호텔

DAY 13

PART 2
05 가족/친구
11 명절/휴일

DAY 14

PART 2
12 은행
16 교통

DAY 15

PART 2
14 예약
17 날씨

DAY 16

PART 3
01 주어진 상황에서 직접/전화 질문하기

DAY 17

PART 3
02 문제 상황에서 상황 설명과 대안 제시하기

DAY 18

온라인 모의테스트

DAY 19

온라인 모의테스트

DAY 20

온라인 모의테스트

PART 1

빈출 주제 정하기

{ PART 1 }

01

자기소개

Self-Introduction

| 주제별 전략 |

자기소개 항목은 Novice level의 문제로서, 중요도면에서는 3 Combo 문제나 2 Combo 문제보다는 떨어집니다. 부담 없이 입을 푸는 시간이라 생각하고 편하게 이야기하면 됩니다. 기본적인 자기소개나 취미, 가족 사항과 같은 무난한 내용으로 이야기를 풀어 나가면 됩니다.

Q1 자기소개

Let's start the interview now. Please tell me about yourself.

이제 인터뷰를 시작하겠습니다. 자기소개를 해 주세요.

공식
적용

이름&나이 ··▶ 결혼 여부&가족 ··▶ 성격 ··▶ 취미&여가 활동 ··▶ 마무리

IH&AL
답변

PART1 › 01 ›
Q1 answer

이름&나이 Hello. My name is Jina Lee and you can just call me Jenny *which is the name that my English teacher made for me when I was in high school. I am 26 years old in Western age and 28 years old in Korean age. *I was born in the year of the dragon. **결혼 여부&가족** I have two younger sisters and we live with our parents. Therefore, there are five people in my family. I am the oldest. *Therefore I have taken care of my younger sisters since I was young. **성격** When it comes to my personality, I'm extroverted and optimistic. *My mom told me once that I used to be an introverted person when I was young. However, ever since I entered elementary school, I have been extraverted. So I have many friends that I love to hang out with. I am also optimistic. I always try to remind myself to be open-minded *and positive no matter what happens. I am not afraid of making mistakes. **취미&여가 활동** Additionally, I like to listen to music in my free time. I especially enjoy listening to fast songs such as dance music. **마무리** Anyways, I guess that's all. I appreciate your listening.

·· ✱을 제외한 기본 문장연습 ➔ IM1~3 목표

해석 | 안녕하세요. 제 이름은 이지나인데요, 제니라고 부르셔도 됩니다. 고등학교 때 영어 선생님께서 지어 주신 이름이에요. 저는 서양 나이로 26살이지만 한국 나이로는 28살입니다. 용의 해에 태어난 용띠입니다. 제게는 두 명의 여동생이 있으며 부모님과 함께 살고 있습니다. 그래서 저희 가족은 총 5명이고 제가 첫째입니다. 그래서 어렸을 때부터 동생들을 돌보았지요. 제 성격을 말씀 드리자면 저는 외향적이고 긍정적입니다. 한번은 어머니께서 말씀하시길 제가 어렸을 때는 내성적인 아이였으나 초등학교에 입학한 이후 외향적이 되었답니다. 그래서 저는 친구들이 많고 친구들과 어울리는 것을 좋아합니다. 저는 또한 긍정적입니다. 항상 무슨 일이 있더라도 수용적이고 긍정적인 사람이 되도록 제 자신을 일깨우려 합니다. 추가적으로 저는 여가 시간에 음악 듣는 것을 좋아합니다. 저는 특히 댄스음악과 같이 빠른 노래를 좋아합니다. 어찌되었던, 제 생각엔 이 정도가 다인 듯합니다. 들어 주셔서 감사합니다.

Key expressions

in western age 서양 나이로는 | **be born in the year of the dragon** 용의 해에 태어나다, 용띠이다 **when it comes to personality** 성격에 관해서는 **extroverted** 외향적인 **optimistic** 낙천적인 **introverted** 내성적인 **enter elementary school** 초등학교에 입학하다 **hang out with** ~와 잘 어울리다 **open-minded** 마음이 열린, 수용적인 **positive** 긍정적인 **be afraid of making mistakes** 실수하는 것을 두려워하다

이름&나이	결혼 여부&가족	성격	취미&여가 활동	마무리

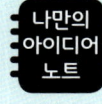

이름&나이 My name is _____ and you can just call me _____

_____

_____

결혼 여부&가족 I have _____ and

we live with _____

_____

성격 When it comes to my personal ty, I'm _____

_____

_____

취미&여가 활동 Additionally, I like to _____

_____

_____

마무리 _____

_____

02

집

Housing

| 주제별 전략 |

'거주지' 관련 주제는 직업 선택 항목과 더불어 전체 1/3을 차지하는 중요한 주제입니다. 배경 선택 시 독신이나 개인 거주를 선택하여 나올 수 있는 질문의 범위를 좁히는 방법을 추천합니다. 장소 주제의 첫 번째 문제는 주로 장소묘사로 시작합니다. 그곳에서 하는 일, 과거 경험 묘사 등이 일반적인 3 Combo 문제라고 볼 수 있고, 2 Combo 문제는 마찬가지로 변화 · 비교, 이슈 질문이 일반적입니다.

··· 🎧 PART1 › 02

| 나오는 문제 알고 가자 |

Q1 **가장 좋아하는 방** I would like to know where you live. Which is your favorite room at home? What does it look like? What do you mostly do there? (p.028 ▸ IH&AL 답변)

Q2 **집에서 하는 일과** Now, tell me about the things that you do at home. What are some parts of your daily routine? What is special about each activity?

Q3 **집에 준 변화** Tell me about a change you made to your home. What was the change and why did you make that change? How did your home look afterwards? Give me some details. (p.030 ▸ IH&AL 답변)

| 변형문제 알고 가자 |

Q4 **집안 청소 방법** Tell me about how you usually clean your house. How often do you clean? What is your favorite part of cleaning the house?

Q5 **어렸을 때 살던 집과 지금 집 비교** Tell me about the house or apartment you lived in when you were a child. How was it different from the one you live in now? What are the similarities and differences? (p.032 ▸ IH&AL 답변)

Q6 **집 렌트 시 사람들이 겪는 어려움** Talk about the problems people have when they rent a house or an apartment. Why do those problems occur and how do people solve those problems?

Q7 **주택난** What are the causes of the housing shortage in your community? Tell me some issues that people talk about related to the housing shortage.

콤보별 문제 유형

» 3 Combo Set

장소묘사 ▸ 가장 좋아하는 방
경향묘사 ▸ 집에서 하는 일과
특정경험 ▸ 집에 준 변화

» 2 Combo Set

변화묘사 ▸ 어렸을 때 살던 집과 지금 집 비교
사회이슈 ▸ 집 렌트의 장단점

Q1 가장 좋아하는 방

I would like to know where you live. Which is your favorite room at home? What does it look like? What do you mostly do there?

당신이 어디에 살고 있는지 알고 싶습니다. 집에서 가장 좋아하는 방이 어디인가요? 어떻게 생겼나요? 주로 거기에서 어떤 일을 하나요?

공식 적용

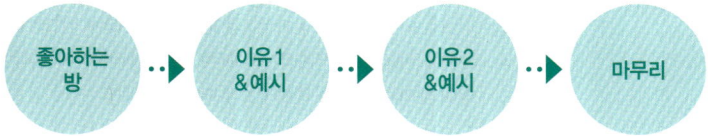

좋아하는 방 ┈▶ 이유1 &예시 ┈▶ 이유2 &예시 ┈▶ 마무리

IH&AL 답변

🎧 PART1 › 02 › Q1 answer

좋아하는 방 One of my favorite rooms is my bedroom *because I can do so much there. **이유1&예** I usually watch TV, read books, and I can even eat *while I'm getting ready for work. My favorite thing to do is probably lying on my bed *and being lazy because it's so comfortable. **이유2&예** Also, I like having some privacy. *After a long day at work, I often enjoy being alone, *and my bedroom is definitely the perfect place for that. **마무리** So that's why I think, my bedroom is the best place in my house.

⋯⋯⋯⋯⋯⋯⋯⋯⋯⋯⋯⋯⋯⋯⋯⋯⋯⋯ ✱을 제외한 기본 문장연습 ➔ **IM1~3 목표**

해석 ｜ 제가 가장 좋아하는 방은 침실인데 많은 것을 할 수 있기 때문입니다. 보통 TV를 보고 책을 읽고, 심지어 일하러 갈 준비를 하면서 밥도 먹을 수 있습니다. 제가 가장 좋아하는 일은 아마도 침대에 누워서 느긋해하는 것인데요, 너무도 편하기 때문입니다. 또한, 저는 사생활을 중요하게 여깁니다. 직장에서 긴 하루를 보내고 나면, 종종 혼자 있는 것을 즐깁니다. 그리고 침실은 그러기에 분명 최고의 장소입니다. 그래서 침실은 저희 집에서 최고의 장소라고 생각합니다.

Key expressions

be lazy 느긋해지다, 여유로워하다, 게을러지다 ｜ **after a long day at work** 직장에서 긴 하루를 보내고 ｜
enjoy being alone 혼자 있는 것을 누리다[즐기다]

나만의 공식 적용

좋아하는 방	→	이유1 & 예	→	이유2 & 예	→	마무리

나만의 아이디어 노트

좋아하는 방 One of my favorite rooms is

이유1 & 예 I usually

이유2 & 예 Also, I like

마무리 So that's why I think,

is the best place in my house.

고득점 Tip ▸ 장소묘사 문제는 기본적으로 그 장소에서 할 수 있는 다양한 내용을 나열하되, 느낌이나 이유 등을 추가해 2~3개 정도의 큰 스토리로 얘기하면 충분히 이야기를 이끌어 갈 수 있습니다. while I am getting ready for work / my favorite thing to do is / after a long day at work 등의 표현들을 통해 세부적인 설명을 더해 주면 좋습니다.

Q3 집에 준 변화

🎧 PART1 › 02 › Q3

Tell me about a change you made to your home. What was the change and why did you make that change? How did your home look afterwards? Give me all the details.

집에 변화를 줬던 것에 대해 말해 주세요. 어떤 변화를 줬고 왜 그랬습니까? 그 뒤에 집은 어떻습니까? 자세히 설명해 주세요.

공식 적용

도입부 ··▶ 변화 계기 ··▶ 변화 전 과정 ··▶ 변화 후 결과

IH&AL 답변

🎧 PART1 › 02 › Q3 answer

도입부 *I remember the time when my parents decided to remodel the kitchen. 변화 계기 The cabinets and appliances were getting old, *and my parents wanted to do something about it. 변화 전 과정 It took some time packing up everything into boxes. We ended up finding some old pots and pans *that we didn't know we had. *Once the construction started, we had to eat out almost every day. The project took almost two weeks to finish, *but it was worth the wait. 변화 후 결과 Everything in the kitchen was brand new. *I'm happy my parents decided to redo the kitchen.

·· *을 제외한 기본 문장연습 ➜ IM1~3 목표

해석 | 부모님이 부엌을 리모델링했던 것을 기억합니다. 선반이나 주방가전이 낡아져서 무언가 하고 싶어 하셨습니다. 모든 것을 상자 안에 포장하는 것은 꽤 시간이 걸렸습니다. 우리는 가지고 있는 줄도 몰랐던 낡은 냄비와 프라이팬들을 찾아냈습니다. 공사가 시작된 후로는 거의 매일 나가서 먹었습니다. 공사는 거의 2주가 걸렸지만 충분히 기다릴 만했다고 생각합니다. 이제 주방은 완전히 새로워졌습니다. 부모님이 부엌을 고치기로 하셨던 것에 정말 만족합니다.

Key expressions

pack up everything 모든 걸(짐을) 싸다 I end up finding something 결국 ~을 찾게 되다 I
be worth the wait 기다릴 만한 가치가 있다 I redo the kitchen 부엌을 개조하다

나만의 공식 적용

도입부	→	변화 계기	→	변화 전 과정	→	변화 후 결과

나만의 아이디어 노트

도입부 I remember the time when

변화 계기   getting old,

변화 전 과정 It took some time

변화 후 결과 I'm happy my parents decided to

고득점 Tip ▶ 특정 과거 경험묘사는 정확한 사용이 가장 중요한 부분입니다. 그 밖에 횟수나 시간을 설명할 때 almost every day 혹은 almost two weeks를 사용해 단조로운 every day나 once a week 등의 표현을 강조하는 것 또한 고득점 포인트가 될 수 있습니다. 그 밖에 at least once a week / almost every single day / from time to time과 같은 횟수나 시간을 나타내는 표현 역시 고득점 포인트가 될 수 있습니다.

Tell me about the house or apartment you lived in when you were a child. How was it different from the one you live in now? What are the similarities and differences?

당신이 어렸을 적에 살던 집이나 아파트에 대해 말해 주세요. 지금 사는 곳과 어떻게 다릅니까? 유사점과 차이점은 무엇입니까?

공식 적용

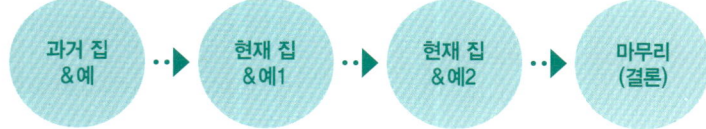

과거 집 &예 ‥▶ 현재 집 &예1 ‥▶ 현재 집 &예2 ‥▶ 마무리 (결론)

IH&AL 답변

PART1 › 02 › Q5 answer

과거 집&예 *I remember when I lived in an apartment complex as a child. I used to hang out with my neighbors all the time. *Because I lived in a rural area, there were large rivers and lots of mountains close to my house. 현재 집&예1 Even though, I still live in an apartment complex, it's a bit different *from the place I grew up. Both are apartment complexes, but my new one has a great city view. *My favorite part of the day is when I have a bottle of beer and enjoy the view of the city. 현재 집&예2 Plus, public transportation is accessible *where I live, so it has become a lot easier to go places than in the past. I can just walk out and take the subway within five minutes. 마무리(결론) Overall, I enjoy living in apartment complexes, *both in the country and in the city.

·· ✱을 제외한 기본 문장연습 ➡ IM1~3 목표·

해석 | 어렸을 적에 아파트 단지에서 살았던 것이 기억납니다. 매일 같이 이웃 친구들과 놀곤 했습니다. 지방에서 살았기 때문에 집 주변에 큰 강과 산들이 많았습니다. 지금도 역시 아파트 단지에 살고 있지만, 어렸을 적 자랐던 곳과는 조금 다릅니다. 둘 다 아파트지만 지금 사는 곳은 도시의 전경이 멋진 편입니다. 하루 중 가장 좋아하는 시간은 맥주를 마시며 도시의 전경을 즐길 때입니다. 게다가 대중교통이 집에서 가깝습니다. 그래서 예전보다 다른 곳으로 이동하는 것이 훨씬 쉬어졌습니다. 걸어서 5분 안에 지하철을 탈 수 있습니다. 결론적으로 저는 지방과 도시 모두 아파트 단지에 사는 것이 좋습니다.

Key expressions

hang out with my neighbors 동네 친구들과 놀다 | rural area 근교

나만의 공식 적용

과거 집&예	→	현재 집&예1	→	현재 집&예2	→	마무리(결론)

나만의 아이디어 노트

과거 집&예 I remember when

현재 집&예1 Even though, I still live n an apartment complex,

현재 집&예2 Plus, public transportation is

마무리(결론) Overall,

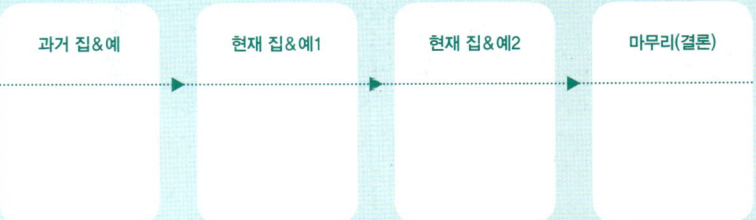

고득점 Tip ▶ 변화 · 비교묘사 질문입니다. 과거시제와 현재시제를 구분하여 사용할 수 있다는 것을 어필할 수 있도록 used to / but now 등의 표현을 이용하는 것이 좋습니다. 또한 it has become a lot easier to go places than in the past 등의 강조 · 비교 문장을 추가하여 표현력을 넓혀 보세요.

03

영화 보기

Movies

| 주제별 전략 |

설문조사 4번의 여가 항목 중 '영화 보기'는 빈출도가 높은 중요한 주제입니다. 돌발문제에도 자주 나오는 시청 관련 주제를 배경 선택 시 선택하여 나올 수 있는 질문의 범위를 좁히는 것이 효과적입니다. 장르 주제의 첫 번째 문제는 주로 종류묘사로 시작합니다. 그곳에서 장르, 장소, 경험 묘사 등이 일반적인 3 Combo 문제이고, 2 Combo 문제는 마찬가지로 변화·비교, 이슈 묘사가 일반적입니다. 전략적인 서베이를 통해 공부할 범위를 줄이고 자주 나오는 주제에 집중하는 것이 중요합니다. '영화 보기, TV 시청' 등의 유사 주제들을 같이 준비하면 효과적입니다. 3단 콤보에서 자주 출제되는 문제로 Q1-3까지이며, 2단 콤보에서는 Q5, 6입니다.

⌒ PART1 › 03

| 나오는 문제 알고 가자 |

Q1 **좋아하는 영화장르** You indicated that you like to go to the movies. What is your favorite genre? Why do you like that type of movie? (p.036 ▸ IH&AL 답변)

Q2 **자주 가는 영화관** Tell me about the movie theater you typically go to. What is it like? What does it look like? Describe a movie theater you often go to in as much detail as possible. (p.038 ▸ IH&AL 답변)

Q3 **기억에 남는 영화** What was the most memorable movie you've watched? What was it about? What was so special about that movie? Would you recommend that movie to other people?

| 변형문제 알고 가자 |

Q4 **좋아하는 영화배우** I would like to ask you about your favorite actor or actress. Why do you like him or her? What kind of movies has he or she starred in? Give me all the details about the actor or actress you like most.

Q5 **과거/현저 영화작품들의 변화** Could you compare the movies made today to movies you saw while you were growing up? How have movies changed over the years? What are some similarities and differences? (p.040 ▸ IH&AL 답변)

Q6 **최근 영화계의 이슈** When you talk with your friends or family members about movies, what topics do you discuss? Why are these issues of interest or concern to you and your friends? What makes them so important? Plus, what are some recent trends in the movie industry?

Q7 **영화를 볼 때 사용하는 기기** Tell me about the latest electronic equipment you use when you watch movies. What kinds of devices do you use? Why do you use these gadgets?

콤보별 문제 유형

» 3 Combo Set

종류묘사 ▸ 좋아하는 영화장르
장소묘사 ▸ 자주 가는 영화관
일상경험 ▸ 기억에 남는 영화

» 2 Combo Set

변화묘사 ▸ 과거/현재 영화작품들의 변화
이슈묘사 ▸ 최근 영화계의 이슈

Q1 좋아하는 영화장르

🎧 PART1 › 03 › Q1

You indicated that you like to go to the movies. What is your favorite genre? Why do you like that type of movie?

당신은 영화를 좋아한다고 했습니다. 가장 좋아하는 영화장르는 무엇인가요? 왜 이 종류의 영화를 좋아하나요?

공식 적용

도입부 ·▶ 좋아하는 영화장르1 &이유 ·▶ 좋아하는 영화장르2 &이유 ·▶ 좋아하는 영화 예 ·▶ 마무리

IH&AL 답변

🎧 PART1 › 03 › Q1 answer

도입부 There are various types of movies *I like to watch. *In fact, I don't have a particular favorite type of movie. I enjoy watching all kinds of movies *from romantic comedies to action movies. **좋아하는 영화장르1 & 이유** Sometimes, I like to watch romantic comedies *because they remind me of someone in the past. **좋아하는 영화장르2 & 이유** However, there are times when I feel like watching action movies. The action scenes help me to relieve my stress *while watching them. **좋아하는 영화 예** *For example, a recent action movie I enjoyed was *Transformers*. I could concentrate easily on the movie because they have simple storylines. Plus, I sometimes just watch movies which are popular. *I just go to movies that are popular at that point of time. **마무리** *All in all, I like to watch everything from romantic comedies to action movies.

·· ＊을 제외한 기본 문장연습 ➡ **IM1~3 목표**

해석 | 제가 즐겨 보는 다양한 종류의 영화들이 있습니다. 사실, 저는 특별히 좋아하는 영화장르는 없습니다. 저는 로맨틱 코미디부터 액션 영화까지 모든 종류의 영화를 보는 것을 즐깁니다. 때로는, 저는 로맨틱 코미디를 보는 것을 좋아하는데, 왜냐하면 그것이 제게 과거의 누군가를 떠올리게 하기 때문입니다. 하지만 액션 영화를 보고 싶을 때가 있습니다. 액션 장면들은 보고 있는 동안 스트레스를 풀 수 있게 해 줍니다. 예를 들어, 제가 즐겨 보았던 최신 액션 영화는 〈트랜스포머〉입니다. 영화가 단순한 스토리라 인을 가지고 있어서 저는 쉽게 영화에 집중할 수 있었습니다. 게다가, 저는 때때로 그냥 유명한 영화를 봅니다. 그 당시에 인기 있는 영화를 그냥 보러 가기도 합니다. 대체로 저는 로맨틱 코미디부터 액션 영화까지 모든 것을 즐겨 봅니다.

Key expressions

remind me of someone in the past 과거의 누군가를 생각나게 하다 ǀ there are times when ~ ~할 때가 있다 ǀ feel like~ ~하고 싶은 기분이다 ǀ help to relieve my stress 스트레스 해소를 도와주다 ǀ concentrate easily on ~ ~에 쉽게 집중하다 ǀ simple storyline 간단한 줄거리 ǀ popular at that point of time 그 당시에 인기 있는

도입부	좋아하는 영화장르1&이유	좋아하는 영화장르2&이유	좋아하는 영화 예	마무리

나만의
아이디어
노트

도입부 There are various types of movies I like to watch. In fact,

좋아하는 영화장르1&이유 Sometimes, I like to watch

because

좋아하는 영화장르2&이유 However, there are times when I feel like watching

좋아하는 영화 예 For example,

Plus, I sometimes just watch movies which are popular.

마무리 All in all,

고득점 Tip ＞ 좋아하는 종류묘사를 할 때는 큰 범주의 내용부터 시작해서 세부적으로 들어가세요. 세부 장르를 얘기하기 시작하면 충분한 이유와 대표적인 예를 들어서 본인의 의견을 자세히 설명하는 것이 중요합니다. because it reminds me of someone in the past와 같이 구체적인 이유를 들어서 설명하고, 〈while 동사＋ing〉와 같이 구체적인 시기를 언급해 주면 좋습니다. 또한 for example 등을 통해 예를 보여 주되 주어는 the recent action movie I enjoyed was와 같이 긴 주어절로 말하면 어휘력을 어 필할 수 있습니다. 또한 현재시제를 주로 사용하는 일반묘사에서는 that절 등의 종속절도 사용하는 것이 좋습니다.

Q2 자주 가는 영화관

🎧 PART1 › 03 › Q2

Tell me about the movie theater you typically go to. What is it like? What does it look like? Describe a movie theater you often visit in as much detail as possible.

당신이 자주 가는 영화관에 대해 설명해 주세요. 어떤가요? 어떻게 생겼나요? 자주 가는 영화관에 대해서 가능한 한 자세히 설명해 보세요.

공식 적용

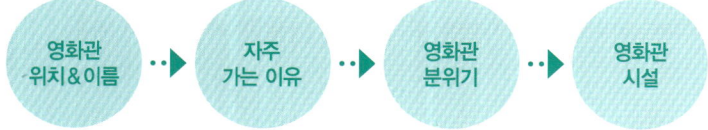

영화관 위치&이름 ·· 자주 가는 이유 ·· 영화관 분위기 ·· 영화관 시설

IH&AL 답변

🎧 PART1 › 03 › Q2 answer

영화관 위치&이름 My favorite movie theater *that I typically go to is a multiplex theater *called CCB. 자주 가는 이유 *Since my workplace is just across the street, it is convenient for me to watch a movie after work. *Although there are other movie theaters that provide better facilities, I prefer this movie theater because of its location. 영화관 분위기 The overall mood of the theater is always crowded with many people. 영화관 시설 There are various places to eat and shop *such as restaurants, coffee shops and stores. Also, there is the box office and many kiosks *where people line up to purchase their tickets. Plus, there are various kinds of theaters *such as 3D, 4D, and even IMAX screens. Moreover, before I watch movies, I normally purchase popcorn and drinks and I look at reviews. So, these are some reasons why I like to go to the movie theater.

·· ＊을 제외한 기본 문장연습 ➡ IM1~3 목표

해석 | 제가 주로 가는 가장 좋아하는 영화관은 CCB라고 하는 멀티플렉스 영화관입니다. 직장이 바로 길 건너에 있기 때문에, 그 곳은 제가 퇴근 후 영화를 보기에 편리합니다. 더 나은 시설을 제공하는 다른 영화관들도 있긴 하지만, 저는 위치 때문에 이 영화관을 선호합니다. 영화관의 전반적인 분위기는 많은 사람들로 항상 북적입니다. 음식점, 커피숍, 가게들과 같이 식사를 하거나 쇼핑할 만한 다양한 장소들이 있습니다. 또한 사람들이 티켓을 구입하기 위해 줄을 서는 매표소와 많은 키오스크가 있습니다. 그리고 3D, 4D와 심지어는 아이맥스 영화를 볼 수 있는 다양한 종류의 상영관들이 있습니다. 게다가, 저는 영화를 보기 전에 보통 팝콘과 음료를 사고 후기를 봅니다. 그래서 이것이 제가 이 영화관에 가는 것을 좋아하는 이유입니다.

Key expressions

multiplex theater 복합 상영관 | across the street 길 건너에 | provide better facilities 더 나은 시설을 제공하다 | crowded with many people 많은 사람으로 북적이는 | line up to purchase their ticket 티켓을 사려고 줄을 서다 | kiosk 키오스크(무인 발매기)

영화관 위치&이름	자주 가는 이유	영화관 분위기	영화관 시설

영화관 위치&이름 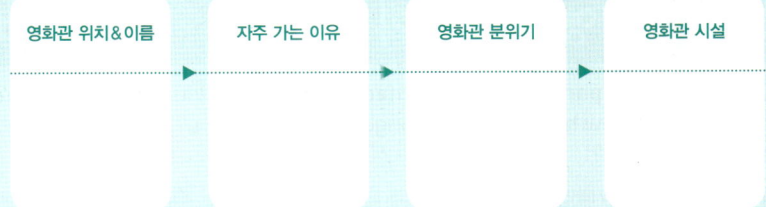 My favorite movie theater that I typically go to is

자주 가는 이유 It is convenient for me to watch a movie

영화관 분위기 The overall mood of the theater is

영화관 시설 There are various places to

Also,

고득점 Tip ＞ 장소묘사를 할 때는 장소의 위치와 이름을 밝히면서 시작하세요. 또한 장소의 특징적 시설을 설명해야 합니다. 특히 고득점을 위해서는 위치와 시설을 설명할 때 where 혹은 which를 사용하여 부가설명을 해 주는 것이 중요합니다. 예를 들면 there is the box office and many kiosks where people line up to purchase their tickets와 같이 부속절의 설명을 추가하는 것이 좋습니다.

Q5 과거/현재 영화작품들의 변화

Could you compare the movies made today to movies you saw while you were growing up? How have movies changed over the years? What are some similarities and differences?

오늘날의 영화와 당신이 자라면서 보아 온 영화를 비교해 주시겠어요? 수년간 영화는 어떻게 변화했나요? 유사점과 차이점은 무엇인 가요?

공식 적용

도입부 ┈▶ 과거의 영화기술 ┈▶ 현재의 영화기술 ┈▶ 추가적인 변화 ┈▶ 영화의 변화 (결론)

IH&AL 답변

PART1 › 03 › Q5 answer

도입부 Korean movies have changed a lot over the years. *The most noticeable change is the use of computer graphics. 과거의 영화기술 In the past, the computer graphic technology was not developed *as much as it is today. Therefore, the viewers could easily notice the use of computer graphics, *and it was somewhat awkward. 현재의 영화기술 However, these days, there have been massive improvements in the movie industry *through more sophisticated use of computer graphics. For example, ghosts and other imaginary creatures appear unbelievably real, *and 3D and 4D films take the movie experience to a whole new level. 추가적인 변화 Plus, another big change is the ticket price. *The price of movie tickets has doubled in the last ten years. However, since the quality of the films has increased greatly, I think the price increase is reasonable. 영화의 변화(결론) In general, *I would say that Korean movies are a lot better than in the past.

⋯⋯⋯⋯⋯⋯⋯⋯⋯⋯⋯⋯⋯⋯⋯⋯⋯⋯⋯⋯⋯⋯⋯⋯⋯⋯⋯⋯ ＊을 제외한 기본 문장연습 ➜ IM1~3 목표

해석 | 한국 영화는 몇 년 동안 많은 변화가 있었습니다. 가장 눈에 띄는 변화는 컴퓨터 그래픽의 사용입니다. 과거에는 컴퓨터 그래픽 기술이 오늘날처럼 발달되지 못했습니다. 그래서 시청자들은 컴퓨터 그래픽의 사용을 쉽게 눈치챌 수 있었고, 그것은 어색하기 도 했습니다. 하지만 요즘에는 보다 정교한 컴퓨터 그래픽의 사용을 통해 영화 업계에서는 엄청난 발전이 있었습니다. 예를 들 어, 귀신이나 다른 상상의 존재들은 놀라울 정도로 실제처럼 보이고, 3D와 4D 영화들은 영화 관람 경험을 완전히 새로운 수준 으로 끌어올렸습니다. 그리고 또 다른 큰 변화는 티켓 가격입니다. 영화 티켓의 가격은 10년 전 가격에 비해서 두 배가 되었습 니다. 그러나 영화의 질이 놀랍도록 향상됐기 때문에, 저는 가격 인상이 합리적이라고 생각합니다. 전반적으로 저는 한국 영화 들이 과거에 비해 훨씬 더 좋아졌다고 말하고 싶습니다.

Key expressions

the most noticeable change 가장 눈에 띄는 변화 ┃ as much as it is today 오늘날처럼 ┃ easily notice 쉽게 알 아채다 ┃ somewhat awkward 다소 어색한 ┃ there have been assive improvements 엄청난 발전이 있었다 ┃ through more sophisticated use of computer graphics 보다 정교한 컴퓨터 그래픽 사용을 통해 ┃ imaginary creatures 상상 속의 존재들 ┃ increased greatly 놀랍도록 증가한 ┃ would say that~ ～이라 말하고 싶다

나만의 공식 적용

| 도입부 | 과거의 영화기술 | 현재의 영화기술 | 추가적인 변화 | 영화의 변화(결론) |

나만의 아이디어 노트

도입부 Korean movies have changed a lot over the years.

과거의 영화기술 In the past,

현재의 영화기술 However, these days,

For example,

추가적인 변화 Plus, another big change is

영화의 변화(결론) In general, I would say that

고득점 Tip   ▶ 변화·비교묘사를 할 때는 과거시제와 현재시제를 구분하여 사용할 수 있다는 것을 어필할 수 있게 used to / but now 등의 표현을 이용하여 대조를 보여 주고 도입부(서론)이나 마무리(결론)에는 비교급이나 현재완료를 사용함으로써 변화의 내용을 정리해 주는 것이 중요합니다. 예를 들면 In the past, the computer graphics technology was not developed ~. / However, there have been massive improvements ~.와 같이 대조적으로 과거시제와 현재완료를 사용한 문장을 함께 말하는 것이 좋습니다.

04

공원 가기

Park

| 주제별 전략 |

설문조사 4번의 여가 항목 중 '공원 가기'는 빈출도가 높은 중요한 주제입니다. 장소 주제의 첫 번째 문제는 주로 장소묘사로 시작합니다. 그곳에서 장소, 행동, 경험 묘사 등이 일반적인 3 Combo 문제이고, 2 Combo 문제는 마찬가지로 변화 · 비교, 이슈 질문이 일반적입니다. 전략적인 서베이를 통해 공부할 범위를 줄이고 자주 나오는 주제에 집중하는 것이 중요합니다. '공원 가기, 해변 가기, 조깅/걷기, 자전거 타기' 등의 유사 주제들을 같이 준비하면 효과적입니다. 3단 콤보에서 자주 출제되는 문제로 Q1-3까지이며, 2단 콤보에서는 Q4, 5번입니다.

⏵ **PART1 › 04**

| 나오는 문제 알고 가자 |

Q1 **자주 가는 공원, 하는 일** You indicated that you like to go to parks. Tell me about one of the parks that you often visit. What does it look like? Tell me what people do there at the park. (p.044 ▶ IH&AL 답변)

Q2 **공원에 가는 취향 변화** How did you first start going to parks? What made you visit parks in the first place? Why do you go to parks now? Tell me how your interest in going to parks has changed over the years. Give me all the details. (p.046 ▶ IH&AL 답변)

Q3 **공원에서 있었던 사건** Tell me about a memorable incident that happened at the park. What exactly happened and how did you deal with the situation? What made that incident so memorable? Give me all the details. (p.048 ▶ IH&AL 답변)

| 변형문제 알고 가자 |

Q4 **두 공원 비교** Pick two popular parks that you know of and tell me about their similarities and differences. Which one do you prefer and why?

Q5 **공원들이 직면하고 있는 이슈** I'd like to know about one of the issues today's parks are faced with. What are the challenges public parks are facing with these days? Discuss what has caused these problems. What kind of steps need to be taken to address these issues?

콤보별 문제 유형

» 3 Combo Set

장소묘사 ▶ 자주 가는 공원, 하는 일
변화묘사 ▶ 공원에 가는 취향 변화
일상경험 ▶ 공원에서 있었던 사건

» 2 Combo Set

비교묘사 ▶ 두 공원 비교
이슈묘사 ▶ 공원들이 직면하고 있는 이슈

Q1 자주 가는 공원, 하는 일

You indicated that you like to go to parks. Tell me about one of the parks that you often visit. What does it look like? Tell me what people do there at the park.

당신은 공원에 가는 것을 좋아한다고 했습니다. 당신이 자주 방문하는 공원 중 하나에 대해 말씀 해주세요. 그곳은 어떻게 생겼나요? 사람들이 그 공원에서 무엇을 하는지 말씀해 주세요.

공식 적용

공원의 위치 ▸▸ 분위기 ▸▸ 시설 ▸▸ 하는 일 ▸▸ 마무리

IH&AL 답변

🎧 PART1 › 04 › Q1 answer

공원의 위치 I often visit a park *that is close to my house. It is not that big, *but it's only five minutes from where I live. So, I usually go there to relax and get some fresh air. 분위기 Since the park is along the Han River *which is the largest river in Korea, it is very picturesque. 시설 There are also a path *that goes around the whole park, and places *where people can have picnics. In the center of the park, there is a pond *with a small bridge over it. 하는 일 People visit the park with their dogs, family, and friends. I can see many people *sitting in the shade, reading their books or taking naps. *Moreover, the park is also filled with beautiful cherry blossom trees every April. 마무리 Well, that's it. That's all I remember about the park I go to most often.

··· *을 제외한 기본 문장연습 ➜ **IM1~3 목표**

해석 | 저는 종종 집 가까이에 있는 공원에 방문합니다. 그렇게 크지는 않지만, 제가 사는 곳에서 겨우 5분 거리에 있습니다. 그래서 저는 보통 그곳에 가서 편안히 쉬며 신선한 공기를 마십니다. 공원이 한국에서 가장 큰 강인 한강을 따라 있기 때문에, 마치 그림 같이 아름답습니다. 공원 전체를 둘러싸고 있는 산책로도 있고 사람들이 소풍을 할 수 있는 장소들도 있습니다. 공원 중심에는, 작은 다리가 걸쳐져 있는 연못이 있습니다. 사람들은 개, 가족, 친구들과 함께 공원을 방문합니다. 많은 사람이 여유 시간에 그 늘에 앉아 책을 읽거나 낮잠을 자는 모습을 볼 수 있습니다. 게다가 그 공원은 또한 매년 4월에 아름다운 벚꽃 나무로 가득 찹니다. 음, 여기까지입니다. 이게 제가 가장 자주 가는 공원에 대해 기억할 수 있는 전부입니다.

Key expressions

five minutes from where I live 사는 곳에서 5분 거리 | get some fresh air 신선한 공기를 마시다 | along the Han River 한강을 따라 | a path that goes around the whole park 공원 전체를 둘러 싸고 있는 산책로 | places where people can have picnics 소풍을 할 수 있는 장소들 | a pond with a small bridge over it 작은 다리가 걸쳐져 있는 연못 | be filled with beautiful cherry blossom trees 아름다운 벚꽃나무로 가득 차다

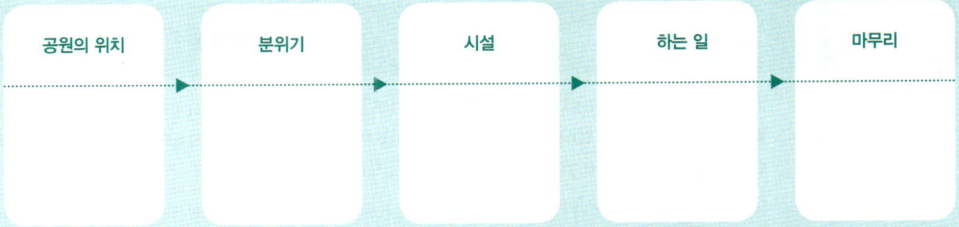

공원의 위치	분위기	시설	하는 일	마무리

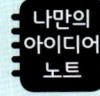
나만의 아이디어 노트

공원의 위치 I often visit a park that is

분위기 Since the park is

시설 There is also

and

하는 일 People visit the park with

I can see many people

Moreover, the park is also filled with

마무리 Well, that's it.

고득점 Tip ▶ 장소묘사를 할 때는 장소의 위치와 이름을 밝히면서 시작하세요. 또한 장소의 특징적 시설을 설명해야 합니다. 특히 고득점을 위해서는 위치와 시설을 밝힐 때 where 혹은 which를 사용하여 부가 설명을 해 주는 것이 중요합니다. 또한 하는 일을 설명할 때, 하는 이유나 예를 들어 주는 것이 좋습니다. ex the park is along the Han River which is the largest river in Korea

Q2 공원에 가는 취향 변화

How did you first start going to parks? What made you visit parks in the first place? Why do you go to parks now? Tell me how your interest in going to parks has changed over the years. Give me all the details.

당신은 처음에 어떻게 공원에 가게 되었나요? 맨 처음 당신이 공원에 가게 된 이유는 무엇입니까? 지금은 왜 공원에 갑니까? 공원에 가는 것에 대한 당신의 관심이 시간이 지남에 따라 어떻게 바뀌었는지 말씀해 주세요. 자세히 설명해 주세요.

공식 적용

과거에 공원을 가게 된 계기 ▶▶ 과거의 취향 ▶▶ 현재의 취향 ▶▶ 마무리 (결론)

IH&AL 답변

🎧 PART1 › 04 › Q2 answer

과거에 공원을 가게 된 계기 Well, I don't exactly remember *when I first started going to parks, **과거의 취향** but I remember going to parks a lot when I was a kid. Back then, I used to go to parks for picnics with my family on the weekends. *I also used to hang out with my friends at parks. **현재의 취향** But these days, I go to parks to get some exercise. I go there to run or to take a walk. I also play basketball sometimes. *Plus, I can sit on a bench and read books or take a nap. In the spring, I also look at the cherry blossoms and enjoy the breeze at the park. **마무리(결론)** So, *I've gone to parks my whole life, but my interest *in going to parks has changed a lot *over the years.

························· ✳을 제외한 기본 문장연습 ➔ IM1~3 목표

해석 l 음, 저는 제가 언제 처음 공원에 가기 시작했는지 정확하게 기억나지는 않지만, 어렸을 때 공원에 자주 가던 것을 기억합니다. 당시에, 저는 주말마다 가족과 함께 공원으로 소풍을 가곤 했습니다. 하지만 요즘에는 저는 운동을 하러 공원에 갑니다. 저는 달리기를 하거나 걸으러 갑니다. 또한 가끔 농구를 하기도 합니다. 게다가 저는 벤치에 앉아 책을 읽거나 낮잠을 잘 수 있습니다. 봄에는 벚꽃 구경을 가서 공원의 산들바람을 즐깁니다. 결국 전 평생 공원을 다녔지만, 공원에 가는 것에 대한 저의 취향은 수년 간 많이 달라졌습니다.

Key expressions

when I first started going to parks 처음 공원을 가기 시작할 때 ᅵ back then 그 당시에 ᅵ I used to go to parks 공원을 가곤 했다 ᅵ hang out with my friends 친구들과 어울려 놀다 ᅵ get some exercise 운동을 하다 ᅵ look at the cherry blossoms 벚꽃 구경을 하다 ᅵ enjoy the breeze 산들바람을 즐기다 ᅵ one's whole life 평생 ᅵ my interest in going to parks has changed a lot 공원에 가는 것에 대한 취향이 많이 달라졌다. ᅵ over the years 수년 간, 몇 해가 지남에 따라

| 과거에 공원을 가게 된 계기 | 과거의 취향 | 현재의 취향 | 마무리 (결론) |

나만의 아이디어 노트

과거에 공원을 가게 된 계기 Well,

과거의 취향 but I remember going to parks a lot when

Back then, I used to go to parks for

현재의 취향 But these days, I go to parks to

Plus,

I also

마무리(결론) So, I've gone to parks my whole life, but my interest in going to parks has

고득점 Tip ➤ 변화 · 비교묘사의 답변을 구성할 때는 과거시제와 현재시제를 구분하여 사용할 수 있다는 것을 어필하는 것이 중요합니다. used to / but now 등의 표현을 이용하여 대조를 보여 주고 서론이나 결론에서는 비교급이나 현재완료를 사용함으로써 변화의 내용을 정리해 주는 것이 좋습니다. ex my interest in going to parks has changed a lot over the years

Q3 공원에서 있었던 사건

Tell me about a memorable incident that happened at the park. What exactly happened and how did you deal with the situation? What made that incident so memorable? Give me all the details.

공원에서 있었던 기억에 남는 사건에 대해 말해 주세요. 정확히 어떤 일이 있었고 어떻게 그 상황을 해결했나요? 무엇이 그 사건을 기억에 남게 만들었나요? 자세히 말해 주세요.

공식 적용

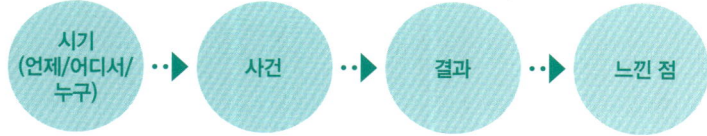

시기 (언제/어디서/누구) ‥▶ 사건 ‥▶ 결과 ‥▶ 느낀 점

IH&AL 답변

🎧 PART1 › 04 › Q3 answer

시기(언제/어디서/누구) *I remember a time when I had an incident with my dog at the park. I was at the park walking my dog one day. **사건** While walking, my phone rang suddenly, *and I got distracted. During that moment the leash accidently slipped out of my hand. *My dog usually gets excited when we go outside. So *when he felt his leash go loose, he started running down the street. I began chasing after him, *screaming his name because I was scared *that he might get hit by a car. **결과** Fortunately, a man *standing on the street saw my dog and got his leash *in time. **느낀 점** *This incident was so memorable because I was terrified. Ever since then, I always try to be more careful when I take my dog out.

·· ✱을 제외한 기본 문장연습 ➡ IM1~3 목표

해석 | 저는 개와 함께 공원에 갔을 때 있었던 사건이 기억납니다. 하루는 제가 공원에서 개를 산책시키고 있었습니다. 걷는 동안, 제 휴대폰이 갑자기 울렸고, 저는 산만해졌습니다. 그 순간 목줄이 실수로 손에서 미끄러져 나갔습니다. 제 개는 보통 밖에 나가면 매우 흥분합니다. 목줄이 풀린 것을 느꼈을 때, 그는 거리를 달리기 시작했습니다. 저는 그를 뒤쫓기 시작했고, 그가 차에 치이지 않을까 겁이 나서 그의 이름을 외쳤습니다. 다행히도, 거리에 서 있던 한 남자가 제 개를 보았고 제때에 목줄을 잡아 주었습니다. 저는 겁에 질렸기 때문에 그 사건이 매우 기억에 남았습니다. 그 이후로는 저는 개를 데리고 나갈 때 항상 좀 더 조심하려고 노력합니다.

Key expressions

walk my dog 개를 산책시키다 | **one day** 어느 날 | **I got distracted** 산만해졌다 | **during that moment** 그 순간에 | **the leash accidently slipped out of my hand** 목줄이 실수로 손에서 미끄러졌다 | **get excited when ~** ~일 때 흥분하다 | **loose** 묶여 있지 않은, 풀린 | **start running down the street** 거리를 달리기 시작하다 | **begin chasing** 뒤쫓기 시작하다 | **get hit by a car** 차에 치이다 | **in time** 제때에 | **be terrified** 겁에 질리다 | **ever since then** 그 이후로 | **when I take my dog out** 개를 데리고 나갈 때

시기(언제/어디서/누구) I remember a time when

I was at the park

사건 While walking,

결과 Fortunately,

느낀 점 This incident was so memorable because

Ever since then, I always try to

고득점 Tip ＞ 경험묘사를 할 때는 '언제, 어디서, 누구와, 무슨 길이 있었는지'를 설명해야 합니다. 경험에 대해 설명할 때는 과거시제 사용에 주의를 기울여 실수가 없도록 하고 현재완료와 시제 변형 등을 통해 시제사용이 원활한 점을 부각시키는 것이 중요합니다.

05

해변 가기

Beaches

PART1 › 05

| 주제별 전략 |

설문조사 4번의 여가 항목 중 '해변 가기'는 중요한 주제입니다. 장소 주제의 첫 번째 문제는 주로 장소묘사로 시작합니다. 그곳에서 장소, 행동, 경험 묘사 등이 일반적인 3 Combo 문제이고 전략적인 서베이를 통해 공부할 범위를 줄이고 자주 나오는 주제에 집중하는 것이 중요합니다. '공원 가기, 해변 가기, 조깅/걷기, 자전거 타기, 지형' 등의 유사 주제들을 같이 준비하면 효과적입니다. 3단 콤보에서 자주 출제되는 문제는 Q1-3까지입니다.

| 나오는 문제 알고 가자 |

Q1 **좋아하는 해변** You indicated that you like to go to the beach. Which beach do you like to go to? Where is it? What does it look like? How often do you go to this beach? How do people get there? Does it get crowded? (p.052 ▶ IH&AL 답변)

Q2 **해변에 가서 하는 일** When you go to the beach, what do you usually do there? Who do you go with? Tell me everything you can about your activities at the beach. (p.054 ▶ IH&AL 답변)

Q3 **기억에 남는 해변 여행** Tell me about a particularly memorable trip to the beach. Who were you with? Which beach were you at? What did you do there? What made this trip to the beach so memorable or special? Tell me everything you did from the moment you arrived there. (p.056 ▶ IH&AL 답변)

콤보별 문제 유형

» 3 Combo Set

장소묘사 ▶ 좋아하는 해변
경향묘사 ▶ 해변에 가서 하는 일
일상경험 ▶ 기억에 남는 해변 여행

Q1 좋아하는 해변

You indicated that you like to go to the beach. Which beach do you like to go to? Where is it? What does it look like? How often do you go to this beach? How do people get there? Does it get crowded?

당신은 해변에 가는 것을 좋아한다고 답했습니다. 당신은 어느 해변에 가는 것을 좋아하나요? 그것은 어디에 있나요? 어떻게 생겼나요? 당신은 그 해변에 얼마나 자주 가나요? 사람들은 거기에 어떻게 가나요? 사람이 많은가요?

공식 적용

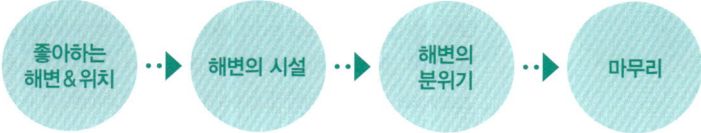

좋아하는 해변&위치 → 해변의 시설 → 해변의 분위기 → 마무리

IH&AL 답변

🎧 PART1 › 05 › Q1 answer

좋아하는 해변&위치 *South Korea is filled with beautiful beaches, and one of the beaches *that I often visit is Jumunjin Beach, *which is located on the east coast of Korea. *My hometown is located near the coast, and there are many beaches nearby, but I visit Jumunjin Beach most often because it is only fifteen minutes from my house. **해변의 시설** It's a pretty popular beach because you can enjoy the gentle white sand and cool water *during the hot summer. Also, there are a lot of places to eat and drink. Restaurants and coffee shops line up along the beach. Many people go there to enjoy their vacations. **해변의 분위기** Therefore, it gets extremely crowded during July and August, *the hot and humid months of the Korean summer. During this time, many Korean families visit a beach or a lake to relax. **마무리** So *because it is close to home and pretty nice, Jumunjin is one of my favorite beaches *that I often visit.

································· ✽을 제외한 기본 문장연습 ➔ IM1~3 목표

해석 | 한국에는 아름다운 해변들이 많은데 제가 자주 방문하는 해변들 중 하나는 한국의 동해안에 위치한 주문진 해수욕장입니다. 제 고향이 해안가에 있고 근처에 많은 해변이 있지만, 집에서 겨우 15분 거리에 있는 주문진이 제가 가장 자주 방문하는 해수욕장입니다. 이곳은 매우 유명한 해변으로 뜨거운 여름 동안에 부드러운 백사장과 시원한 바다를 즐길 수 있습니다. 또한 먹고 마실 곳들이 많습니다. 음식점과 커피숍들이 해변을 따라 줄 지어 있습니다. 많은 사람이 휴가를 즐기러 그곳에 갑니다. 따라서 한국의 여름 중 덥고 습한 달인 7, 8월에는 극도로 붐비게 됩니다. 이 시기에 많은 한국인 가족이 해변이나 호수에 쉬러 갑니다. 그래서 결론은, 주문진 해수욕장은 저희 집에서 가깝고 꽤 좋기 때문에 제가 자주 방문하는 가장 좋아하는 해변 중 하나입니다.

Key expressions

be filled with~ ~로 가득 차다 | east coast of Korea 한국의 동해안 | fifteen minutes from ~ ~에서 15분 거리 | the gentle white sand 부드러운 하얀 모래 | line up 줄 지어 있다 | get extremely crowded 많이 붐비다 | the hot and humid months of the Korean summer 한국 여름의 덥고 습한 달

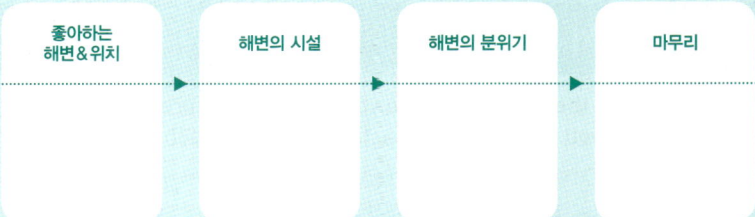

좋아하는 해변&위치	해변의 시설	해변의 분위기	마무리

좋아하는 해변&위치 South Korea is filled with beautiful beaches, and one of the beaches that I often visit is _____ which is located

_____

_____

I visit _____ Beach most often because

_____

해변의 시설 It's a pretty popular beach because

_____

_____

해변의 분위기 Therefore, it gets extremely crowded during

_____

_____

마무리 So because _____,

_____ is one of my favorite beaches that I often visit.

고득점 Tip ▶ 장소묘사를 할 때는 장소의 위치와 이름을 밝히면서 시 작하세요. 또한 장소의 특징적 시설을 설명해야 합니다. 특히 고득점을 위해서는 위치와 시설을 밝힐 때 where 혹은 which를 사용하여 부가 설명을 해 주는 것이 중요합니다. **ex** which is located on the east coast of Korea

Q2 해변에 가서 하는 일

When you go to the beach, what do you usually do there? Who do you go with? Tell me everything you can about your activities at the beach.

해변에 갈 때 당신은 보통 거기서 무엇을 하나요? 누구와 함께 가나요? 당신이 해변에서 한 활동들에 대해 모두 말씀해 주세요.

공식 적용

시기 (언제/어디서/누구와) ▸▸ 해변에서 하는 일 ▸▸ 마무리

IH&AL 답변

🎧 PART1 › 05 › Q2 answer

시기(언제/어디서/누구와) I normally go to the beach with my friends or my family *but sometimes I enjoy going to the beach by myself. Especially when the summer comes, I go on a vacation to the beach. **해변에서 하는 일** I go to the beach to swim in the ocean and to cool off. Sometimes I get a tan. Also, I like to take a walk or go jogging *along a beautiful beach. But in the morning, I love to listen to the sound of calm waves accompanied by the sunrise. Plus, I love breathing the fresh ocean air. After lunch, I can watch the sunset *while sitting on the sand. When it gets dark, I *drive along the beach for a while and have dinner at one of the restaurants nearby. **마무리** So, those are the things I normally do when I'm at the beach.

························· ＊을 제외한 기본 문장연습 ➡ IM1~3 목표

해석 | 저는 보통 친구나 가족과 함께 해변에 가지만 때로는 혼자 해변에 가는 것을 즐깁니다. 특히 여름이 오면, 저는 해변으로 휴가를 떠납니다. 저는 바다에서 헤엄치며 더위를 식히기 위해 해변에 갑니다. 때때로 저는 해변에서 선탠을 합니다. 또한 저는 아름다운 해변을 따라 산책하거나 조깅하는 것을 좋아합니다. 하지만 아침에는, 일출과 함께 조용한 파도의 소리를 듣는 것을 좋아합니다. 저는 또한 해변 근처의 신선한 공기를 마시는 것을 좋아합니다. 점심 식사 후에는 모래 위에 앉아 일몰을 바라볼 수 있습니다. 어두워지면, 해변을 따라 한동안 차를 타고 달리다가 근처에 있는 음식점 중 한 곳에서 저녁을 먹습니다. 그러니 말하자면, 이것들이 제가 해변에 있을 때 보통 하는 일들입니다.

Key expressions

when the summer comes 여름이 오면 | get a tan 선탠을 하다 | along a beautiful beach 아름다운 해변을 따라 | love to listen to the sound of calm waves 잔잔한 파도 소리를 듣는 것을 좋아하다 | accompanied by the sunrise 해돋이를 동반한 | love breathing the fresh ocean air 신선한 바다 공기를 마시는 것을 좋아하다 | while sitting on the sand 모래 위에 앉아 있을 때

시기 (언제/어디서/누구와)	→	해변에서 하는 일	→	마무리

시기(언제/어디서/누구와) I normally go to the beach with

Especially when the summer comes,

해변에서 하는 일 I go to the beach to

마무리 So, those are the things I normally do when I'm at the beach.

05 해변 가기

PART 1

고득점 Tip ▶ 본인의 습관을 얘기하는 경향묘사를 할 때는 '언제, 어디서, 누구와'를 밝히면서 얘기하는 습관을 들이세요. 또한, 하는 일을 설명할 때는 이유나 예를 들어 주는 것이 좋습니다. **ex** In the morning, I love to listen to the sound of calm waves accompanied by the sunrise.

Q3 기억에 남는 해변 여행

Tell me about a particularly memorable trip to the beach. Who were you with? Which beach were you at? What did you do there? What made this trip to the beach so memorable or special? Tell me everything you did from the moment you arrived there.

해변으로 갔던 특히 기억에 남는 여행에 대해 말씀해 주세요. 누구와 함께 있었나요? 어느 해변에 있었나요? 거기서 무엇을 했나요? 무엇이 그 해변 여행을 더욱 기억에 남거나 특별하게 해 줬나요? 그곳에 도착했던 순간부터 당신이 한 모든 것을 말씀해 주세요.

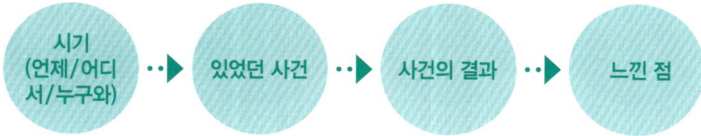

시기 (언제/어디서/누구와) ▸▸ 있었던 사건 ▸▸ 사건의 결과 ▸▸ 느낀 점

IH&AL 답변

PART1 › 05 › Q3 answer

시기(언제/어디서/누구와) My most memorable trip to the beach was *when my family drive all the way to Busan to visit Haeundae Beach. We took this trip in August for our summer vacation. *Even though we knew that there would be a lot of people on the road and at the beach, we decided to go *anyway. **있었던 사건** However, *this idea turned out to be a bad idea. We were on the road for about 7 hours, *which was nearly twice as much time as it usually takes. Because there were so many cars on the highway, we were stuck in our car, *boiling in the sunlight. **사건의 결과** When we had finally arrived, the beach was packed with people *enjoying their last minute summer vacation. We spent another hour or two looking for a space for our tent, waiting for a changing room, and purchasing some snacks. **느낀 점** It was such a long day for our family, *and we were exhausted when we got back to our hotel room. I'm not going to take a trip like that again.

⋯⋯⋯⋯⋯⋯⋯⋯⋯⋯⋯⋯⋯⋯⋯⋯⋯⋯⋯⋯⋯⋯⋯⋯⋯⋯⋯⋯⋯⋯⋯ ＊을 제외한 기본 문장연습 ➔ IM1~3 목표

해석 | 해변으로 간 가장 기억에 남는 여행은 제 가족이 부산까지 차를 달려 해운대를 방문했던 것입니다. 우리는 여름 휴가에 맞춰 8월에 이 여행을 했습니다. 길 위와 해변에 사람들이 많을 것이라고는 예상했지만, 그래도 어쨌든 가기로 했습니다. 그러나 이것은 잘못된 생각으로 밝혀졌습니다. 우리는 도로 위에서 보통 걸리는 것의 거의 두 배 가까이인 7시간 동안을 있었습니다. 고속도로 위에 너무 많은 차가 있어서, 우리는 차에 갇힌 채 태양 아래 익어 갔습니다. 우리가 마침내 도착했을 때, 해변은 여름 휴가의 끝머리를 즐기는 사람들로 초만원을 이루었습니다. 우리는 텐트를 위한 공간을 찾고 탈의실을 기다리고 먹거리를 사느라 한두 시간을 더 허비했습니다. 우리 가족에게는 꽤나 고된 하루였고 호텔 방으로 돌아왔을 때는 완전히 지쳐 있었습니다. 다시는 그런 여행을 가지 않을 겁니다.

Key expressions

drive all the way to ~ ～까지 쭉 차로 가다 | know that there would be a lot of people 사람이 많을 것을 예상하다 | turn out 밝혀지다 | nearly twice as much time as 거의 두 배의 시간 | be stuck in our car 차에 갇히다 | be packed with people 사람들로 초만원을 이루다 | enjoy their last minute summer vacation 여름 휴가의 끝머리를 즐기다 | such a long day 꽤 고된 하루 | exhausted 지친

시기 (언제/어디서/누구와)	있었던 사건	사건의 결과	느낀 점
나만의 공식 적용			

나만의 아이디어 노트

시기(언제/어디서/누구와) My most memorable trip to the beach was when

We took this trip in

있었던 사건 However,

사건의 결과 When we had finally arrved,

느낀 점 It was such a long day for our family, and

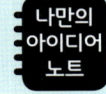

고득점 Tip

> 경험묘사를 할 때는 '언제, 어디서, 누구와, 무슨 일이 있었는지'를 설명해야 합니다. 경험에 대해 설명할 때는 과거시제의 사용에 주의하여 실수가 없도록 하고 현재완료와 시지 변형 등을 통해 시제 사용이 원활한 점을 부각시키는 것이 중요합니다. 특히 특정 사건이 있는 내용일 경우에는 사건의 전/후 혹은 사건/결과 등으로 이야기를 구성하는 것이 좋습니다. 또한 관계대명사 when 등을 사용하여 당시의 느낌을 전달해 주면 큰 도움이 됩니다. **ex** We were exhausted when we got back to our hotel room.

06

술집/바 가기

Bar

| 주제별 전략 |

설문조사 4번의 여가 항목 중 '술집/바'는 빈출도가 높은 중요한 주제입니다. 장소 관련 주제의 첫 번째 문제는 주로 장소묘사로 시작합니다. 그곳에서 장르, 장소, 경험 묘사 등이 일반적인 3 Combo 문제이고, 2 Combo 문제는 마찬가지로 변화·비교, 이슈 질문이 일반적입니다. 전략적인 서베이를 통해 공부할 범위를 줄이고 자주 나오는 주제에 집중하는 것이 중요합니다. '술집/바 가기, 카페 가기, 음식점' 등의 유사 주제들을 같이 준비 하는 것이 효과적입니다. 3단 콤보 문제는 Q1-6 중 세 문제이고 2단 콤보 문제는 Q4-6 중 두 문제입니다.

🎧 PART1 › 06

| 나오는 문제 알고 가자 |

Q1 술집/바 묘사 You indicated that you go to bars. Describe the bar you go to most often. Tell me everything you can about that place. (p.060 ▶ IH&AL 답변)

Q2 바 묘사 Describe the area the bar you go to is in. What does it look like? What is special about that area? Give me some details.

Q3 술집/바에 주로 언제 가는지, 어떤 일을 하는지 Tell me about what people normally do at bars. What do you personally do there? Who do you normally go with? Tell me everything about your experience of going to bars. (p.062 ▶ IH&AL 답변)

| 변형문제 알고 가자 |

Q4 바텐더가 하는 일 Tell me about the bartender at the bar you often visit. What does he or she do? Describe everything about what he or she does at the bar.

Q5 마지막으로 술집/바에 갔던 기억 Tell me about the last time you went to the bar. Why did you go to the bar and who did you go with? Tell me everything you did at the bar. (p.064 ▶ IH&AL 답변)

Q6 술집/바에서 있었던 에피소드, 해결 방법 Tell me about a memorable drinking incident that happened at a bar. What exactly happened and why was it special? Tell me everything about that drinking session at the bar.

콤보별 문제 유형

» 3 Combo Set
장소묘사 ▶ 술집/바 묘사
경향묘사 ▶ 술집/바에 주로 언제 가는지, 어떤 일을 하는지
일상경험 ▶ 술집/바에서 있었던 에피소드, 해결 방법

» 2 Combo Set
경향묘사 ▶ 바텐더가 하는 일
일상경험 ▶ 마지막으로 술집/바에 갔던 기억

Q1 술집/바 묘사

You indicated that you go to bars. Describe the bar you go to most often. Tell me everything you can about that place.

당신은 술집/바에 간다고 말했습니다. 당신이 가장 자주 가는 술집에 대해 설명해 주세요. 그 장소에 대해 자세하게 말해 보세요.

공식 적용

술집의 위치 ·· ▶ 술집의 분위기 & 음식 ·· ▶ 술집의 시설 ·· ▶ 마무리

IH&AL 답변

PART1 › 06 › Q1 answer

술집의 위치 The bar *that I go to most often is located near my office. *After a long day at work, I enjoy spending time with my friends, *talking about things not related to work. 술집의 분위기 & 음식 The place *that we often visit is a western style pub. It is famous for brewing its own beer, and the price is also reasonable. It also serves some amazing finger foods *that are perfect with beer. 술집의 시설 Other than the mouthwatering food, it also has a corner with a dart board, an air hockey table, and a pool table *where their customers can enjoy fun games. Since I am a regular there, I know the owner pretty well. He always welcomes me and gives me food on the house. 마무리 So, I have lots of reasons for visiting that bar.

·· ✱을 제외한 기본 문장연습 ➔ **IM1~3 목표**

해석 | 가장 자주 가는 바는 직장 가까이에 있습니다. 직장에서 긴 하루를 보낸 뒤에, 친구들과 함께 일과 관계없는 이야기를 나누며 시간을 보내는 것을 즐깁니다. 우리가 자주 방문하는 그곳은 웨스턴 스타일의 펍입니다. 그곳은 직접 맥주를 만드는 것으로 유명하고, 가격 또한 괜찮습니다. 또 맥주에 완벽하게 어울리는 훌륭한 핑거푸드를 내놓습니다. 군침이 도는 음식 외에도, 한쪽 코너에는 다트 판, 에어 하키 테이블과 당구장이 있어 손님들이 재미있는 게임을 즐길 수 있습니다. 제가 그곳의 단골이기 때문에, 주인을 매우 잘 알고 있습니다. 그는 언제나 저를 반기고 무료 음식을 줍니다. 그래서, 저는 이러한 이유들 때문에 그 술집에 가곤 합니다.

Key expressions

talk about things not related to work 일과 상관 없는 일에 대해 얘기하다 | **finger food** 핑거푸드(손으로 집어 먹을 수 있는 음식) | **perfect with beer** 맥주와 잘 어울리는 | **mouthwatering food** 군침 도는 음식 | **enjoy fun games** 재미있는 게임을 즐기다 | **regular (customer)** 단골 | **food on the house** (술집/바/식당에서 제공되는) 공짜 음식

나만의 공식 적용	술집의 위치	술집의 분위기 & 음식	술집의 시설	마무리

 나만의 아이디어 노트

술집의 위치 The bar that I go to most often is

술집의 분위기&음식 The place that we often visit is

술집의 시설

마무리 So, I have lots of reasons for visiting that bar.

PART 1

고득점 Tip ▶ 장소묘사를 할 때는 장소의 위치와 이름을 밝히면서 시작하세요. 또한 It also serves amazing finger foods that are perfect with beer.처럼 장소의 특징을 설명해야 합니다. 고득점을 얻기 위해서는 위치와 시설을 밝힐 때 where 혹은 which를 사용하여 부가 설명을 해 주는 것이 중요합니다. **ex** have a corner with a dart board, an air hockey table, and a pool table where their customers can enjoy fun games

Q3 술집/바에 주로 언제 가는지, 어떤 일을 하는지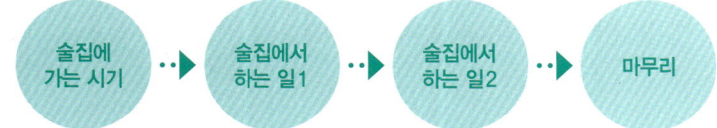

Tell me about what people normally do at bars. What do you personally do there? Who do you normally go with? Tell me everything about your experience of going to bars.

사람들이 보통 술집에서 하는 것들에 대해 이야기해 주세요. 당신은 그곳에서 개인적으로 무엇을 합니까? 보통 누구와 함께 가나요? 술집에 갔던 당신의 경험에 대해 모두 말해 보세요.

공식 적용

| 술집에 가는 시기 | ‥▶ | 술집에서 하는 일1 | ‥▶ | 술집에서 하는 일2 | ‥▶ | 마무리 |

IH&AL 답변

PART1 › 06 › Q3 answer

`술집에 가는 시기` My friend and I usually go to bars for birthday parties and other celebrations. We usually start with a beer and some finger foods on the side. `술집에서 하는 일1` We enjoy playing games *and giggling at the things we talk about. `술집에서 하는 일2` I normally go to bars to catch up the latest issues with my friend. We talk about the problems *we are facing, or just life in general. *Because my friend is such a good listener, I always feel relieved *when I am with him. We also dance to the music, and play pool and darts. When we are there together, we sometimes end up drinking all night. `마무리` Overall, I really enjoy spending time with my friend at the bar.

.... *을 제외한 기본 문장연습 ➡ IM1~3 목표

해석 | 친구와 저는 보통 생일파티나 다른 축하할 일이 있을 때 바에 갑니다. 우리는 보통 맥주와 약간의 핑거푸드를 안주로 놓고 시작합니다. 우리는 즐겁게 게임을 하고 이야기를 나누며 웃곤 합니다. 저는 보통 바에서 친구와 근황에 대해 얘기하곤 합니다. 우리는 우리가 맞닥뜨리고 있는 문제에 대해서나 일상에 대한 이야기를 합니다. 제 친구는 말을 무척 잘 들어 주기 때문에, 저는 그와 함께 있을 때 항상 마음이 편안합니다. 우리는 음악에 맞춰 춤을 추고 당구나 다트 게임을 하기도 합니다. 바에서 함께 시간을 보낼 때면, 때때로 우리는 밤새 술을 마시기도 합니다. 정리하자면, 저는 바에서 친구와 즐거운 시간 보내는 것을 좋아합니다.

Key expressions

on the side ~을 곁들여서 | **giggle at the things** ~에 대해 킥킥 웃다[웃으며 얘기하다] | **life in general** 생활 전반 | **dance to the music** 음악에 맞춰 춤추다

나만의 공식 적용

| 술집에 가는 시기 | 술집에서 하는 일1 | 술집에서 하는 일2 | 마무리 |

나만의 아이디어 노트

술집에 가는 시기 My friend and I usually go to bars for

술집에서 하는 일1 We enjoy

술집에서 하는 일2 I normally go to

마무리 Overall, I really enjoy spending time with my friend at the bar.

고득점 Tip ▸ 본인의 습관을 얘기하는 경향묘사를 할 때는 '언제, 어디서, 누구와'를 밝히면서 얘기하는 습관을 들이세요. 또한, 하는 일을 설명할 때는 하는 이유나 예를 들어 주는 것이 좋습니다. giggling at the things we talk about / that we are facing / when I am with him / with people I love 등의 관계사절이나 부사절을 통해 표현을 상세하게 이어 가도록 하세요.

06 술집/바 가기

PART 1

063

Q5 마지막으로 술집/바에 갔던 기억

Tell me about the last time you went to the bar. Why did you go to the bar and who did you go with? Tell me everything you did at the bar.

마지막으로 술집에 갔던 경험에 대해 말해 보세요. 왜 그 술집에 갔으며 누구와 갔습니까? 술집에서 했던 일에 대해 전부 말해 주세요.

공식 적용

라이브 카페에 간 시기 ··▶ 카페 안에서 한 일 & 느낌 ··▶ 마무리

IH&AL 답변

PART1 › 06 › Q5 answer

라이브 카페에 간 시기 I remember going to a live cafe with some of my friends last week. This was my first time *visiting a live cafe, so I was very curious and excited. 카페 안에서 한 일 & 느낌 *Inside the cafe, I had a bottle of beer and sat on the side. *I got a little tipsy from the drink. Some people looked pretty drunk and could not control themselves. However, everyone seemed pretty happy. The place was filled with loud drum beats, *and people were singing along with the music. We really enjoyed listening to music and watching the show on the stage. One of my friends ended up getting drunk at the end. So, I had to take care of him and make sure he got home safely. 마무리 Looking back, I really enjoyed the live show *while drinking with my friends. *I hope to go again if there's a chance.

·· ✻을 제외한 기본 문장연습 ➡ IM1~3 목표

해석 | 지난주에 친구들 몇 명과 라이브 카페에 갔던 것이 기억납니다. 처음으로 라이브 카페를 갔기 때문에, 저는 호기심이 생겼고 신이 나 있었답니다. 카페 안에서, 저는 맥주 한 병을 들고 한 켠에 앉아 있었습니다. 술 때문에 약간 어지러워졌지요. 몇몇 사람들은 굉장히 취한 것처럼 보였고 스스로를 가누지 못했습니다. 그러나 모두가 무척 즐거워 보였습니다. 그곳은 시끄러운 드럼 소리로 가득 차 있었고, 사람들은 음악에 맞춰 노래를 따라 부르고 있었습니다. 우리는 정말로 즐겁게 음악을 들었고 무대 위의 라이브 공연을 보는 것도 즐거웠습니다. 제 친구 중 한 명은 결국 취해 버리고 말았습니다. 그래서, 저는 그를 돌보아야 했고 그가 집에 안전하게 가도록 확인해야 했습니다. 생각해 보면, 저는 친구들과 함께 술을 마시면서 라이브 공연을 보는 것이 정말 즐거웠습니다. 기회가 된다면 다시 한 번 가고 싶습니다.

Key expressions

get a little tipsy 조금 취하다, 취기가 올라오다 | **be filled with loud drum beats** 드럼소리로 꽉 차다 |
sing along with the music 음악에 맞춰 노래를 따라 부르다

라이브 카페에 간 시기	카페 안에서 한 일&느낌	마무리

라이브 카페에 간 시기 I remember going

카페 안에서 한 일&느낌 Inside the cafe,

However, everyone seemed pretty happy. The place was

마무리 Looking back, I really enjoyed the live show while

고득점 Tip > 경험묘사를 할 때는 '언제, 어디서, 누구와, 무슨 일이 있었는지'를 설명해야 합니다. 경험에 대해 설명할 때는 과거시제의 사용에 주의하여 실수가 없도록 하고, tipsy / cannot control themselves / sing along with the music while drinking / end up getting drunk 등 술과 관련된 다양한 표현들을 사용해 말할 수 있도록 합니다.

07

카페 가기

Cafes

| 주제별 전략 |

설문조사 4번의 여가 항목 중 '카페 가기'는 빈출도가 높은 중요한 주제입니다. 장소 주제의 첫 번째 문제는 주로 장소묘사로 시작합니다. 그곳에서 장소, 취향, 경험 묘사 등이 일반적인 3 Combo 문제이고, 2 Combo 문제는 마찬가지로 기능, 변화·비교 질문이 일반적입니다. 전략적인 서베이를 통해 공부할 범위를 줄이고 자주 나오는 주제에 집중하는 것이 중요합니다. '술집/바 가기, 음식점' 등의 유사 주제들을 같이 준비하면 효과적입니다. 3단 콤보에서 자주 출제되는 문제로 Q1-3까지이며, 2단 콤보에서는 Q4, 5입니다.

🎧 **PART1 › 07**

| 나오는 문제 알고 가자 |

Q1 대표적인 커피숍 You indicated that you go to cafes or coffee shops. Describe what cafes in your country look like in general. What is special about those places? Also, describe the cafe you go to most often. (p.068 ▶ IH&AL 답변)

Q2 카페에 가는 취향 What was the reason you first started going to cafes? Why do you remember your first visit to a cafe? What do you personally do at cafes? Tell me everything about your experience of going to cafes.

Q3 카페에서 있었던 에피소드 Tell me about a memorable or unforgettable incident that happened at a cafe. What happened? Who was involved? How did you deal with the situation? Tell me everything that happened, from beginning to end. (p.070 ▶ IH&AL 답변)

| 변형문제 알고 가자 |

Q4 커피숍의 기능 What kind of role do cafes or coffee shops play in people's lives? How do people make use of coffee shops? Do they have meetings or gatherings there? Tell me about what people normally do when they go to cafes.

Q5 커피숍의 변화 How have cafes changed over the years? How were they in the past and how are they now? Is there anything special about cafes today? Tell me everything about what cafes are like and in what way they are different from the past. (p.072 ▶ IH&AL 답변)

콤보별 문제 유형

» 3 Combo Set
장소묘사 ▶ 대표적인 커피숍
변화묘사 ▶ 카페에 가는 취향
일상경험 ▶ 카페에서 있었던 에피소드

» 2 Combo Set
경향묘사 ▶ 커피숍의 기능
변화묘사 ▶ 커피숍의 변화

Q1 대표적인 커피숍

You indicated that you go to cafes or coffee shops. Describe what cafes in your country look like in general. What is special about those places? Also, describe the cafe you go to most often.

당신이 카페나 커피숍을 간다고 선택했습니다. 당신 나라의 보통의 커피숍은 어떻게 생겼는지 설명해 주세요. 그 장소들은 무엇이 특별한가요? 또한, 당신이 자주 가는 카페를 설명해 주세요.

공식 적용

한국의 일반적인 카페 ·· ▶ 카페에서 하는 일 ·· ▶ 카페의 시설 & 분위기

IH&AL 답변

🎧 PART1 › 07 › Q1 answer

한국의 일반적인 카페 There are many different coffee shop chains in Korea. *Whenever I make plans with my friends, we usually meet at one of the coffee shop chains. But it is difficult to find seats, *even though there are many different coffee shops available on every street. **카페에서 하는 일** Many students *who visit these coffee shops bring their laptops and books and spend hours studying *after ordering one small drink. Sometimes, office workers use coffee shops to have their meetings. **카페의 시설 & 분위기** *Finding seats in these coffee shops is nearly impossible. Because of the people who stick around for a long time, I usually avoid coffee shop chains when I'm alone. I go to small privately owned shops and enjoy the quiet atmosphere *where I can have my coffee and relax.

·· ✱을 제외한 기본 문장연습 ➡ IM1~3 목표

해석 | 한국에는 많은 종류의 커피숍 체인점이 있습니다. 제가 친구와 약속을 잡을 때는, 보통 커피숍 체인점에서 만납니다. 하지만 모든 거리에 많은 종류의 커피숍이 있다 해도 자리를 찾기는 어렵습니다. 많은 학생이 그들의 노트북이나 책을 들고 와서는 음료 한 잔을 주문해 놓고 몇 시간씩 공부를 합니다. 때때로 직장인들은 커피숍에서 회의를 합니다. 이런 커피숍에서 자리를 찾는 것은 거의 불가능합니다. 커피에 오랜 시간 머무는 사람들 때문에, 저는 혼자 있고 싶을 때는 보통 커피숍 체인점을 피합니다. 저는 커피를 마시며 휴식을 취할 수 있는 작은 커피숍에 가서 조용한 분위기를 즐깁니다.

Key expressions

coffee shop chain 커피숍 체인점 | **it is difficult to find seats** 자리를 찾기 힘들다 | **there many different coffee shops available on every street** 모든 거리에 많은 종류의 커피숍이 있다 | **spend hours studying after ordering one small drink** 음료 한 잔을 주문해 놓고 몇 시간씩 공부를 하다 | **finding seats in these coffee shops** 이런 커피숍에서 자리를 찾는 것 | **people who stick around for a long time** 오랜 시간 머무는 사람들 | **a small privately owned shop** 개인이 운영하는 작은 커피숍 | **quiet atmosphere where I can have my coffee and relax** 커피를 마시며 휴식을 취할 수 있는 조용한 분위기

 나만의 공식 적용

한국의 일반적인 카페	카페에서 하는 일	카페의 시설 &분위기

 나만의 아이디어 노트

한국의 일반적인 카페 There are many different coffee shop chains in Korea.

카페에서 하는 일 Many students

Sometimes, office workers

카페의 시설&분위기

07 카페 가기

PART 1

고득점 Tip > 장소묘사를 할 때는 장소의 위치와 이름을 밝히면서 시작하세요. 또한 장소의 특징적 시설을 설명해야 합니다. 이때 고득점을 얻기 위해서는 위치와 시설을 밝힐 때 where 혹은 which를 사용하여 부가 설명을 해 주는 것이 중요합니다. 그리고 하는 일 을 설명할 때는 하는 이유나 예를 드는 것이 좋습니다. **ex** because of the people who stick around for a long time / enjoy the quiet atmosphere where I can have my ccffee and relax

Q3 ▶ 카페에서 있었던 에피소드

Tell me about a memorable or unforgettable incident that happened at a cafe. What happened? Who was involved? How did you deal with the situation? Tell me everything that happened, from beginning to end.

카페에서 기억에 남거나 잊지 못하는 사건을 말해 주세요. 무슨 일이 있었나요? 누가 관련되었나요? 그 사건을 어떻게 처리했나요? 처음부터 끝까지 무슨 일이 있었는지 말해 주세요.

공식 적용

시기 (언제/어디서/누구) ▶ 커피숍에서의 사건 ▶ 느낀 점

IH&AL 답변

🎧 PART1 › 07 › Q3 answer

시기(언제/어디서/누구) Once I went to the same cafe that I usually visit in the morning. *Even though I always order the same drink every time I visit, I decided to change my selection that day. **커피숍에서의 사건** When I ordered a drink different from what I usually order, the barista asked me why I'd chosen a different drink. I was surprised that she remembered my face *and the usual drink that I order. **느낀 점** This made me feel like I was a valued customer. After that happened, I started going to that coffee shop more often. *Although it is not as fancy as other coffee shop chains, I always feel welcome there.

·········· *을 제외한 기본 문장연습 ➜ **IM1~3 목표**

해석 | 한번은 아침에 제가 평소 자주 가는 카페에 방문했습니다. 갈 때마다 항상 같은 음료를 시켰었는데, 그날은 다른 선택을 해 보기로 결정했습니다. 제가 평소에 시키던 것과 다른 음료를 주문했을 때, 바리스타가 제게 왜 다른 음료를 골랐냐고 물었습니다. 저는 그녀가 제 얼굴과 제가 평소 주문하던 음료를 기억하는 것에 놀랐습니다. 저는 매우 중요한 고객이 된 것처럼 느껴졌습니다. 이 사건 이후로 저는 그 커피숍에 좀 더 자주 가게 되었습니다. 다른 커피숍 체인점처럼 잘 꾸며져 있지는 않지만, 저는 항상 그곳에서 환영받는 것을 느낍니다.

Key expressions

the same cafe that I usually visit 평소에 자주 가는 카페 | every time I visit 방문할 때마다 | change my selection 다른 선택을 하다 | different from what I usually order 평소에 주문하는 것과 다른 | ask me why I'd chosen ~ 왜 ~를 선택했는지 묻다 | the usual drink that I order 주로 시키는 음료 | valued customer 중요한 고객 | not as fancy as ~ ~처럼 잘 꾸며지지 않은

나만의 공식 적용

시기 (언제/어디서/누구)	커피숍에서의 사건	느낀 점

나만의 아이디어 노트

시기(언제/어디서/누구) Once I went to the

커피숍에서의 사건 When I ordered a drink

느낀 점 After that happened, I started

고득점 Tip

> 경험묘사를 할 때는 '언제, 어디서, 누구와, 무슨 일이 있었는지'를 설명해야 합니다. 경험에 대해 설명할 때 과거시제의 사용에 주의하여 실수가 없도록 하고, 현재완료와 시제 변형 등을 통해 시제 사용이 원활한 점을 부각시키는 것이 중요합니다. 특히 특정 사건이 있는 내용일 경우에는 사건의 전/후 혹은 사건/결과 등으로 이야기를 구성하면 좋습니다. ex When I ordered a drink different from what I usually order, the barista asked me why ∼.

Q5 커피숍의 변화

How have cafes changed over the years? How were they in the past and how are they now? Is there anything special about cafes today? Tell me everything about what cafes are like and in what way they are different from the past.

수년간 카페들은 어떻게 바뀌었나요? 카페들은 과거에는 어땠고 지금은 어떤가요? 오늘날의 카페에 관해 무언가 특별한 점이 있습니까? 카페들이 어떤지 그리고 과거로부터 어떤 점이 달라졌는지 모든 것을 말씀해 주세요.

공식 적용

도입부 ▶ 과거의 카페 ▶ 현재의 카페 ▶ 마무리

IH&AL 답변

PART1 › 07 › Q5 answer

도입부 Cafes have changed in many ways over the years. **과거의 카페** In the past, we used to see a bunch of privately owned coffee shops. However, many privately owned coffee shops have been disappearing *due to the increase in large coffee shop chains. **현재의 카페** Coffee shop chains have become increasingly popular *amongst coffee lovers. They employ new marketing strategies *consistently, which maintains their existing customers while attracting new customers at the same time. These large coffee shop chains invest their time and money in developing new drinks and products, *which was not usually done in the past. This allows the customers to enjoy something more than just coffee. New seasonal drinks *and newly designed products like tumblers and cups have also proven to be effective marketing strategies for big coffee shop chains. **마무리** I guess, cafes have become a lot more professional than in the past.

·· ＊을 제외한 기본 문장연습 ➡ IM1~3 목표

해석 | 카페는 수년간 다방면으로 바뀌었습니다. 과거에는 많은 개인 소유 커피숍들을 많이 볼 수 있었습니다. 하지만 대형 커피숍 체인점의 증가로 인해 사라져 가고 있습니다. 커피숍 체인점들은 커피 애호가들 사이에서 점점 더 인기를 끌고 있습니다. 그들은 계속해서 새로운 마케팅 전략을 도입하여, 기존 고객을 유지하면서 동시에 새로운 고객을 끌어들입니다. 이러한 대형 커피숍 체인점들은 시간과 돈을 투자해 새로운 음료와 제품을 만드는데, 과거에는 보통 하지 않았던 것입니다. 이는 고객들이 커피 이상의 무언가를 즐길 수 있게 해 줍니다. 새로운 계절 음료와 텀블러와 컵 등 새로 고안된 제품들은 대형 커피숍 체인점들의 마케팅 전략이 효과적이라는 것을 입증하고 있습니다. 저는 카페가 과거보다 훨씬 더 전문적으로 변했다고 생각합니다.

Key expressions

in many ways 다방면으로 **|** due to the increase in large coffee shop chains 대형 커피숍 체인점의 증가로 인해 **|** have become increasingly popular 점점 인기를 끌고 있다 **|** amongst coffee lovers 커피 애호가들 사이에서 **|** employ new marketing strategies consistently 계속해서 새로운 마케팅 전략을 도입하다 **|** maintain their existing customers 기존 고객을 유지하다 **|** attract new customers at the same time 동시에 새로운 고객을 끌어들이다 **|** invest their time and money in developing new drinks 시간과 돈을 투자해 새로운 음료를 개발하다 **|** which was not usually done in the past 과거에는 하지 않았던

 나만의
공식
적용

도입부	→	과거의 카페	→	현재의 카페	→	마무리

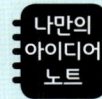 나만의
아이디어
노트

도입부 Cafes have changed in many ways over the years.

과거의 카페 In the past, we used to see a bunch of privately owned coffee shops.

현재의 카페 Coffee shop chains have become

마무리 I guess, cafes have become

고득점 Tip ▷ 변화 · 비교묘사의 답변을 구성할 때는 과거시제와 현재시제를 구분하여 사용할 수 있다는 것을 어필하는 것이 중요합니다. used to / but now 등의 표현을 이용하여 대조를 보여 주고 도입부(서론)이나 마무리(결론)에서는 비교급이나 현재완료를 사용함으로써 변화의 내용을 정리해 주는 것이 좋습니다. **ex** However, many privately owned coffee shops have been disappearing.

08

SNS에 글 올리기

SNS

| 주제별 전략 |

돌발문제 항목 중 'SNS'는 인터넷, 전화기 등의 기기 관련 주제들과 같이 인터넷이라는 고리로 답변들을 연결하여 응용할 수 있습니다. 인터넷상에서의 활동과 좋아하는 사이트에 대해 말할 수 있도록 하고, 다양한 질문을 보며 어떤 스토리로 연결해 나갈지 생각해 두는 것이 좋습니다. 3단 콤보에서 자주 출제되는 문제로 Q1-3까지이며, 2단 콤보에서는 Q4-6입니다.

🎧 **PART1 › 08**

| 나오는 문제 알고 가자 |

Q1 일반적인 SNS 게시물 종류 You indicated that you post messages on social networking sites. Tell me about the kind of messages people post in general. What are they about? How often do people post messages on these sites? (p.076 ▶ IH&AL 답변)

Q2 SNS 개인적인 성향 Now, tell me about the messages you personally post on social networking sites. Plus, what kind of comments do you leave on other people's posts? How often do you post things on your social networking accounts? (p.078 ▶ IH&AL 답변)

Q3 기억에 남는 SNS 게시물 We all have posts that we remember. Tell me about a posting that you remember. Maybe it was something that you wrote, or maybe it was by another person. Was there a picture or a video clip attached to it? Give me all the details about that post and why it was memorable. (p.080 ▶ IH&AL 답변)

| 변형문제 알고 가자 |

Q4 글 게재 시 사용하는 기기, 변화 What kind of device do you use when you post things on social networking sites? What is special about that device? Do you use a different device than you did in the past? Give me all the details.

Q5 SNS상에서의 예의 Tell me about when people are impolite on social networking sites. Why do you think those behaviors are rude? Give me specific examples of how people behave impolitely on social networking sites.

Q6 SNS상에서의 소문 Now, let's talk about how social networking sites have changed over the years. What are some of the major changes? What kind of impact have those changes had on users?

콤보별 문제 유형

» 3 Combo Set
종류묘사 ▶ 일반적인 SNS 게시물의 종류
경향묘사 ▶ SNS 개인적 성향
특정경험 ▶ 기억에 남는 SNS 게시물

» 2 Combo Set
변화묘사 ▶ 글 게재 시 사용하는 기기, 변화
사회이슈 ▶ SNS상에서의 소문

Q1 일반적인 SNS 게시물 종류

You indicated that you post messages on social networking sites. Tell me about the kind of messages people post in general. What are they about? How often do people post messages on these sites?

당신은 SNS에 글을 올린다고 대답했습니다. 사람들이 일반적으로 올리는 게시물에 대해 이야기해 주세요. 어떤 것에 대한 것입니까? 사람들은 이런 사이트에서 얼마나 자주 글을 올립니까?

공식 적용

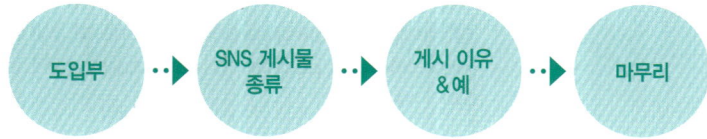

도입부 ··▶ SNS 게시물 종류 ··▶ 게시 이유 &예 ··▶ 마무리

IH&AL 답변

🎧 PART1 › 08 › Q1 answer

도입부 People post their status updates on their social networking sites quite often. *It has become a part of our daily lives. SNS 게시물 종류 People usually share pictures of the activities *that they are up to, the things that they like, and also things that they do not like. Posts can include pictures, video clips, or be in a simple written form with cute emoticons. 게시 이유&예 *Within these posts, they can also share where they are and who they are with. Other people can then leave short comments about the posts. I think social media sites help us stay in touch with friends *who live far away. 마무리 Overall, I think most users of social networking sites post messages quite often.

··· ✴을 제외한 기본 문장연습 ➡ IM1~3 목표

해석 | 사람들은 자주 그들의 근황을 소셜 네트워킹 사이트에 업데이트합니다. 이것이 우리 삶의 일부가 되었습니다. 사람들은 보통 그들의 근황과 좋아하는 것들, 그리고 좋아하지 않는 것들을 공유합니다. 게시물들은 사진, 영상, 또는 귀여운 이모티콘이 곁들여진 간단한 글들입니다. 이러한 게시물로 사람들은 지금 그들이 어디에 있고 누구와 있는지도 공유할 수 있습니다. 그리고 다른 사람들은 게시물에 관한 댓글을 남길 수도 있습니다. 제 생각에 소셜 미디어 사이트는 멀리 사는 친구들과 연락을 유지할 수 있도록 해 줍니다. 정리하자면, 대부분의 소셜 네트워킹 사이트의 사용자들은 자주 글을 올립니다.

Key expressions

become a part of our daily lives 우리 삶의 일부가 되다 | leave short comments 댓글을 달다 | stay in touch with ~와 연락을 유지하다

나만의 공식 적용

도입부	SNS 게시물 종류	게시 이유 & 예시	마무리

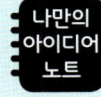

나만의 아이디어 노트

도입부 People post their status updates on their social networking sites quite often. It has become a part of our daily lives.

SNS 게시물 종류 People usually

게시 이유&예 Within these posts, they can

마무리 Overall, I think most users of social networking sites post

고득점 Tip ▶ 종류묘사를 할 때는 큰 범주의 내용부터 시작해 세부적으로 들어가세요. 세부 장르를 얘기하기 시작하면 충분한 이유와 대표적인 예를 들어서 본인의 의견을 자세히 설명하는 것이 중요합니다. It has become a part of our daily lives.와 같이 현재완료를 사용하여 다양한 시제 처리를 보여 주고, With n these posts, they can also share where they are and who they are with.와 같은 문장처럼 좀 더 자세히 설명할 수 있는 관계사절의 사용도 보여 줘야 합니다.

Q2 · SNS 개인적인 성향

Now, tell me about the messages you personally post on social networking sites. Plus, what kind of comments do you leave on other people's posts? How often do you post things on your social networking accounts?

이제 당신이 개인적으로 SNS에 올리는 메시지에 대해 말해 주세요. 또 다른 사람의 게시물에 어떤 댓글을 남기나요? 당신은 당신의 SNS 계정에 얼마나 자주 게시물을 올립니까?

공식 적용

게시물을 올리는 이유 ·· ▶ 게시물의 예 ·· ▶ 마무리

IH&AL 답변

🎧 PART1 › 08 › Q2 answer

게시물 올리는 이유 *The messages that I usually post on my social networking sites *include trips to different locations, explaining the things I did there, and questions that I wish to ask my friends. **게시물의 예** One time, I posted a message *asking about which phone I should buy. *Without doing much research myself, my friends recommended different mobile phones *and explained what their features were. I reviewed their comments and made a purchase based on them. **마무리** It was simple. Overall, I usually post something on my social networking sites *when I want to share stuff with my friends or ask them questions.

·········· ✳을 제외한 기본 문장연습 ➜ IM1~3 목표

해석 | 저는 보통 다양한 여행지나, 그곳에서 있었던 일들, 또는 친구들에게 물어보고 싶은 내용에 대하여 소셜 네트워킹 사이트에 글을 게시하곤 합니다. 한번은, 어떤 휴대폰을 사야 할지에 대한 글을 올렸습니다. 직접 찾아보지는 않았지만, 제 친구들이 다양한 휴대폰을 추천해 줬고 어떤 기능들이 있는지 설명해 주었습니다. 저는 그들의 댓글을 확인하고 그걸 바탕으로 구매를 했습니다. 여기까지입니다. 정리하자면, 저는 보통 친구들과 의사소통을 하고 싶거나 질문을 하고 싶을 때 소셜 네트워킹 사이트에 게시물을 올립니다.

Key expressions

post (글, 영상 등을) 게시하다 | review one's comments 댓글을 읽어 보다 | make a purchase based on ~ ~에 근거하여 구매하다

나만의 공식 적용	게시물을 올리는 이유	▷	게시물의 예	▷	마무리

게시물을 올리는 이유 The messages that I usually post on my social networking sites

include

게시물의 예 One time, I post up a message

마무리 Overall, I usually post something on my social networking sites when

고득점 Tip ▷ 본인의 습관을 얘기하는 경향묘사를 할 때는 '언제, 어디서, 누구와, 어떻게' 등의 구체적인 내용을 밝히면서 얘기하는 습관을 들이세요. 또한, 하는 일을 설명할 때는 하는 이유나 예를 드는 것이 좋습니다. I posted a message asking about which phone I should buy.처럼 문장에 관계사절을 이용하여 추가 설명을 하는 것도 고득점 포인트가 됩니다.

Q3 기억에 남는 SNS 게시물

We all have posts that we remember. Tell me about a posting that you remember. Maybe it was something that you wrote, or maybe it was by another person. Was there a picture or a video clip attached to it? Give me all the details about that post and why it was memorable.

우리 모두는 기억에 남는 게시물이 있습니다. 당신이 기억하는 게시물에 대해 말해 보세요. 그것은 당신이 올린 것일 수도 있고, 다른 사람이 올린 것일 수도 있습니다. 그것은 사진이나 동영상이 첨부되어 있었나요? 당신이 기억하는 게시물에 대해 자세히 설명해 주세요.

공식 적용

IH&AL 답변

PART1 › 08 › Q3 answer

기억에 남는 게시물&시기 The post *that I remember the most was by my friend back in high school. *Although we were very close back then, we lost contact when I moved to another part of the city for college. But after three years passed, my old friend posted up a picture on her feed. **경험** The picture was of her and me on the day of our high school graduation. *The picture reminded us of the great friendship we had and how much we missed being part of each other's lives. *After I had seen that picture, we began exchanging messages, and now we are good friends again. **마무리(느낌)** That one post brought us back together, * and I can never forget the day I saw it.

＊을 제외한 기본 문장연습 ➔ IM1~3 목표

해석 | 가장 기억에 남은 게시물은 고등학교 동창이 남겼던 것입니다. 그 당시에는 꽤 친했었지만, 제가 대학교 때문에 다른 지역으로 이사를 가면서 연락이 끊겼습니다. 하지만 3년이 지난 후에, 그 친구가 자신의 SNS에 사진을 한 장 올렸습니다. 그 사진은 고등학교 졸업식 날 그녀와 저를 찍은 것이었습니다. 그 사진은 우리에게 있었던 끈끈한 우정과 우리가 서로의 삶의 일부였던 것을 얼마나 지나쳐 왔는지를 기억하게 해 주었습니다. 그 사진을 본 이후, 우리는 메시지를 주고받기 시작했고, 다시 친한 친구가 되었습니다. 그 게시물은 우리가 다시 연락할 수 있도록 해 주었고, 그날은 제게 잊을 수 없는 날이 되었습니다.

Key expressions

lose contact 연락이 끊기다 | be part of each other's lives 서로의 삶의 일부가 되다 | exchange messages 메시지를 주고받다

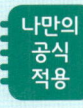

나만의 공식 적용

기억에 남는 게시물&시기	→	경험	→	마무리 (느낌)

나만의 아이디어 노트

기억에 남는 게시물&시기 The post that I remember the most was

경험 The picture was

After I had seen that picture,

마무리(느낌) That one post brought us back together,

고득점 Tip

> 경험묘사를 할 때는 '언제, 어디서, 누구와, 무슨 일이 있었는지'를 설명해야 합니다. 경험에 대해 설명할 때 과거시제의 사용에 주의하여 실수가 없도록 하고, 현재완료와 시제 변형 등을 통해 시제사용이 원활한 점을 부각시키는 것이 중요합니다. 특히 특정 사건이 있는 경우에는 사건의 전/후 혹은 사건/결과 등으로 이야기를 구성하는 것이 좋습니다. The post that I remember the most was by my friend back in high school.과 같은 표현을 통해 자세히 설명하여 첫 도입 부분에 힘을 실어 줄 수 있습니다.

09

친구에게 문자 보내기

Text Messaging

| 주제별 전략

설문조사 4번의 '문자 보내기'는 여가 활동 중 자주 선택하는 주제로서, 돌발 주제 중 '통화하기'와도 합쳐져서 변형문제가 종종 출제되는 것을 볼 수 있습니다. 기본적인 문자 보내기의 종류와 기억에 남는 문자, 현재와 과거의 차이점을 알아 둔다면 변형문제에도 충분히 대답할 수 있을 것입니다. 3단 콤보에서 자주 출제되는 문제는 Q1-5까지 중에서 세 문제이며, 2단 콤보에서는 Q3, 5, 6 중 두 문제입니다.

🎧 PART1 › 09

| 나오는 문제 알고 가자 |

Q1 사람들이 보내는 문자 메시지 종류 You indicated that you send text messages to your friends. Tell me about what kind of text messages people send or receive in general. What are they about? How often do people send messages? (p.084 ▶ IH&AL 답변)

Q2 개인적으로 주고받는 문자 메시지 Now, tell me about the texts you personally send. What are they about? What kinds of texts do you get from others? (p.086 ▶ IH&AL 답변)

Q3 기억에 남는 문자 메시지 We all have text messages that we remember. Tell me about a text message that you remember. Maybe t was with a friend or a co-worker. Maybe the person told you something surprising. Maybe you heard something unexpected. Tell me why that text message was memorable.
(p.088 ▶ IH&AL 답변)

| 변형문제 알고 가자 |

Q4 처음 문자 메시지를 보낸 경험 What was the reason you first sent a text message? Who did you send the message to? Why? Who do you usually send text messages to? Tell me everything about your experience sending text messages.

Q5 문자 메시지를 보낼 때 겪었던 어려움 What are some difficulties you've had sending text messages? What was the hardest thing you dealt with when you first sent a text message? Tell me how you figured things out.

Q6 현재/과거의 문자 메시지를 보내는 법 비교 How has the way you send text messages changed over the years? How did people send text messages in the past? How do they now?

콤보별 문제 유형

» 3Combo Set
종류묘사 ▶ 사람들이 보내는 문자 메시지 종류
경향묘사 ▶ 개인적으로 주고받는 문자 메시지
일상경험 ▶ 기억에 남는 문자 메시지

» 2Combo Set
특정경험 ▶ 문자 메시지를 보낼 때 겪었던 어려움
변화묘사 ▶ 현재/과거의 문자 메시지를 보내는 법 비교

Q1 사람들이 보내는 문자 메시지 종류

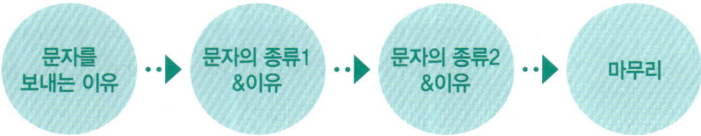 PART1 › 09 › Q1

You indicated that you send text messages to your friends. Tell me about what kind of text messages people send or receive in general. What are they about? How often do people send messages?

당신은 친구들에게 문자 메시지를 보낸다고 했습니다. 사람들이 일반적으로 어떤 문자를 주고받는지 말해 보세요. 어떤 내용입니까? 사람들은 얼마나 자주 문자 메시지를 보내나요?

 공식 적용

문자를 보내는 이유 ⋯▶ 문자의 종류1 &이유 ⋯▶ 문자의 종류2 &이유 ⋯▶ 마무리

 IH&AL 답변

🎧 PART1 › 09 › Q1 answer

문자를 보내는 이유 Many people these days use text messages *to chat with others instead of making phone calls, and they send and receive texts for various purposes. Since sending text messages is easy and convenient, people exchange a lot of text messages with each other. **문자의 종류1&이유** In general, they use text messages to catch up on new events *that have happened in their lives, to ask questions, and to ask for other's input on a problem. **문자의 종류 2& 이유** Plus, many people receive messages from their banks and work. Also, there are a bunch of spam messages *we receive every single day. **마무리** Overall, *sending text messages has become an important part of our lives in many ways. Many people these days use text messages for various purposes.

··· *을 제외한 기본 문장연습 ➜ IM1~3 목표

해석 | 오늘날 많은 사람이 다른 사람들과 얘기를 나누기 위해 전화를 거는 대신 문자 메시지를 이용합니다. 또 다양한 목적으로 문자를 주고받습니다. 문자 메시지를 보내는 것이 쉽고 편리하기 때문에, 사람들은 서로 굉장히 많은 문자 메시지를 교환합니다. 보통 서로의 근황을 전하려 문자를 보내거나 궁금한 것을 묻고 또 문제의 해결을 위하여 문자 메시지를 이용합니다. 게다가, 많은 사람이 은행과 직장으로부터 메시지를 받기도 합니다. 또한, 우리가 매일 받는 다량의 스팸 메시지가 있습니다. 정리하자면, 문자 메시지를 보내는 것은 다양한 방식으로 우리의 삶에 중요한 일부분이 되었습니다. 오늘날 많은 사람들은 다양한 목적을 위해 문자 메시지를 사용합니다.

Key expressions

make a phone call 전화를 걸다 | catch up on new events that have happened 근황에 대해 이야기하다

나만의 공식 적용

문자를 보내는 이유	문자의 종류1 &이유	문자의 종류2 &이유	마무리

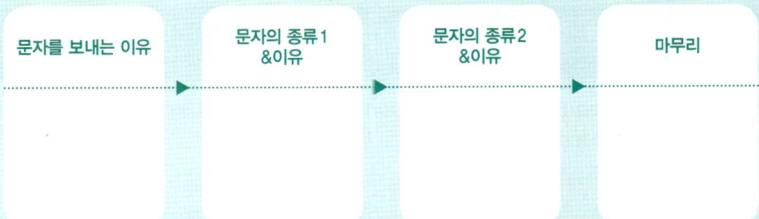

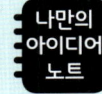

나만의 아이디어 노트

문자를 보내는 이유 Many people these days use text messages to

문자의 종류1&이유 In general, they use text messages to

문자의 종류2&이유 Plus, many people receive messages from

마무리 Overall, sending text messages has become

고득점 Tip > 종류묘사를 할 때는 큰 범주의 내용부터 시작해서 세부적으로 들어가세요. 세부 장르를 얘기하기 시작하면 충분한 이유와 대표적인 예를 들어서 자세히 설명하는 것이 중요합니다. 세부 장르를 언급하되 '사람들은, 저 같은 경우는' 등으로 시작하여 예를 적절히 들어 주면 됩니다. Sending text messages has become an important part of our lives in many ways.처럼 도입부나 마무리 부분에 현재완료를 이용해서 고득점 포인트를 노려 볼 수 있습니다.

Q2 개인적으로 주고받는 문자 메시지

Now, tell me about texts you personally send. What are they about? What kind of texts do you get from others?

자, 개인적으로 보내는 문자 메시지에 대해 말해 보세요. 무슨 내용입니까? 다른 사람에게 어떤 문자를 받습니까?

공식 적용

도입부 ··▶ 보내는 문자 &예 ··▶ 받는 문자 &예 ··▶ 마무리

IH&AL 답변

🎧 PART1 › 09 › Q2 answer

하는 일 Well, I send and receive various text messages every day. **보내는 문자&예** Normally, I exchange messages with friends. *We talk about what we're doing. I also ask questions to catch up on new events *that have happened in our lives or to ask for their advice on a problem. We also talk about daily things and special events. Sometimes, we talk about our lives at school or work. **받는 문자&예** On the other hand, I sometimes receive messages from my school or from banks. They send me a notice when I use my card or when there is a change in my balance. **마무리** So overall, I usually text my friends, but I do use messaging for other things.

·· ✱을 제외한 기본 문장연습 ➔ **IM1~3 목표**

해석 ㅣ 음. 저는 남들과 다양한 문자 메시지를 주고받습니다. 평소, 저는 친구들과 연락을 주고받기 위해 메시지를 교환합니다. 우리는 무엇을 하고 있는지 이야기를 나눕니다. 저는 또한 서로 일어난 일에 대하여 얘기를 나누거나 무언가를 묻고 답하기 위해 문자를 보냅니다. 우리는 또한 일상적인 것들과 특별한 사건들에 대해 이야기를 나눕니다. 때때로, 우리는 학교나 직장에서 일어나는 일에 대한 이야기를 나눕니다. 다른 한편으로는, 저는 때로 학교나 은행으로부터 메시지를 받습니다. 카드를 사용하거나 잔고에 변화가 생길 때도 저는 문자를 받습니다. 정리하자면, 저는 친구와 문자를 하거나, 다른 용도로 문자를 사용하고 있습니다.

Key expressions

talk about daily things and special events 일상이나 일어난 특별한 일에 대해 말하다 | a change in my balance 잔고의 변화

도입부	보내는 문자&예	받는 문자&예	마무리

도입부 Well, I send and receive various text messages every day.

보내는 문자&예 Normally, I exchange messages

받는 문자&예 On the other hand, I sometimes receive messages from

마무리 So overall, I usually text

고득점 Tip ▷ 본인의 습관을 얘기하는 경향묘사를 할 때는 '언제, 어디서, 누구와'를 밝히면서 얘기하는 습관을 들이세요. 또한, 하는 일을 설명할 때 하는 이유나 예를 들어 주는 것이 좋습니다. 예를 들 때는 본인이 일상생활에서 경험하는 것을 소재로 삼는 것이 이야기를 풀어 나가기 쉽고, 관계사절로 문장에 보충 설명을 많이 하는 것도 중요합니다. **ex** I also ask questions to catch up on new events that have happened in our lives or to ask for their advice on a problem. 반대로, 문장이 길다고 생각될 때는 선행사 바로 뒤에서 끊어 주면 문장이 간결해집니다.

Q3 기억에 남는 문자 메시지

🎧 PART1 › 09 › Q3

We all have text messages that we remember. Tell me about a text message that you remember. Maybe it was with a friend or a co-worker. Maybe the person told you something surprising. Maybe you heard something unexpected. Tell me why that text message was memorable.

우리는 모두 기억에 남는 문자 메시지가 있습니다. 당신이 기억하는 문자 메시지에 대해 말해 보세요. 그것은 친구의 문자였을 수도 있고, 직장 동료의 것일 수도 있습니다. 그 사람이 당신에게 놀랄 만한 이야기를 했을 수도 있습니다. 또는 예상치 못한 것일 수도 있습니다. 왜 그 메시지가 기억에 남는지 말해 주세요.

공식 적용

문자를 받게 된 시기 ··▶ 경험 (받은 문자) ··▶ 느낌 ··▶ 마무리

IH&AL 답변

🎧 PART1 › 09 › Q3 answer

문자를 받게 된 시기 Well, the text *that I remember the most was a message from one of my high school friends. Although we were very close back then, we lost contact *when I moved to another part of the city for college. 경험(받은 문자) *But after three years had passed, my old friend sent me a message one day. She said that she found my number on SNS. She also sent me a picture of her and me on the day of our high school graduation. 느낌 *The picture reminded me of the great friendship we had. After that, we began exchanging messages, and now we're good friends again. 마무리 That's about it. That text message from my old friend was definitely the most memorable message *I've received.

· ✱을 제외한 기본 문장연습 ➔ IM1~3 목표

해석 | 음. 가장 기억에 남는 메시지는 고교 시절 친구에게서 받은 메시지였습니다. 가장 친했던 친구였지만 대학 때문에 다른 지역으로 이사를 가게 되면서 서로 연락이 끊겼습니다. 하지만 3년이 지난 후에, 그 친구가 어느 날 메시지를 보냈습니다. 그녀는 SNS에서 제 번호를 찾았다고 말했습니다. 그녀는 또한 제게 고등학교 졸업식 날 그녀와 제가 찍은 사진을 보냈습니다. 그 사진은 우리가 얼마나 친했는지를 생각하게 했습니다. 그 후, 우리는 메시지를 교환하기 시작했고, 지금은 다시 친한 친구가 되었습니다. 여기까지입니다. 저의 오랜 친구에게서 받은 문자 메시지가 제가 기억하는 가장 기억에 남는 메시지입니다.

Key expressions

although we were very close 우리는 매우 친했음에도 불구하고 | **remind me of the great friendship** 나에게 대단한 우정을 생각나게 하다 | **begin exchanging messages** 문자를 교환하기 시작하다

나만의 공식 적용

문자를 받게 된 시기	경험(받은 문자)	느낌	마무리

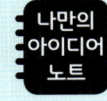

나만의 아이디어 노트

문자를 받게 된 시기 Well, the text that I remember the most was

경험(받은 문자) But after three years had passed, my old friend sent me a message one day.

느낌 It reminded me of

마무리 That's about it. That text message from my old friend was

고득점 Tip

> 경험묘사를 할 때는 '언제, 어디서, 누구와, 무슨 일이 있었는지'를 설명해야 합니다. 경험에 대해 설명할 때 과거시제의 사용에 주의하여 실수가 없도록 하고, 특히 특정 사건이 있는 내용일 경우에는 사건의 전/후 혹은 사건/결과 느낀 점 등을 이야기하면 됩니다.

10

쇼핑

Shopping

| 주제별 전략 |

설문조사 4번의 여가 항목 중 '쇼핑'은 다양한 주제에서 응용이 가능한 중요한 주제입니다. 그중에 쇼핑 관련 문제는 개인 이슈 관련 내용들 중 항상 빈출 주제 20위권 안에서 꾸준히 나오는 문제이기도 합니다. 일반 쇼핑과 식료품 쇼핑으로 나눠지며 기본적인 쇼핑 습관, 과거 경험과 비교, 이슈 질문(식품 오염)에 대한 답변들을 준비해야 합니다.

🎧 PART1 › 10

| 나오는 문제 알고 가자 |

Q1 **쇼핑 습관/장소 묘사** Let's talk about your shopping habits. How often do you go shopping? What do you buy most often? Where do you go shopping? Who do you go with?
(p.092 ▶ IH&AL 답변)

Q2 **최근 쇼핑한 경험** When was the last time you shopped for something? Where did you go and what did you buy? Who did you go with? What was special about that shopping experience? Give me all the details.

Q3 **쇼핑 중 개인적인 문제와 해결 방법** Unexpected things can happened during a shopping trip. What kind of problems have you personally experienced while shopping? How did you deal with the situation?

| 변형문제 알고 가자 |

Q4 **일반적으로 쇼핑 중 겪는 어려움** People sometimes have problems while they are shopping. What are some things people have to deal while they are shopping? How do you personally deal with those problems?

Q5 **우리나라 식료품 가게 묘사** What does a typical grocery store look like in your country? What is special about the grocery store? What do people do when they buy groceries? Give me a lot of details.

Q6 **식료품 쇼핑 방식의 변화** How have the ways people buy groceries changed over the years? Where did people buy food in the past, and how do they buy it now? (p.094 ▶ IH&AL 답변)

Q7 **식품 오염에 대해 들은 뉴스** Food can go bad and cause bacterial infections. Tell me about an incident you heard or read about on this issue. What was the problem? How was it dealt with? (p.096 ▶ IH&AL 답변)

Q1 쇼핑 습관/장소 묘사

Let's talk about your shopping habits. How often do you go shopping? What do you buy most often? Where do you go shopping? Who do you go with?

당신의 쇼핑 습관에 대해 이야기해 봅시다. 얼마나 자주 쇼핑을 갑니까? 무엇을 가장 자주 삽니까? 어디로 쇼핑을 갑니까? 누구와 같이 갑니까?

공식 적용

쇼핑 성향 ··▶ 즐겨 가는 장소&이유 ··▶ 쇼핑 습관 (하는 일) ··▶ 마무리

IH&AL 답변

🎧 PART1 › 10 › Q1 answer

쇼핑 성향 Most shopping malls are usually on busy streets *with a lot of foot traffic because it's much more convenient for shoppers. *When it comes to shopping, I usually shop for new clothes in my free time. *It seems that fashion changes very quickly where I live, and I like to have up-to-date clothing. 즐겨 가는 장소&이유 For me, shop A and shop B are the best places to shop for new clothing *because they always have the most fashionable items in stock. I have a lot more options to choose from at those stores. 쇼핑 습관(하는 일) When I go shopping, I usually go with my best friend. *Since we get paid at the same time and have the same days off, it is easy to go shopping together. We also have the same tastes *when it comes to clothing. 마무리 Well, that's it. I often go shopping with my friend in my free time.

·········· *을 제외한 기본 문장연습 ➔ IM1~3 목표

해석 | 대부분의 쇼핑몰은 유동 인구가 많은 거리에 있습니다. 쇼핑객에게 훨씬 더 편리하기 때문입니다. 쇼핑에 있어서 보자면, 저는 보통 시간이 날 때 쇼핑을 하는 편입니다. 제가 사는 곳에서 패션은 굉장히 빠르게 변화하는 것 같고, 그래서 저는 최신 유행하는 옷을 가지는 것을 좋아합니다. 저에게 있어, A와 B 가게는 새로운 옷을 사기에 최고의 장소인데, 항상 가장 패셔너블한 품목들을 입하해 놓기 때문입니다. 그곳에서 저는 훨씬 더 많은 선택을 할 수 있게 됩니다. 쇼핑을 갈 때는, 보통 제일 친한 친구와 함께 갑니다. 우리는 동시에 급여를 받고 같은 날에 쉬기 때문에, 함께 쇼핑하러 가는 것이 편합니다. 또한 패션에 있어 취향도 비슷한 편입니다. 그 정도입니다. 보통 저는 시간이 날 때 친한 친구와 쇼핑을 가곤 합니다.

Key expressions

streets with a lot of foot traffic 유동 인구가 많은 거리 | **up-to-date clothing** 최신 유행하는 옷 | **items in stock** 재고가 있는 제품 | **get paid** 월급을 받다 | **have the same tastes** 취향이 같다

나만의 공식 적용

쇼핑 성향	즐겨 가는 장소 &이유	쇼핑 습관 (하는 일)	마무리

나만의 아이디어 노트

쇼핑 성향 Most shopping malls are usually

즐겨 가는 장소&이유 For me, shop A and shop B are the best places to

쇼핑 습관(하는 일) When I go shopping, I usually go with

마무리 Well, that's it. I often go shopping

고득점 Tip > 경향묘사의 경우 '언제', '어디서'의 순으로 기본적인 이야기를 풀어 가고 be busy streets with foot traffic / when it comes to / where I live 등과 같은 숙어나 종속절 그리고 관계사절 문장들을 적절하게 사용하여 문장을 자연스럽게 풀어 가면 좋습니다. 〈IH&AL 답변〉에서 색으로 표시한 내용들을 충분히 사용해 연습해 보길 바랍니다.

Q6 식료품 쇼핑 방식의 변화

🎧 PART1 › 10 › Q6

How have the ways people buy groceries changed over the years? Where did people buy food in the past, and how do they buy it now?

지난 몇 년간 사람들이 식료품 쇼핑을 하는 방식이 어떻게 바뀌어 왔습니까? 과거에 사람들은 어디에서 음식을 샀습니까? 그리고 지금은 어떻습니까?

공식 적용

과거의 쇼핑 방식 ▸▸ 현재의 쇼핑 방식1 ▸▸ 현재의 쇼핑 방식2 ▸▸ 마무리 (결론)

IH&AL 답변

🎧 PART1 › 10 › Q6 answer

과거의 쇼핑 방식 In the past, people used to go to the store almost every day *to buy what they needed. But people these days buy a lot of food at one time. **현재의 쇼핑 방식1** Since people have larger refrigerators, they can buy enough food to last them for a while. **현재의 쇼핑 방식2** Plus, some people these days order their groceries *online because it takes much less time and effort. We can get everything with just a few clicks. *As more people start to shop for groceries online, the stores will become less and less crowded. **마무리(결론)** Overall, the way *people buy groceries has definitely changed a bit over the years.

·· *을 제외한 기본 문장연습 ➔ **IM1~3 목표**

해석 | 예전에 사람들은 필요로 하는 것을 사기 위해 거의 매일 장을 보곤 했습니다. 하지만 요즘 사람들은 많은 음식을 한 번에 삽니다. 더 큰 냉장고를 가지고 있기 때문에 그들이 한동안 먹을 수 있는 충분한 음식을 살 수 있습니다. 게다가 요즘 사람들은 온라인으로 식료품을 주문하는데, 이는 훨씬 시간과 노력이 덜 들기 때문입니다. 우리는 클릭 몇 번이면 모든 것을 살 수 있습니다. 더 많은 사람이 온라인으로 식료품 쇼핑을 시작하면서, 식료품점은 점점 사람이 줄어들고 있습니다. 정리하자면, 사람들이 식료품을 사는 방식은 당연히 수년간 조금씩 변해 왔습니다.

Key expressions

buy what they needed 필요했던 것을 구매하다 | **last** (특정 기간 동안 사용할 수 있도록) 충분하다 |
get everything with just a few clicks 클릭 몇 번으로 모든 것을 사다

과거의 쇼핑 방식	현재의 쇼핑 방식1	현재의 쇼핑 방식2	마무리(결론)

나만의 아이디어 노트

과거의 쇼핑 방식 People used to go

현재의 쇼핑 방식1 Since people have larger refrigerators,

현재의 쇼핑 방식2 Plus, some people these days

마무리(결론) Overall, the way people buy groceries has definitely changed

고득점 Tip > 현재와 과거를 비교하는 질문은 〈used to + 동사〉 식의 과거시제와 현재시제의 능숙한 사용을 보여 주고, 마찬가지로 고득점 획득 포인트가 될 수 있는 숙어나 종속절, 관계사절 문장을 적절하게 사용하는 것이 좋습니다. 현재완료 문장을 사용해 과거시제 문장들을 다양하게 사용해 보는 것 또한 높은 등급 획득 포인트가 됩니다.

Q7 식품 오염에 대해 들은 뉴스

🎧 PART1 › 10 › Q7

Food can go bad and cause bacterial infections. Tell me about an incident you heard or read about on this issue. What was the problem? How was it dealt with?

음식들은 상하거나 감염을 초래할 수 있습니다. 이러한 이슈에 대하여 듣거나, 읽었던 사건에 관해 말해 보세요. 무엇이 문제였습니까? 어떻게 해결되었나요?

공식 적용

뉴스의 내용 ▸ 뉴스의 결과 ▸ 마무리

IH&AL 답변

🎧 PART1 › 10 › Q7 answer

뉴스의 내용 A few weeks ago, there was a news report about a food poisoning incident at a middle school. They thought it was from the poorly kept food at the cafeteria, *but it turned out to be noro virus. Noro virus is a viral infection *that causes stomach problems. 뉴스의 결과 People had vomiting, diarrhea, and stomach pain. The incident was the top news story throughout that week. 마무리 *Ever since the warnings about noro virus, I always make people around me wash their hands as often as possible.

.... ✱을 제외한 기본 문장연습 ➡ IM1~3 목표

해석 | 몇 주 전, 한 중학교에서의 식중독 사건에 관한 뉴스가 있었습니다. 교내 식당에서 음식을 제대로 보관하지 못해서였다고 생각했지만, 노로 바이러스가 문제였던 걸로 밝혀졌습니다. 노로 바이러스는 바이러스성 감염으로 복통 증상을 일으킵니다. 사람들은 구토, 설사, 복통을 보였습니다. 그 사건은 일주일 내내 가장 중요한 뉴스였습니다. 노로 바이러스에 대한 경고 이후, 저는 항상 주변 사람들이 가능한 한 자주 손을 씻게 합니다.

Key expressions

food poisoning 식중독 | **viral infection** 바이러스성 감염 | **cause stomach problems** 복통 증상을 유발하다 | **vomiting and diarrhea** 구토와 설사

나만의 공식 적용

뉴스의 내용	→	뉴스의 결과	→	마무리

나만의 아이디어 노트

뉴스의 내용 A few weeks ago, there was a news report about

but it turned out to be

뉴스의 결과 People had

마무리 Ever since the warnings   ,

I always make

고득점 Tip ▶ 사회적 이슈 질문은 난이도가 가장 높은 질문으로, 시험장에서 질문을 들었을 때 사실상 응용이나 창작하는 데 한계가 있기 마련입니다. 이유나 예시를 미리 준비해 두고 비슷한 질문에 대해서는 그대로 대답해 보는 것도 좋습니다. '식품 오염'에 대한 이슈 문제의 예문에서는 몇 주 전에 봤던 한 중학교에서 일어난 식중독 사건에 대한 뉴스를 본 기억에 대해 이야기하고 있습니다.

11

리얼리티 방송

Reality TV Show

| 주제별 전략 |

설문조사 4번 항목 중 '리얼리티 방송'은 빈출도가 높은 주제입니다. 많은 주제의 첫 번째 문제는 주로 종류묘사로 시작합니다. 주제의 종류, 장소, 경험 묘사 등이 일반적인 3 Combo 문제이고, 2 Combo 문제는 마찬가지로 변화 · 비교, 이슈 질문이 일반적입니다. 전략적인 서베이를 통해 공부할 범위를 줄이고 자주 나오는 주제에 집중하는 것이 중요합니다. '영화 보기' 등의 유사 주제들을 같이 준비하면 효과적입니다. 3단 콤보에서 자주 출제되는 문제로 Q1-3까지이며, 2단 콤보에서는 Q4, 5입니다.

🎧 PART1 › 11

| 나오는 문제 알고 가자 |

Q1 ▶ **좋아하는 리얼리티 방송** Tell me about a reality TV show that you like to watch. Why do you like watching that show? How often do you tune in? How does it affect your life?
(p.100 ▶ IH&AL 답변)

Q2 ▶ **리얼리티 방송 진행 장소** Where does the reality program you watch take place? Why does it take place at that venue? What is special about that location? Tell me everything about the place the show is shot at. (p.102 ▶ IH&AL 답변)

Q3 ▶ **최근에 본 리얼리티 방송** What was the latest episode of the reality show you've watched? What was so memorable about that episode? Give me all the details about what made that particular episode more memorable. (p.104 ▶ IH&AL 답변)

| 변형문제 알고 가자 |

Q4 ▶ **리얼리티 방송의 변화** How have reality TV programs changed over the years? How are the shows different from what they used to be? How did you first become interested in them in the first place? How did your interest change? Give me specific examples of the changes reality shows have gone through.

Q5 ▶ **리얼리티 방송 관련 이슈** Discuss the issues that come up when you talk about reality TV shows with your friends. What is the main topic and why do people talk about that topic?

Q6 ▶ **라이브 쇼와 리얼리티 쇼 비교** Please tell me about a live show that you like to watch. How is it different from the reality show that you like? Tell me about their similarities and differences.

콤보별 문제 유형

» 3 Combo Set
종류묘사 ▶ 좋아하는 리얼리티 방송
장소묘사 ▶ 리얼리티 방송 진행 장소
일상경험 ▶ 최근에 본 리얼리티 방송

» 2 Combo Set
변화묘사 ▶ 리얼리티 방송의 변화
이슈묘사 ▶ 리얼리티 방송 관련 이슈
비교묘사 ▶ 라이브 쇼와 리얼리티 쇼 비교

Q1 좋아하는 리얼리티 방송

Tell me about a reality TV show that you like to watch. Why do you like watching that show? How often do you tune in? How does it affect your life?

당신이 즐겨 보는 리얼리티 TV 쇼에 대해 말씀해 주세요. 왜 그 쇼를 보는 것을 좋아합니까? 얼마나 자주 틀어 보나요? 그것이 당신의 삶에 어떻게 영향을 미치나요?

공식 적용

좋아하는 리얼리티 종류 ·▶ 쇼의 특징 ·▶ 예 ·▶ 좋아하는 이유 ·▶ 배운 점

IH&AL 답변

PART1 › 11 › Q1 answer

좋아하는 리얼리티 종류 There are various reality shows in Korea and I personally like reality competition programs. One of my favorite shows is a cooking competition called *Master Chef*. 쇼의 특징 The show features contestants who want to open their own restaurants. *Especially, the show is famous because of the judges' harsh criticisms of the contestants' mistakes. At the end of each episode, one or two contestants are sent home. 예 The show is similar to shows like *Hell's Kitchen* and *Top Chef* *which are popular reality TV shows around the world. 좋아하는 이유 I find the *Master Chef* interesting because I enjoy cooking. *Although some of the ingredients the contestants use can be hard to find, 배운 점 I have been able to learn how to make many different dishes. So overall, that's the show I often enjoy watching.

·········· *을 제외한 기본 문장연습 ➔ IM1~3 목표

해석 | 한국에는 다양한 리얼리티 쇼가 있고 저는 개인적으로 리얼리티 경쟁 프로그램을 좋아합니다. 제가 가장 좋아하는 쇼 중 하나는 〈마스터 셰프〉라고 하는 요리 경쟁 쇼입니다. 이 쇼에는 자신만의 음식점을 열고 싶어 하는 경쟁자들이 나옵니다. 특히, 이 쇼는 참가자들의 실수에 대한 심사위원들의 가혹한 비평 때문에 유명합니다. 각 에피소드의 끝에는, 한두 명의 참가자가 집으로 보내집니다. 쇼는 세계에서 유명한 요리 리얼리티 TV 쇼인 〈헬스 키친〉과 〈톱 셰프〉 같은 쇼와 비슷합니다. 저는 요리하는 것을 즐기기 때문에 이 쇼가 재미있습니다. 참가자들이 사용하는 재료들 중 일부는 구하기 어려울 수도 있지만, 저는 다양한 많은 요리를 어떻게 만드는지 배울 수 있었습니다. 그래서 전반적으로, 이것은 제가 종종 즐겨 보는 쇼입니다.

Key expressions

feature 특색으로 하다 | **contestant** 참가자 | **the judges' harsh criticisms** 심사위원들의 가혹한 비평 | **episode** (라디오, 텔레비전 등의) 1회 방송분 | **be similar to shows like A and B** A와 B라는 쇼와 유사하다 | **ingredient** 식재료 | **I have been able to learn how to** ~를 어떻게 만드는지 배울 수 있었다

좋아하는 리얼리티 종류	쇼의 특징	예	좋아하는 이유	배운 점

 **나만의 아이디어 노트**

좋아하는 리얼리티 종류 There are various reality shows in Korea and I personally like

쇼의 특징 The show features contestants who

예 The show is similar to shows like

좋아하는 이유 I find the   because

배운 점 I have been able to learn how to

고득점 Tip ▶ 종류묘사를 할 때는 큰 범주의 내용부터 시작해서 세부적으로 들어가세요. 세부 장르를 얘기하기 시작하면 충분한 이유와 대표적인 예를 들어서 본인의 의견을 자세히 설명하는 것이 중요합니다. Especially, the show is famous because of the judges' harsh criticisms과 같이 구체적인 이유를 들어서 설명해 주세요. 또한 현재시제를 주로 사용하는 일반묘사에서는 that절 등의 종속절도 사용해서 고득점을 위한 어휘력을 보여 주어야 합니다.

Q2 리얼리티 방송 진행 장소

Where does the reality program you watch take place? Why does it take place at that venue? What is special about that location? Tell me everything about the place the show is shot at.

당신이 보는 리얼리티 프로그램은 어디에서 진행되나요? 왜 그 장소에서 진행되나요? 그 장소의 특별함이 무엇인가요? 그 쇼가 촬영되는 장소에 대한 모든 것을 말해 주세요.

공식 적용

리얼리티 쇼의 진행 장소 ·· 시설 ·· 그 밖의 시설

IH&AL 답변

🎧 PART1 › 11 › Q2 answer

리얼리티 쇼의 진행 장소 The show *Master Chef* takes place in a large TV studio *that is designed specifically for the show. The contestants spend the course of the season living in housing behind the studio, and there is a live studio audience *who are present during the filming of each episode. 시설 The studio was designed for the show *because of the large number of contestants that need enough space to prepare and cook their dishes. Sometimes, *when all the contestants are cooking at the same time, they have trouble finding everything they need. 그 밖의 시설 Moreover, in most cases, reality TV shows are filmed in large TV studios, but nowadays, there are many outdoor reality shows that are filmed on location.

··· ＊을 제외한 기본 문장연습 ➜ IM1~3 목표

해석 | 〈마스터 셰프〉 쇼는 쇼를 위해 특별히 고안된 커다란 TV 스튜디오에서 촬영됩니다. 참가자들은 스튜디오 뒤에 있는 주거 시설에서 살면서 시즌 동안 지냅니다. 그리고 각 에피소드를 촬영하는 동안 참석하는 생방송 스튜디오 관중이 있습니다. 스튜디오는 요리를 준비하고 요리하기에 충분한 공간을 필요로 하는 수많은 참가자 때문에 쇼를 위해 설계되었습니다. 때로는, 모든 참가자들이 동시에 요리를 하고 있을 때면, 그들은 필요한 모든 것을 찾는 데에 어려움을 겪기도 합니다. 게다가 대부분의 경우, 리얼리티 TV 쇼는 큰 TV 스튜디오에서 촬영되지만, 요즘은 현지에서 촬영되는 야외 리얼리티 쇼도 많이 있습니다.

Key expressions

take place 개최되다, 일어나다 | **designed specifically for the show** 쇼를 위해 특별히 고안된 | **the course of the season** 시즌 기간 동안에 | **live studio audience** 생방송 스튜디오 관중 | **during the filming of each episode** 각 에피소드를 촬영하는 동안 | **have trouble finding** 찾는 것에 어려움을 겪다

나만의 공식 적용

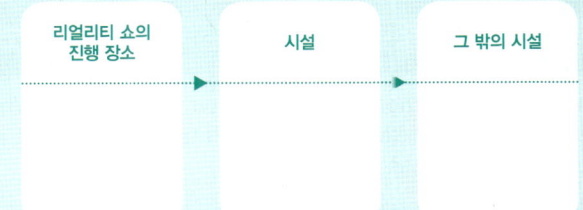

리얼리티 쇼의 진행 장소	→	시설	→	그 밖의 시설

나만의 아이디어 노트

리얼리티 쇼의 진행 장소 The show   takes place in

                                                                that is designed

and there is a

시설 The studio was designed for the show because of

그 밖의 시설

고득점 Tip ＞ 장소묘사를 할 때는 장소의 위치와 이름을 밝히면서 시작하세요. 또한 a large TV studio that is designed specifically for the show와 같이 장소의 특징적 시설을 설명해야 합니다. 특히 고득점을 위해서는 위치와 시설을 설명할 때 where 혹은 which를 사용하여 부가 설명을 하는 것이 중요합니다.

Q3 최근에 본 리얼리티 방송

What was the latest episode of the reality show you've watched? What was so memorable about that episode? Give me all the details about what made that particular episode more memorable.

최근에 본 리얼리티 쇼는 무엇인가요? 그 에피소드에 대한 어떤 것이 기억에 남나요? 무엇이 그 에피소드를 더 특별하게 만들었는지에 대해 자세히 말해 주세요.

공식 적용

최근에 본 방송 ▸▸ 줄거리 ▸▸ 결과 ▸▸ 배운 점/느낀 점

IH&AL 답변

🎧 PART1 › 11 › Q3 answer

최근에 본 방송 The last episode I watched was the final episode of *Master Chef* Season 3. The show was down to its last two contestants. **줄거리** Their challenge was to create five unique dishes *that they had not prepared in any of the previous episodes. *The contestants were allowed to select from a group of previously rejected contestants to help their dishes. They only had one hour to make all five dishes *and had to do so in front of a live audience. Both contestants completed the challenge, *and it was difficult for the judges to select a winner. **결과** In the end, the female contestant was selected as the winner *due to her determination. She was awarded the cash prize. **배운 점/느낀 점** *From this experience, I've learned a lesson that the determination is the most important factor for a victory.

·· ✳을 제외한 기본 문장연습 ➡ IM1~3 목표

해석 | 제가 보았던 마지막 에피소드는 〈마스터 셰프〉 시즌 3의 최종 회였습니다. 쇼는 최종 참가자 두 명만을 남겨 놓았습니다. 그들의 도전은 그들이 이전 에피소드 중에서 준비해 본 적이 없는 5개의 독특한 요리를 창안해 내는 것이었습니다. 참가자들은 그들의 요리를 창조해 내기 위해 한 무리의 이전 탈락자들로부터 선택할 수 있는 권한이 주어졌습니다. 그들에게는 5가지의 요리를 만드는 데 1시간밖에 주어지지 않았고 생방송 청중 앞에서 그 일을 해야야 했습니다. 두 참가자들 모두 도전을 마쳤고, 심사위원들은 우승자를 선택하기 어려워했습니다. 결국, 여성 참가자가 그녀의 투지 덕택에 우승자로 선택되었습니다. 그녀는 상금을 수여받았습니다. 이 경험으로 저는 투지가 우승의 가장 중요한 요인이라는 것을 배웠습니다.

Key expressions

the last episode I watched 내가 본 마지막 에피소드 | the final episode 마지막 회 | the show was down to its last two contestants 쇼는 두 명의 참가자만을 남겨 놓다 | unique dishes 독특한 요리 | be allowed to select 선택할 권한이 주어지다 | rejected contestants 탈락자들 | have to do so 그렇게 해야만 한다 | it was difficult for the judges to select a winner 심사위원들에게 승자를 선택하는 것은 어려웠다 | be selected as the winner due to her determination 투지 덕택에 우승자로 선택되다 | be awarded the cash prize 상금을 수여받다 | the most important factor 가장 중요한 요인

나만의 공식 적용

최근에 본 방송	줄거리	결과	배운 점/느낀 점

나만의 아이디어 노트

최근에 본 방송 The last episode I watched was

줄거리 Their challenge was to

결과 In the end,

배운 점/느낀 점 From this experience, I've learned a lesson that

고득점 Tip ➤ 경험묘사를 할 때는 '언제, 어디서, 누구와, 무슨 일이 있었는지'를 설명해야 합니다. 경험에 대해 설명할 때는 과거시제에 주의해서 실수가 없도록 하고 현재완료와 시제 변형 등을 통해 시제 사용이 원활한 점을 부각시키는 것이 중요합니다. 또한 경험을 통해 느낀 점 혹은 배운 점으로 마무리하면 좋습니다. ex From this experience, I've learned a lesson that the determination is the most important factor for a victory.

12

음악 감상하기

Music

| 주제별 전략 |

설문조사 5번의 취미 항목 중 '음악 감상하기'는 빈출도가 높은 중요한 주제입니다. 장르 주제의 첫 번째 문제는 주로 종류묘사로 시작합니다. 그곳에서 장르, 경향, 경험 묘사 등이 일반적인 3 Combo 문제이고, 2 Combo 문제는 마찬가지로 변화·비교, 이슈 질문이 일반적입니다. 전략적인 서베이를 통해 공부할 범위를 줄이고 자주 나오는 주제에 집중하는 것이 중요합니다. '콘서트, 공연' 등의 유사 주제들을 같이 준비하는 것이 효과적입니다. 3단 콤보에서 자주 출제되는 문제 Q1-3까지이며, 2단 콤보에서는 Q5, 6입니다. 음악 장르, 좋아하는 가수, 그리고 음악을 듣는 기기나 장소 등의 질문에 대처할 수 있는 다양한 예를 기억해 두면 좋습니다.

🎧 PART1 › 12

| 나오는 문제 알고 가자 |

Q1 좋아하는 음악 장르&가수/작곡가 You indicated that you like to listen to music. What type of music do you like listening to? Plus, who is your favorite singer or composer? What is special about his or her music? (p.108 ▸ IH&AL 답변)

Q2 음악을 듣는 성향 When and where do you like to listen to music? Why do you listen to music? (p.110 ▸ IH&AL 답변)

Q3 라이브 음악을 들었던 경험 Tell me about a time when you went to listen to some live music, such as a concert or a live cafe. What was the mood like and how did you like the music you listened to there? (p.112 ▸ IH&AL 답변)

| 변형문제 알고 가자 |

Q4 요즘 언급되는 음악 관련 기기 Explain some of the new electronic gadgets or equipment that people who enjoy music are currently interested in. What hot topics or trends are they discussing? Describe some of the new products that they are excited about and why.

Q5 좋아하는 가수/작곡가 비교 Now, pick two singers or composers you like. What is special about their music? What are some similarities and differences between the two singers or composers?

Q6 음악 취향의 변화 What kind of music did you listen to when you were young? How was that music different from the music you listen to today? How has your interest in music changed over the years?

콤보별 문제 유형

» 3 Combo Set
종류묘사 ▸ 좋아하는 음악 장르&가수/작곡가
경향묘사 ▸ 음악을 듣는 성향
특정경험 ▸ 라이브 음악을 들었던 경험

» 2 Combo Set
비교묘사 ▸ 좋아하는 가수/작곡가 비교
변화묘사 ▸ 음악 취향의 변화

Q1 좋아하는 음악 장르&가수/작곡가

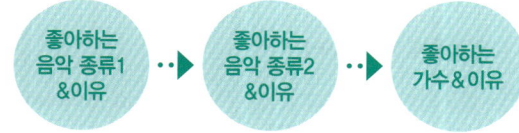

 PART1 › 12 › Q1

You indicated that you like to listen to music. What type of music do you like listening to? Plus, who is your favorite singer or composer? What is special about his or her music?

당신은 음악 듣기를 좋아한다고 말했습니다. 어떤 장르의 음악을 좋아합니까? 또 가장 좋아하는 가수나 작곡가는 누구입니까? 그 음악의 특징은 무엇입니까?

공식 적용

좋아하는 음악 종류1 &이유 ·▸ 좋아하는 음악 종류2 &이유 ·▸ 좋아하는 가수&이유

IH&AL 답변

 PART1 › 12 › Q1 answer

I personally like listening to all kinds of music, *depending on the situation. `좋아하는 음악 종류1&이유` Sometimes, I feel like listening to hip-hop *because it helps me unwind. Listening to fast songs helps me get in the zone *when I'm jogging or working out. `좋아하는 음악 종류2&이유` On the other hand, *there are times when I feel like listening to slow songs. Slow songs help me to relax *after a long day at work. I especially like love songs *because they remind me of my first love. `좋아하는 가수&이유` One of my favorite musicians is a Korean singer called Boa. She is one of the most famous musicians in Asia. She is not only a great singer but also a great dancer. I like her so much because she is a really amazing performer. *I hope more people discover her music.

····· ＊을 제외한 기본 문장연습 ➜ IM1~3 목표

해석 | 저는 개인적으로 상황에 따라 다양한 음악을 듣는 것을 좋아합니다. 때때로, 힙합을 듣는 것을 좋아하는데 긴장을 푸는 데 도움이 되기 때문입니다. 빠른 음악을 듣는 것은 조깅을 하거나 운동을 할 때 집중할 수 있게 도와줍니다. 다른 한편으로는, 느린 노래들을 듣는 것이 좋을 때가 있습니다. 느린 노래는 직장에서 긴 하루를 보낸 후에 긴장을 풀 수 있도록 도와줍니다. 저는 특히 사랑 노래들을 좋아하는데 첫사랑을 떠올리게 하기 때문입니다. 제가 가장 좋아하는 가수는 '보아'라 불리는 한국 가수입니다. 그녀는 아시아에서 가장 유명한 음악가 중 한 명입니다. 그녀는 노래만 잘할 뿐 아니라 춤도 잘 춥니다. 굉장한 무대를 선보이는 그녀를 저는 정말 좋아합니다. 더 많은 사람이 그녀의 음악을 알게 되었으면 좋겠습니다.

Key expressions

depend on the situation 상황에 따라 다르다 | help me unwind 내가 긴장을 풀 수 있도록 도와주다 |
help me get in the zone 집중할 수 있도록 도와주다 | remind me of my first love 나에게 첫사랑을 기억나게 하다

나만의 공식 적용

좋아하는 음악 종류1 &이유	좋아하는 음악 종류2 &이유	좋아하는 가수 &이유

나만의 아이디어 노트

I personally like listening to

좋아하는 음악 종류1&이유 Sometimes, I feel like listening to

좋아하는 음악 종류2&이유 On the other hand, there are times when

좋아하는 가수&이유 One of my favorite musicians is

I hope more people discover her music.

고득점 Tip ▶ 좋아하는 종류묘사는 한 종류의 소주제를 정해 놓고 설명을 상세히 들어가는 것보다는, 〈IH&AL답변〉에서처럼 힙합을 좋아하는 이유, 빠른 음악이나 느린 음악을 좋아하는 이유처럼 다양한 소재들을 정해 놓고 이에 대한 한두 가지의 이유를 추가해서 문장이 막히지 않도록 하는 것이 중요합니다. because it helps me unwind / when I am jogging or working out 등의 다양한 종속절 문장을 추가해서 구체적인 설명을 하는 것 또한 고득점 포인트가 됩니다.

Q2 음악을 듣는 성향

When and where do you like to listen to music? Why do you listen to music?

언제, 어디서 음악을 듣습니까? 왜 음악을 듣는 것을 좋아합니까?

공식 적용

음악을 듣는 기기 ⇢ 음악을 듣는 때 ⇢ 음악을 듣는 장소1 ⇢ 음악을 듣는 장소2 ⇢ 마무리

IH&AL 답변

🎧 PART1 › 12 › Q2 answer

I used to listen to music on my MP3 player a few years back. But now, *things have changed a lot. **음악을 듣는 기기** *Because I always have my cell phone on me, I listen to music with my phone. I don't have any particular place *where I listen to music. **음악을 듣는 때** *I listen to music *whenever I want to and wherever I am. **음악을 듣는 장소1** *However, There are some places where I usually listen to music. I listen to music at coffee shops *when I have to concentrate on something. **음악을 듣는 장소2** I listen to music in the morning as well. *My radio is set to start playing music at 7A.M., which helps me wake up in a good mood. **마무리** Overall, I listen to music wherever I am and whenever I want to *because I always have my phone on me.

·· *을 제외한 기본 문장연습 ➡ IM1~3 목표

해석 | 저는 몇 년 전에는 MP3 플레이어로 음악을 듣곤 했습니다. 하지만 이제는 많은 것이 바뀌었습니다. 항상 휴대폰을 소지하기 때문에 저는 이제 휴대폰으로 음악을 듣습니다. 음악을 듣는 특별한 장소는 없습니다. 언제 어디서나 제가 원할 때에 음악을 듣습니다. 그럼에도, 제가 보통 음악을 듣는 몇몇 장소들이 있습니다. 무언가에 집중해야 할 때 커피숍에서 음악을 듣습니다. 또 아침에 음악을 듣곤 합니다. 제 라디오는 오전 7시에 음악이 시작되어 있도록 맞춰져 있어서, 기분 좋게 잠에서 깨게 해 줍니다. 정리하자면, 저는 언제나 휴대폰을 소지하고 있기 때문에 제가 있는 곳 어디에서나 원하는 때에 음악을 듣습니다.

Key expressions

whenever I want to and wherever I am 언제 어디서나 내가 원할 때 | **set to start** 시작되게 맞춰지다 |
wake up in a good mood 기분 좋게 잠에서 깨다

음악을 듣는 기기	음악을 듣는 때	음악을 듣는 장소1	음악을 듣는 장소2	마무리

I used to listen to music on my MP3 player a few years back.

음악을 듣는 기기 Because I always have my cell phone on me,

음악을 듣는 때 I listen to music

음악을 듣는 장소1 However, there are some places where I usually listen to music. I listen to music

음악을 듣는 장소2 I listen to music

마무리 Overall, I listen to music wherever I am and whenever I want to because

고득점 Tip ▷ 경향묘사에 해당하는 문제로서 "휴대폰이 있기 때문에 항상 음악을 여러 장소에서 들을 수 있습니다"라는 내용으로 음악을 언제 듣는지, 또는 어떤 기기를 이용해서 듣는지에 대한 두 문제를 모두 준비할 수 있습니다. Things have changed / because S + V / where I listen to music / whenever I want to / wherever I am 등의 다양한 현재완료나 종속절. 관계사절을 통한 상세한 표현이 고득점 포인트가 됩니다.

Q3 라이브 음악을 들었던 경험

Tell me about a time when you went to listen to some live music, such as a concert or a live cafe. What was the mood like and how did you like the music you listened to there?

라이브 음악을 들으러 갔던 경험에 대해 말해 주세요. 그것은 콘서트였나요 아니면 라이브 카페였나요? 그곳의 분위기는 어땠습니까? 그리고 그곳에서 당신이 들은 노래는 어땠습니까?

공식 적용

언제/어디서/누구 ··▶ 콘서트에 가기 전 ··▶ 콘서트에서의 경험 ··▶ 마무리 & 느낌

IH&AL 답변

🎧 PART1 › 12 › Q3 answer

언제/어디서/누구 A couple of years ago, *I remember going to a concert at Olympic Stadium in Seoul with one of my friends. 콘서트에 가기 전 *Since this was my first time going to a concert, I was very curious and excited. It was very special because the singer is my favorite artist *of all time and I had never seen him perform in person. 콘서트에서의 경험 The concert began with a singer's powerful dance. I moved to the music while singing the lyrics. All the performers on the stage that day were very impressive. 마무리 & 느낌 Overall, I still think it was the best concert I've ever been to.

·· *을 제외한 기본 문장연습 ➔ **IM1~3 목표**

해석 | 몇 년 전, 친구와 함께 서울 올림픽 경기장으로 콘서트를 보러 갔던 것이 기억납니다. 처음 가는 콘서트라, 저는 매우 호기심이 생겼고 신이 났습니다. 가수가 제가 전 시대를 통틀어 가장 좋아하는 예술가이고 한 번도 직접 그가 공연하는 것을 본 적이 없었기 때문에 제게는 매우 특별한 콘서트였습니다. 공연은 가수의 강력한 춤과 함께 시작됐습니다. 저는 노래를 따라 부르며 음악에 맞춰 몸을 움직였습니다. 그날의 공연은 정말 감동적이었습니다. 정리하자면, 저는 지금까지도 그 공연이 지금껏 가 본 최고의 공연이었다고 생각합니다.

Key expressions

of all time 역대의, 지금껏 | **in person** 직접 | **move to the music while singing the lyrics** 노래를 따라 부르며 음악에 맞춰 몸을 움직이다

 **나만의 공식 적용**

언제/어디서/누구	콘서트에 가기 전	콘서트에서의 경험	마무리&느낌

나만의 아이디어 노트

언제/어디서/누구 A couple of years ago, I remember going to a concert

콘서트에 가기 전 Since this was my first time going to a concert,

콘서트에서의 경험 The concert began with

마무리&느낌 Overall, I still think it was the best concert I've ever been to.

고득점 Tip

> 경험묘사를 할 때는 단조로운 주어와 동사를 시작하기보다는 I remember when / I remember a time when / I remember Ving 등의 문장을 이용해 도입부를 시작할 것을 추천합니다. 특정 경험묘사는 시기, 경험 전/후로 나누어 각각의 내용에 세부 사항을 더해 주면 좋습니다. 〈IH&AL답변〉에서처럼 라이브 카페에 서 느꼈던 점들을 다양한 표현으로 설명하고 풀어 나가는 것 또한 표현의 폭을 넓힐 수 있어 고득점 포인트가 됩니다.

13

조깅/걷기

Jogging/ Walking

콤보별 문제 유형

» 3 Combo Set

경향묘사 ▸ 조깅할 때 하는 일, 장소
변화묘사 ▸ 조깅을 좋아하게 된 계기, 변화
일상경험 ▸ 조깅을 하다 겪은 일

» 2 Combo Set

비교묘사 ▸ 조깅과 다른 스포츠의 차이
이슈묘사 ▸ 조깅을 할 때 유의사항

| 주제별 전략 |

설문조사 6번의 운동 항목 중 '조깅/걷기'는 빈출도가 높은 중요한 주제입니다. 행동 주제의 첫 번째 문제는 주로 경향묘사로 시작합니다. 그곳에서 장르, 장소, 경험 묘사 등이 일반적 3 Combo 문제이고, 2 Combo 문제는 마찬가지로 변화·비교, 이슈 질문이 일반적입니다. 전략적인 서베이를 통해 공부할 범위를 줄이고 자주 나오는 주제에 집중하는 것이 중요합니다. '공원 가기' 등의 유사 주제들을 같이 준비하는 것이 효과적입니다. 3단 콤보에서 자주 출제되는 문제로 Q1-3까지이며, 2단 콤보에서는 Q5, 6입니다.

🎧 PART1 › 13

| 나오는 문제 알고 가자 |

Q1 조깅을 할 때 하는 일, 장소 You indicated that you like to go jogging. When do you normally jog? Who do you go with? Where do you go jogging? What is special about that place? What can you see there? (p.116 ▸ IH&AL 답변)

Q2 조깅을 좋아하게 된 계기, 변화 How did you first become interested in jogging? Why did you start jogging? What has been changed since you started jogging? Tell me everything in detail. (p.118 ▸ IH&AL 답변)

Q3 조깅을 하다 겪은 일 Please describe a memorable experience you had while jogging. What happened? Why was it so memorable? Who were you with?

| 변형문제 알고 가자 |

Q4 부상을 피하기 위한 예방 What things do you normally take with you to avoid injury? Are there any safety precautions you take to avoid injury? (p.120 ▸ IH&AL 답변)

Q5 조깅과 다른 스포츠의 차이 What are some advantages of jogging? How is it different with other sports? Tell me about similarities and differences.

Q6 조깅을 할 때 유의사항 What are some things people need to consider when they go jogging? What should they do to avoid injury? What are some safety precautions? Tell me all about them.

Q1 조깅을 할 때 하는 일, 장소

🎧 PART1 › 13 › Q1

You indicated that you like to go jogging. When do you normally jog? Who do you go with? Where do you go jogging? What is special about that place? What can you see there?

당신은 조깅하는 것을 좋아한다고 했습니다. 보통 언제 조깅을 하나요? 누구와 같이 합니까? 어디로 조깅을 하러 가나요? 그 장소의 특징은 무엇입니까? 거기서 무엇을 볼 수 있습니까?

공식
적용

도입부 ·· ▶ 조깅을 하는 장소1&예 ·· ▶ 조깅을 하는 장소2&예 ·· ▶ 마무리

IH&AL
답변

🎧 PART1 › 13 ›
Q1 answer

도입부 Having a regular exercise routine is very important, *so I try to work out as much as I can. I enjoy running *because I feel better both mentally and physically afterward. 조깅을 하는 장소1&예 *When I have been busy with my job, I just go to the gym and work out on the treadmill. I normally put on some music and run for an hour. It always feels good to take a shower after a long run. 조깅을 하는 장소2&예 Also, I enjoy going to the park *when I have some time off. I normally go to the park near my house and run for a while. I like to get some fresh air and enjoy the view at the park. 마무리 Well, that's about it. I enjoy jogging *because I feel better both mentally and physically after a long run.

················· *을 제외한 기본 문장연습 ➔ IM1~3 목표

해석 | 꾸준히 운동을 하는 것은 매우 중요합니다, 그래서 저는 가능한 한 많이 운동을 하려고 합니다. 조깅 후에는 정신적으로나 신체적으로 훨씬 건강해짐을 느끼기 때문에 달리기하는 것을 즐기는 편입니다. 일이 바쁠 때는 그냥 헬스장에 가서 러닝머신을 하곤 합니다. 보통 음악을 틀어 놓고 한 시간쯤 달립니다. 오랫 동안 달린 후 샤워를 하고 나면 참 상쾌합니다. 또 시간이 날 땐 공원에 가는 것도 좋아합니다. 저는 집 근처에 있는 공원에서 한동안 달리기를 합니다. 맑은 공기를 마시고 공원의 풍경을 보는 것을 좋아합니다. 음, 그 정도입니다. 조깅을 하고 나면 정신적으로나 육체적으로 건강해지기 때문에 조깅하는 것을 즐깁니다.

Key expressions

feel better both mentally and physically 정신적으로 육체적으로 더욱 건강해짐을 느끼다 | work out on the treadmill 러닝머신을 하다 | put on some music 음악을 틀다

 **나만의 공식 적용**

도입부	조깅을 하는 장소&예1	조깅을 하는 장소&예2	마무리

나만의 아이디어 노트

도입부 Having a regular exercise routine is very important,

조깅을 하는 장소1&예 When I have been busy with my job, I just go to the gym

조깅을 하는 장소2&예 Also, I enjoy going to the park

마무리 Well, that's about it. I enjoy running because

고득점 Tip ▶ 본인의 습관을 얘기하는 경향묘사를 할 때는 '언제, 어디서, 누구와'를 밝히면서 얘기하는 습관을 들이세요. 또한, 하는 일을 설명할 때, 하는 이유나 예를 들어 주는 것이 좋습니다. 자연스럽게 내 경험을 예로 들어 현재시제로 설명하는 것이 이야기를 풀어 가기 쉽습니다. when I have been busy with my job / when I have some time off 등의 부사절을 추가해 다양한 설명을 덧붙여 보세요.

Q2 · 조깅을 좋아하게 된 계기, 변화

How did you first become interested in jogging? Why did you start jogging? What has been changed since you started jogging? Tell me everything in detail.

조깅을 좋아하게 된 계기는 무엇입니까? 왜 조깅을 시작했나요? 당신이 처음 조깅을 시작한 후로 무엇이 변했습니까? 자세히 설명해 주세요.

공식 적용

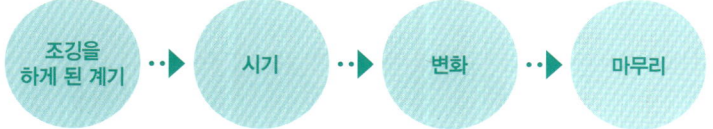

조깅을 하게 된 계기 ··▶ 시기 ··▶ 변화 ··▶ 마무리

IH&AL 답변

PART1 › 13 › Q2 answer

조깅을 하게 된 계기 *I don't have any particular reason why I started running. I think it might be because of my parents. **시기** *These last few months work has kept me pretty busy, and as a result I have ended up overeating and overdrinking. This in turn caused me to gain some weight. My parents were really worried about me and told me I should join them for their daily jogs. At first, it was a hassle to go out. **변화** *However, it has become one of my favorite daily activities. *Even when I have a really busy week at work I try to go for a run at least three times a week. It's easy to sleep *after a long run and I feel very refreshed. **마무리** Well, that's all I can think of at the moment. *I guess I started just because of my parents, but, it has become one of my favorite things to do.

⋯⋯⋯⋯⋯⋯⋯⋯⋯⋯⋯⋯⋯⋯⋯⋯⋯⋯⋯⋯⋯⋯ ✳을 제외한 기본 문장연습 ➜ **IM1~3 목표**

해석 | 조깅을 처음 시작하게 된 특별한 계기는 없습니다. 아마도 부모님 때문이었던 것 같습니다. 지난 몇 개월간 바쁜 스케줄로 인해 과식과 과음을 하게 되고 말았습니다. 결국 저는 살이 찌게 되었습니다. 부모님께서는 걱정을 하시면서 매일 같이 조깅을 하자고 하셨습니다. 처음엔 나가는 것 자체가 귀찮았습니다. 그러나, 이젠 제가 가장 좋아하는 하루의 일과가 되었습니다. 심지어 매우 바쁜 한 주 속에도 저는 적어도 일주일에 세 번은 운동을 가려고 노력하고 있습니다. 달리고 나면 잠이 잘 오고 기분이 정말 상쾌해집니다. 음, 그것이 제가 지금 생각할 수 있는 전부입니다. 아마 부모님 때문에 처음 달리기를 시작했던 것 같지만, 이제는 제가 가장 좋아하는 일상이 되어버렸습니다.

Key expressions

overeat 과식하다 | overdrink 과음하다 | hassle 귀찮은 상황 | my favorite daily activities 가장 좋아하는 하루 일과

 **나만의 공식 적용**

| 조깅을 하게 된 계기 | → | 시기 | → | 변화 | → | 마무리 |

 **나만의 아이디어 노트**

조깅을 하게 된 계기 I don't have any particular reason why I started running. I think

시기 These last few months work has kept me pretty busy,

변화 However, it has become

마무리 Well, that's all I can think of at the moment. I guess I started just because of

고득점 Tip ▶ 변화·비교묘사의 답변을 구성할 때는 과거시제와 현재시제를 구분하여 사용할 수 있다는 것을 어필하는 것이 중요합니다. It has become one of my favorite daily activities. 등의 현재완료와 시제 변형 등을 통해 시제 사용이 원활한 점을 부각시키는 것이 좋습니다. 그리고 Well, that's all I can think of at the moment. 등의 문장을 기억해 두었다가 문맥이 막히거나 마무리 부분에 응용하면 좋습니다.

Q4 부상을 피하기 위한 예방

What things do you normally take with you to avoid injury? Are there any safety precautions you take to avoid injury?

당신은 조깅하는 것을 좋아한다고 했습니다. 부상을 피하기 위해 당신은 무엇을 합니까? 부상을 피할 수 있는 예방법이 있습니까?

공식 적용

도입부 ··▶ 조깅 전에 하는 것&예 ··▶ 시작하게 된 계기 ··▶ 마무리

IH&AL 답변

🎧 PART1 › 13 › Q4 answer

도입부 *There are a few things that I normally do before I go jogging. 조깅 전에 하는 것&예 Before jogging, I always make sure to stretch my legs and do a warm-up. Doing warm-up exercises every day can keep you from getting injured. *After I put on some music, I start stretching my legs and arms. 시작하게 된 계기 *Since I sprained my ankle once, I try to do stretches every single day. Also it's very important to check the weather and make sure you don't run in rain *because you can end up slipping and wiping out in the middle of the street. *Even worse, you can catch a cold and end up being sick. 마무리 Well, that's it. *For these reasons, I always do a lot of stretching and check the weather before running.

·· *을 제외한 기본 문장연습 ➜ IM1~3 목표

해석 | 조깅을 하러 가기 전에 하는 몇 가지가 있습니다. 조깅 전에는 항상 스트레칭과 준비 운동을 꼭 하려고 합니다. 준비 운동을 매일 하는 것은 다치는 것을 예방할 수 있습니다. 음악을 튼 다음 팔과 다리를 풀어 줍니다. 한 번 발목을 삔 이후로는, 매일 매일 스트레칭을 하려고 노력하고 있습니다. 또 날씨 채널을 꼭 확인하여 비 오는 날에는 달리지 않도록 해야 합니다. 왜냐하면 도로 한복판에서 미끄러져 크게 넘어질 수 있기 때문입니다. 설상가상으로, 감기에 걸려 아프게 될 수도 있습니다. 그 정도입니다. 이러한 이유들로, 저는 조깅을 하러 가기 전에는 스트레칭을 많이 하고 날씨 채널을 꼭 확인합니다.

Key expressions

do a warm-up 준비 운동을 하다 | sprain one's ankle 발목을 삐다 | end up slipping and wiping out 결국 미끄러져 꽈당 넘어지다 | even worse 설상가상으로

도입부	조깅 전에 하는 것&예	시작하게 된 계기	마무리

도입부 There are a few things that I normally do before I go jogging.

조깅 전에 하는 것&예 Before jogging, I always make sure to

시작하게 된 계기 Since I sprained my ankle once, I try to

마무리 Well, that's it. For these reasons, I always do

고득점 Tip ▷ 종류묘사를 할 때는 큰 범주의 내용부터 시작해서 세부적으로 들어가세요. 세부 장르를 얘기하기 시작하면 충분한 이유와 대표적인 예를 들어서 본인의 의견을 자세히 설명하는 것이 중요합니다. sprained my ankle / end up slipping and wiping / do a warm-up / do stretches 등의 어휘들을 기억해 두었다가 응용해 보길 바랍니다.

14

국내외 여행

Traveling

| 주제별 전략 |

설문조사 7번의 여가 대비 중 '국내외 여행 가기'는 빈출도가 높은 중요한 주제입니다. 장르 주제의 첫 번째 문제는 주로 종류묘사로 시작합니다. '국내 여행 가기'와 '국외 여행 가기'를 함께 선택하면 비슷한 유형의 질문을 한 번에 준비할 수 있다는 장점이 있습니다. 일반적인 3단 콤보 문제는 Q1-3까지이며, 2단 콤보는 Q4, 5입니다.

PART1 › 14

| 나오는 문제 알고 가자 |

Q1 국내 여행지 묘사 You indicated in the survey that you like to travel domestically. Which place do you like to travel to in your country? Why do you like that place? (p.124 ▶ IH&AL 답변)

Q2 해외 여행에서 하는 활동들 What activities do you like to do when you take an overseas trip? Discuss the activities you like to do when on vacation in another country.

Q3 기억에 남는 여행 경험 Can you tell me about the most memorable trip that you have ever taken? Why was it so unforgettable to you? (p.126 ▶ IH&AL 답변)

| 변형문제 알고 가자 |

Q4 여행을 가기 전 준비 과정 What do you usually do to prepare for a trip? What things do you take with you in your luggage?
(p.128 ▶ IH&AL 답변)

Q5 첫 해외 여행 경험 Please tell me about your first overseas trip. Where did you go, and who did you go with? How was your trip?

콤보별 문제 유형

» 3 Combo Set
장소묘사 ▶ 국내 여행지 묘사
일상경험 ▶ 해외 여행에서 하는 활동들
특정경험 ▶ 기억에 남는 여행 경험

» 2 Combo Set
경향묘사 ▶ 여행을 가기 전 준비 과정
특정경험 ▶ 첫 해외 여행 경험

Q1 국내 여행지 묘사

You indicated in the survey that you like to travel domestically. Which place do you like to travel to in your country? Why do you like that place?

당신은 설문조사에서 국내 여행하는 것을 좋아한다고 응답했습니다. 당신의 나라에서 여행하고 싶은 곳은 어디인가요? 왜 그곳을 좋아합니까?

공식 적용

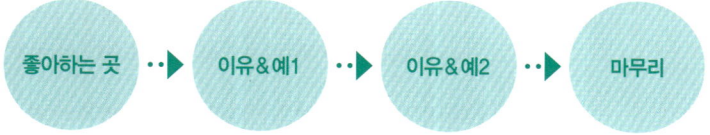

좋아하는 곳 ▸▸ 이유&예1 ▸▸ 이유&예2 ▸▸ 마무리

IH&AL 답변

PART1 › 14 › Q1 answer

좋아하는 곳 Well, *when it comes to traveling, I don't care if it is domestic or international. One of my favorite places in my country is Jeju Island. **이유&예1** Some *reasons I like this place are the local food and the beautiful scenery. I enjoy having seafood by the beach and getting some fresh air. **이유&예2** *When it is summer, I usually visit Jeju Island with my friends and have a great time with them. We walk along the beach and set off firecrackers. **마무리** Well, overall, my favorite place to travel is *definitely Jeju Island.

·········· *을 제외한 기본 문장연습 ➔ IM1~3 목표

해석 | 음. 여행에 관해 보자면, 저는 국내 여행이건 국제 여행이건 상관하지 않습니다. 제가 우리나라에서 가장 좋아하는 장소 중 한 곳은 제주도입니다. 이곳을 좋아하는 이유는 지역 특산물과 아름다운 풍경 때문입니다. 저는 해변가에서 해산물을 먹으며 신선한 공기를 쐬는 것을 즐깁니다. 여름이 오면, 저는 보통 친구들과 제주도를 방문해서 함께 멋진 시간을 보냅니다. 우리는 해변을 따라 걷고 폭죽을 쏘아 올립니다. 음. 정리하자면, 제가 가장 좋아하는 여행지는 바로 제주도입니다.

Key expressions

the local food and the beautiful scenery 지역 특산물과 아름다운 풍경 | **walk along the beach** 바다를 따라 걷다 | **set off firecrackers** 폭죽을 터트리다[쏘아 올리다]

나만의 공식 적용

| 좋아하는 곳 | → | 이유&예1 | → | 이유&예2 | → | 마무리 |

나만의 아이디어 노트

좋아하는 곳 Well, when it comes to traveling, I don't care if it is domestic or international. One of my favorite places in my country is

이유&예1 Some reasons I like this place are

이유&예2 When it is summer, I usually visit

마무리 Well, overall, my favorite place to travel is definitely

고득점 Tip ＞ 장소묘사를 할 때는 장소의 위치와 이름을 밝히면서 시작하세요. 또한 장소의 특징적 시설을 설명해야 합니다. 특히 고득점을 위해서는 위치와 시설을 밝힐 때 where 혹은 which를 사용하여 부가설명을 해주는 것이 중요합니다. 또한, 하는 일을 설명할 때, 하는 이유나 예를 들어 주는 것이 좋습니다. **ex** Some reasons I like this place are the local food and the beautiful scenery.

Q3 기억에 남는 여행 경험

🎧 PART1 › 14 › Q3

Can you tell me about the most memorable trip that you have ever taken? Why was it so unforgettable to you?

지금껏 가 본 중 가장 기억에 남는 여행에 대해 말해 주실 수 있나요? 그것이 당신에게 왜 그토록 잊혀지지 않습니까?

공식 적용

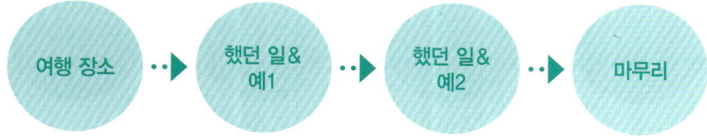

여행 장소 ··▶ 했던 일& 예1 ··▶ 했던 일& 예2 ··▶ 마무리

IH&AL 답변

🎧 PART1 › 14 › Q3 answer

여행 장소 I enjoy traveling overseas *when I get some time off. *During my last summer vacation, I took a short trip to Hong Kong. **했던 일1&예** I went there with my friend. *Even though we stayed there for only a week, we did many things. We did some shopping and tried all kinds of local food at famous restaurants. I really enjoyed having dumplings. **했던 일2&예** *Best of all, we took one of those double-decker sightseeing buses and traveled the city for a few hours. Hong Kong was so amazingly beautiful at night. *I could understand why Hong Kong is called 'the Pearl of Asia'. **마무리** Overall, it was such an amazing experience and I would definitely like to go there again *if I have a chance.

·· *을 제외한 기본 문장연습 ➔ IM1~3 목표

해석 | 저는 시간이 나면 해외 여행하는 것을 즐깁니다. 지난여름 휴가 때, 홍콩으로 짧은 여행을 갔습니다. 친구와 함께한 여행이었습니다. 한 주 정도 머물렀지만, 우리는 많은 것을 했습니다. 쇼핑도 하고 유명한 음식점에서 다양한 종류의 현지 음식을 먹어 보았습니다. 저는 만두를 정말 좋아했습니다. 최고의 기억은 2층 관광버스를 타고 몇 시간 동안 도시 투어를 했던 것입니다. 홍콩의 밤은 매우 아름다웠습니다. 왜 홍콩이 '아시아의 진주'라고 불리는지 이해할 수 있었습니다. 정리하자면, 정말 즐거웠던 기억이었고 당연히 기회가 된다면 다시 가고 싶습니다.

Key expressions

when I get some time off 내가 시간이 날 때[쉴 때] | **take a short trip** 단기 여행을 가다 | **local food** 현지 음식 | **double-decker sightseeing buses** 2층 관광버스

나만의 공식 적용

여행 장소 ▸ 했던 일1&예 ▸ 했던 일2&예 ▸ 마무리

나만의 아이디어 노트

여행 장소 I enjoy traveling overseas when

했던 일1&예 I went there with my friend.

했던 일2&예 Best of all, we took

마무리 Overall, it was such an amazing experience

고득점 Tip ▸ 경험묘사를 할 때는 '언제, 어디서, 누구와, 무슨 열이 있었는지'를 설명해야 합니다. 경험에 대해 설명할 때는 과거시제의 사용에 주의하여 실수가 없도록 하고 현재완료와 시제 변형 등을 통해 시제 사용이 원활한 점을 부각시키는 것이 중요합니다. 특히 특정 사건이 있는 내용일 경우에는 사건의 전/후 혹은 사건/결과 등으로 내용을 구성하면 좋습니다.

Q4 여행을 가기 전 준비 과정

What do you usually do to prepare for a trip? What things do you take with you in your luggage?

여행을 가기 전에 보통 무엇을 준비합니까? 어떤 것들을 수하물에 넣나요?

공식
적용

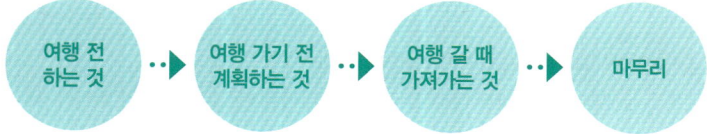
여행 전 하는 것 ·· 여행 가기 전 계획하는 것 ·· 여행 갈 때 가져가는 것 ·· 마무리

IH&AL
답변

🎧 PART1 › 14 ›
Q4 answer

여행 전 하는 것 There are a few items *that I normally take and some things that I normally do before traveling abroad. **여행 가기 전 계획하는 것** *Before the trip, I usually book my flights and my room. Also, I normally pack enough clothes, shoes, and toiletries for the whole trip. So I always end up filling my luggage before I leave. **여행 갈 때 가져가는 것** Also, *if the place I am going to is somewhere hot, I make sure to bring my sunglasses to protect my eyes from the strong sunlight. **마무리** *So, there are a few things that I always make sure to bring when I go on a trip.

·· ✱을 제외한 기본 문장연습 ➔ **IM1~3 목표**

해석 | 해외 여행을 가기 전에 항상 챙기는 몇 가지 품목과 하는 일들이 있습니다. 여행 전에, 저는 보통 비행기 티켓과 방을 예약합니다. 또, 충분한 옷과 신발, 세면도구를 여행을 위해 챙깁니다. 그래서 항상 떠나기 전에도 가방이 가득 차게 됩니다. 또, 여행 장소가 더운 곳이라면, 강렬한 태양으로부터 눈을 보호하기 위해 꼭 선글라스를 챙깁니다. 즉, 항상 여행을 갈 때면 가지고 가기 위해 챙기는 몇 가지가 있습니다.

Key expressions

make sure (~을) 확실히 하다 ┃ **somewhere hot** 어딘가 더운 곳

나만의 공식 적용

여행 전 하는 것 → 여행 가기 전 계획하는 것 → 여행 갈 때 가져가는 것 → 마무리

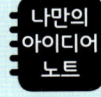

나만의 아이디어 노트

여행 전 하는 것 There are a few items that I normally take and some things that I normally do before traveling abroad.

여행 가기 전 계획하는 것 Before the trip, I usually

여행 갈 때 가져가는 것 Also, if the place I am going to is somewhere hot,

마무리 So, there are a few things that I always make sure to

고득점 Tip > 본인의 습관을 얘기하는 경향묘사를 할 때는 하는 이유나 예를 들어 주는 것이 좋습니다. ⓔⓧ if the place I am going to is somewhere hot, ~.

15

집에서 보내는 휴가

Staycations

| 주제별 전략 |

전략적인 서베이를 통해 공부할 범위를 줄이고 자주 나오는 주제에 집중하는 것이 중요합니다. '국내외 여행 가기' 대신 '집에서 보내는 휴가'를 주제로 선택하여 출제 범위를 좁힐 수 있습니다. 3단 콤보에서 자주 출제되는 문제로 Q1-3까지이며 2단 콤보에서는 Q4, 5입니다.

⋯⋯⋯⋯⋯⋯⋯⋯⋯⋯⋯⋯⋯⋯⋯⋯⋯⋯⋯⋯⋯⋯⋯⋯⋯ 🎧 PART1 › 15

| 나오는 문제 알고 가자 |

Q1 휴가를 보내는 경향 You indicated that you take vacations at home. Who do you meet when you spend your vacation at home? What do you do with them? Plus, who do you want to meet in the future while on vacation? Why is that? (p.132 ▶ IH&AL 답변)

Q2 지난 휴가 Tell me about what you did during your last vacation. How did your vacation start and how did it end? What did you do on each day? Tell me everything about what you did on your last vacation at home. (p.134 ▶ IH&AL 답변)

Q3 기억에 남는 휴가 Now, tell me about an unusual or unexpected experience you had during a vacation you spent at home. Why was it memorable? Who were you with? Where were you at? What did you do? What are some things that you remember? (p.136 ▶ IH&AL 답변)

| 변형문제 알고 가자 |

Q4 휴가의 변화 You indicated that you take vacations at home. What do people in your country normally do on their vacations? How has the way they spend vacations changed over the years? Give me specific examples.

Q5 휴가의 중요성 Experts state that vacations are important for one's health and one's relationships with others. Take a minute to discuss your view on the importance of vacations.

콤보별 문제 유형

» 3 Combo Set
경향묘사 ▶ 휴가를 보내는 경향
일상경험 ▶ 지난 휴가
특정경험 ▶ 기억에 남는 휴가

» 2 Combo Set
변화묘사 ▶ 휴가의 변화
사회이슈 ▶ 휴가의 중요성

Q1 휴가를 보내는 경향

You indicated that you take vacations at home. Who do you meet when you spend vacations at home? What do you do with them? Plus, who do you want to meet in the future while on vacation? Why is that?

당신은 집에서 휴가를 보낸다고 했습니다. 집에서 휴가를 보낼 때 누구를 만납니까? 그들과 무엇을 합니까? 또 다음 휴가 때 누구를 만나고 싶습니까? 이유는 무엇입니까?

공식 적용

집 휴가 장소 ··▶ 함께 보내는 사람1 & 하는 일 ··▶ 함께 보내는 사람2 & 하는 일 ··▶ 마무리

IH&AL 답변

PART1 › 15 › Q1 answer

집 휴가 장소 Nothing beats staying at home during vacations, *especially after busy days with heavy workloads. So, I personally prefer to stay at home and spend time with the people *I love. **함께 보내는 사람1 & 하는 일** I enjoy spending time with my friends *when I get some time off. When I meet up with my friends, we usually go to one of our hangouts and have lunch or dinner together. *We talk about what we've been doing. We also talk about special events *that have happened and life in general. **함께 보내는 사람2 & 하는 일** I also like eating out with my family members *and talking about things that are going on in my life. They are always on my side, so I enjoy talking to them. **마무리** Well, that's about it. I usually have a great time with my friends and family during my vacation.

·· ✱을 제외한 기본 문장연습 ➔ IM1~3 목표

해석 | 특히 많은 업무량으로 바쁘게 지내고 나면, 휴가를 집에서 보내는 것처럼 좋은 것은 없습니다. 그래서 저는 개인적으로 집에서 사랑하는 사람들과 시간을 보내는 것을 좋아합니다. 시간이 날 때는 친구들과 시간을 보내는 것을 좋아합니다. 친구들을 만나면, 주로 자주 가는 아지트로 가서 점심 또는 저녁을 같이 먹습니다. 요즘 무엇을 하며 지내는지 이야기를 나눕니다. 또 일상 전반에 관한 이야기나 일어났던 특별한 일들에 대해 이야기합니다. 저는 가족들과 저녁을 먹으며 제게 일어나는 일들에 대해 얘기 나누는 것도 좋아합니다. 항상 저를 믿어 주는 가족들과의 대화는 즐겁습니다. 이 정도인 것 같습니다. 저는 휴가 때 주로 가족들이나 친구들과 좋은 시간을 갖습니다.

Key expressions

nothing beats something 아무것도 이길 수 없다 | **hangout** 집합소, 아지트

집 휴가 장소	함께 보내는 사람1 &하는 일	함께 보내는 사람2 &하는 일	마무리

집 휴가 장소 Nothing beats staying at home during vacations, especially

함께 보내는 사람1&하는 일 I enjoy spending time with my friends and when

함께 보내는 사람2&하는 일 I also like

with my family members

마무리 Well, that's about it. I usually have a great time with

고득점 Tip ➤ 습관이나 경향에 대해 나열할 때는 가장 큰 주제를 잡고 이에 대한 예문을 충분히 사용하는 것이 중요합니다. I personally prefer to / I usually / I enjoy Ving 등의 문장으로 개인적인 경험을 충분히 살려 주고, with people I love / special events that have happened와 같은 관계사절이나 if /when 등의 종속절을 사용해 고득점을 노릴 수 있습니다.

Q2 지난 휴가

🎧 PART1 › 15 › Q2

Tell me about what you did during your last vacation. How did your vacation start and how did it end? What did you do on each day? Tell me everything about what you did on your last vacation at home.

지난 휴가 때 무엇을 했는지 말해 보세요. 어떻게 휴가를 시작했고, 어떻게 끝이 났나요? 매일 무엇을 했습니까? 지난 휴가 때 당신이 집에서 했던 것들에 대해 모두 말해 보세요.

공식 적용

IH&AL 답변

🎧 PART1 › 15 › Q2 answer

집 휴가 시기(언제/어디서/누구와) *I remember spending a vacation at home a few months ago. I was very tired from work, so I decided to stay at home *and recharge my battery. **휴가 경험** The next day, I met up with friends *that I normally don't get to see that much. We went to one of our hangouts and grabbed a beer. We also went to a Karaoke room to sing our favorite songs. I was a bit tipsy but it's always fun to spend time with people *I love. *We also talked about issues in our lives and cheered each other up. **느낀 점** Well, that's it. That's all I can think of at the moment. *That's what I did on my last vacation.

··· *을 제외한 기본 문장연습 ➡ IM1~3 목표

해석 | 몇 개월 전 집에서 휴가를 보낸 것을 기억합니다. 저는 일 때문에 매우 피곤한 상태여서 집에서 머물며 체력을 회복하기로 결심했습니다. 다음 날, 저는 평소에 자주 만나지 못 했던 친구들을 만났습니다. 우리는 아지트로 가서 맥주를 마셨습니다. 노래방에 가서 좋아하는 노래들을 부르기도 했습니다. 저는 살짝 취했지만 사랑하는 사람들과 시간을 보내는 것이 매우 즐거웠습니다. 우리는 삶의 이슈들에 관해 이야기 나누며 서로를 격려했습니다. 이 정도입니다. 여기까지가 제가 생각할 수 있는 전부입니다. 이러한 일들이 제가 지난 휴가 때 했던 것들입니다.

Key expressions

recharge one's battery 재충전하다 | **get to see someone** 누군가를 보게 되다 | **tipsy** 술이 약간 취한 | **cheered each other up** 서로를 응원하다

나만의 공식 적용

집 휴가 시기 (언제/어디서/누구와)	→	휴가 경험	→	느낀 점

나만의 아이디어 노트

집 휴가 시기(언제/어디서/누구와) I remember spending a vacation

휴가 경험 The next day, I

We also talked about issues

느낀 점 Well, that's it. That's all I can think of at the moment.

고득점 Tip
> 경험묘사를 할 때는 '언제, 어디서, 누구와, 무슨 일이 있었는지'를 설명해야 합니다. 경험에 대해 설명할 때는 과거시제를 주의하고 That's what I did on my last vacation.처럼 관계사절의 사용도 고득점의 중요한 부분입니다. 또한 that's all I can think of at the moment / that's all I remember so far 등과 같이 주제와 관련 없이 항상 사용 가능한 문장들을 충분히 기억해 두었다가 마무리하거나 문장 중간에 써 보는 것도 추천합니다.

Q3 기억에 남는 휴가

Now, tell me about an unusual or unexpected experience you had during a vacation you spent at home. Why was it memorable? Who were you with? Where were you at? What did you do? What are some things that you remember?

이제, 당신이 집에서 휴가를 보내는 동안 있었던 예상치 못한 경험에 대해 이야기해 보세요. 왜 그것이 기억에 남습니까? 누구와 있었나요? 어디에 있었나요? 무엇을 했습니까? 당신이 기억하는 사건은 무엇입니까?

공식 적용

집 휴가 시기 (언제/어디서/ 누구와) ··▶ 사건 ··▶ 사건의 결과 ··▶ 느낀 점

IH&AL 답변

🎧 PART1 › 15 › Q3 answer

집 휴가 시기(언제/어디서/누구와) *I remember when I had food poisoning at home a few years ago. **사건** There was something wrong with the food *I had that day. I think it was some improperly cooked meat that *I had in the morning. I felt nauseous. I had stomach pains, vomiting, and a high fever. **결과** So, I had to go see a doctor immediately. I had to take some medicine *and not eat for a day. *The worst thing was that I was supposed to meet up with my old friend from school. However, I had to cancel our plans and stay at home. I felt very bad *because I knew that I wouldn't be able to see her for a couple of years. Luckily, I was able to see her at the airport. **느낀 점** *However, I still regret the fact that I couldn't see my friend that day.

⋯⋯⋯⋯⋯⋯⋯⋯⋯⋯⋯⋯⋯⋯⋯⋯⋯⋯⋯⋯⋯⋯⋯⋯⋯ ＊을 제외한 기본 문장연습 ➡ IM1~3 목표

해석 | 몇 년 전에, 집에서 식중독에 걸렸던 것이 기억납니다. 그날 먹었던 음식에 약간 문제가 있었던 것 같습니다. 아침에 먹었던 고기가 덜 익었던 것 같았습니다. 속이 메스꺼웠습니다. 배가 아프고, 토하고, 그리고 고열이 있었지요. 그래서 바로 병원에 가야 했습니다. 약을 먹고 하루 종일 속을 비워야 했습니다. 설상가상으로 그날 오랜 동창을 만나기로 되어 있었습니다. 그러나 약속을 취소하고 집에 있게 되었습니다. 친구를 몇 년 동안 볼 수 없다는 것을 알고 있었기 때문에 기분이 너무 안 좋았습니다. 다행히도, 그녀를 공항에서 만날 수 있었습니다. 그러나 여전히 그날 친구를 볼 수 없었던 사실은 안타깝습니다.

Key expressions

improperly cooked meat 잘 익지 않은 고기 | feel nauseous 메스껍다 | vomiting 구토 |
go see a doctor 병원에 가다

나만의 공식 적용

집 휴가 시기 (언제/어디서/누구와)	→	사건	→	사건의 결과	→	느낀 점

나만의 아이디어 노트

집 휴가 시기(언제/어디서/누구와) I remember when

사건 There was something

사건의 결과 So, I had to

However, I had to cancel our plans

느낀 점 However, I still regret the fact that

고득점 Tip ＞ 특정 경험묘사에서는 공식처럼 I remember when / I remember a time when 등의 표현을 이용해서 시기를 언급하면서 문장을 시작한 뒤 일어난 사건의 이유, 결과와 같은 세부적인 사항을 순차적으로 이야기해 주세요. 세부 사항 또한 항상 '언제 → 어디서 → 어떻게' 순으로 자연스럽게 문장을 연결하는 것을 추천합니다. I had stomach pains, vomiting, and a high fever. 처럼 세부적인 사항과 더불어 A, B, and C의 순으로 내용을 나열하면 좀 더 자연스럽고, 능숙하게 주제에 대해 설명하는 느낌을 줄 수 있습니다.

PART 2

돌발 문제 정복하기

{ PART 2 }

01

지형

Geography

PART2 ▸ 01

| 주제별 전략 |

돌발 문제 항목 중 '지형'은 빈출도가 높은 중요한 주제입니다. 장소 관련 주제의 첫 번째 문제는 주로 장소묘사로 시작합니다. 주제의 장소, 행동, 경험 묘사 등이 일반적인 3 Combo 문제이고, 2 Combo 문제는 마찬가지로 변화 · 비교, 이슈 질문이 일반적입니다. 전략적인 서베이를 통해 공부할 범위를 줄이고 자주 나오는 주제에 집중하는 것이 중요합니다. '공원 가기, 해변 가기' 등의 유사 주제들은 같이 준비하면 효과적입니다. 3단 콤보에서 자주 출제되는 문제로 Q1-3까지이며, 2단 콤보에서는 Q4, 5입니다.

| 나오는 문제 알고 가자 |

Q1 우리나라의 지형 Tell me about the geography of your country. Are there rivers or mountains? Describe the geography in as much detail as possible. (p.142 ▸ IH&AL 답변)

Q2 야외 활동 Tell me about some outdoor activities you engage in. How does the geography of your country help you do those activities? What do you usually do? How often do you do it? Who do you do it with? Give me all the details. (p.144 ▸ IH&AL 답변)

Q3 야외 경험 Describe the last place you visited related to the geography of your country. What was special about that place? What did you do there? Tell me everything about the landscape and why you went there. (p.146 ▸ IH&AL 답변)

| 변형문제 알고 가자 |

Q4 우리나라와 유사한 지형 묘사 Tell me about a country that has similar geographical features as your country. Describe that country in detail.

Q5 그 이웃 국가와 관련 뉴스 Talk about a reason why the country you mentioned above is in the news. What are some issues related to that country these days?

콤보별 문제 유형

» 3 Combo Set
장소묘사 ▸ 우리나라의 지형
경향묘사 ▸ 야외 활동
일상경험 ▸ 야외 경험

» 2 Combo Set
비교묘사 ▸ 우리나라와 유사한 지형 묘사
이슈묘사 ▸ 그 이웃 국가와 관련 뉴스

Q1 우리나라의 지형

Tell me about the geography of your country. Are there rivers or mountains? Describe the geography in as much detail as possible.

당신 나라의 지형에 대해 말씀해 주세요. 강이나 산이 있나요? 지형을 가능한 한 자세히 묘사해 주세요.

공식 적용

우리나라의 지형 ▸▸ 바다 ▸▸ 산 ▸▸ 강 ▸▸ 섬

IH&AL 답변

PART2 › 01 › Q1 answer

우리나라의 지형 South Korea is a peninsula, *meaning that it is surrounded by water on three sides. **바다** So, there are many beautiful beaches *especially on the east coast of the country. **산** The country is also full of mountains and rivers. Seoul, *the capital city of Korea, is surrounded by mountains. **강** Also, the largest river *in the country runs through the city. It's called the Han River. **섬** Korea also has a number of beautiful small islands. A lot of them are in the south, *and one of the most famous is Jeju Island, which is similar to Hawaii in the US.

·········· *을 제외한 기본 문장연습 ➔ IM1~3 목표

해석 | 한국은 반도입니다. 그것은 3면이 바다로 둘러싸여 있다는 의미이죠. 그래서 아름다운 해변이 많이 있고, 특히 나라의 동쪽 해변에 많이 있습니다. 또한 우리나라에는 산과 강이 많습니다. 한국의 수도인 서울은 산들로 둘러싸여 있습니다. 그리고 이 나라에서 가장 긴 강이 도시를 통해 흐르고 있는데, 그 이름은 한강입니다. 한국에는 아름다운 작은 섬들도 많습니다. 그중 대다수는 남쪽에 있고, 가장 유명한 것은 미국의 하와이와 비슷한 제주도입니다.

Key expressions

peninsula 반도 ∣ meaning that it is surrounded by water on three sides 삼면이 바다로 둘러싸여 있다는 것을 의미한다 ∣ on the east coast of the country 동쪽의 해안가 ∣ full of mountains and rivers 산과 강이 많은 ∣ the capital city of Korea 한국의 수도 ∣ run through ~ ~를 통해 흐르다 ∣ which is similar to ~ ~와 비슷한

우리나라의 지형	바다	산	강	섬

우리나라의 지형 South Korea is a peninsula, meaning that

바다 So, there are many beautiful beaches

산 The country is also full of mountains and rivers.

강 Also, the largest river in the country runs through the city.

섬 Korea also has a number of beautiful small islands.

고득점 Tip ▷ 장소묘사를 할 때는 장소의 위치와 이름을 밝히면서 시작하세요. 또한 장소의 특징적 시설을 설명해야 합니다. 특히 고득점을 위해서는 위치와 시설을 밝힐 때 where 혹은 which를 사용하여 부가 설명을 하는 것이 중요합니다. ex meaning that it is surrounded by water on three sides

PART 2

Q2 야외 활동

Tell me about some outdoor activities you engage in. How does the geography of your country help you do those activities? What do you usually do? How often do you do it? Who do you do it with? Give me all the details.

당신이 참여하는 야외 활동에 대해 말씀해 주세요. 당신 나라의 지형은 당신이 그 활동을 하는 데 어떤 도움이 되나요? 당신은 보통 무엇을 합니까? 얼마나 자주 하나요? 누구와 함께하나요? 자세히 얘기해 주세요.

공식 적용

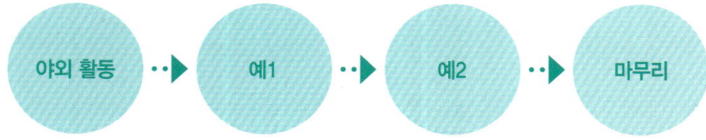

야외 활동 ▸ 예1 ▸ 예2 ▸ 마무리

IH&AL 답변

PART2 › 01 ›
Q2 answer

야외 활동 I really enjoy hiking in the mountains. There are many different mountain ranges near the city *where I can go hiking on the weekends. *The amount of time I have to spend determines where I'll go hiking. **예1** The best time to go hiking is during the spring and fall seasons. *During the summer, the weather gets too hot, and during the winter, the hiking trails can become dangerous. When I go hiking, I often go with a friend or a family member, but sometimes I go by myself. **예2** During the winter, I usually travel to the mountains outside the city and go skiing with my friends. **마무리** I'm happy that I live in a country with so many mountains.

.... *을 제외한 기본 문장연습 ➔ **IM1~3 목표**

해석 | 저는 등산하는 것을 매우 즐깁니다. 도시에서 가까운 거리에 주말에 등산을 갈 수 있는 있는 다양한 산들이 많이 있습니다. 시간이 얼마나 있느냐에 따라 어디로 등산하러 갈지를 결정합니다. 등산을 가기에 가장 좋은 때는 봄과 가을 계절 동안입니다. 여름 중에는 날씨가 너무나 더워지고, 겨울 중에는 등산로가 위험해질 수 있습니다. 등산을 갈 때, 저는 종종 친구나 가족과 함께 가지만, 때로는 혼자 가기도 합니다. 겨울에는 주로 도시 외곽에 있는 산들로 여행을 가서 친구들과 스키를 탑니다. 저는 이렇게 산이 많은 나라에 사는 것이 행복합니다.

Key expressions

enjoy hiking 등산을 즐기다 | **there are many different mountain ranges** 다양한 산들이 많이 있다 | **the amount of time I have to spend determines ~** 시간이 얼마나 있느냐에 따라 ~를 결정하다 | **the weather gets too hot** 날씨가 너무나 더워지다 | **the hiking trails can become dangerous** 등산로가 위험해질 수 있다

야외 활동	예1	예2	마무리

야외 활동 I really enjoy

예1 The best time to go

is during

When I go hiking,

예2 During the winter,

마무리 I'm happy that

고득점 Tip > 본인의 습관을 얘기하는 경향묘사를 할 때는 '언제, 어디서, 누구와'를 밝히면서 얘기하는 습관을 들이세요. 또한, 하는 일을 설명할 때는 하는 이유나 예를 들어 주는 것이 좋습니다. **ex** During the summer, the weather gets too hot, and during the winter, the hiking trails can become dangerous.

Q3 야외 경험

Describe the last place you visited related to the geography of your country. What was special about that place? What did you do there? Tell me everything about the landscape and why you went there.

당신 나라의 지형과 관련해서 마지막으로 방문한 장소에 대해 말씀해 주세요. 그 장소의 무엇이 특별했습니까? 당신은 거기서 무엇을 했나요? 그곳의 풍경에 대한 모든 것과 왜 거기에 갔는지에 대해 말씀해 주세요.

공식 적용

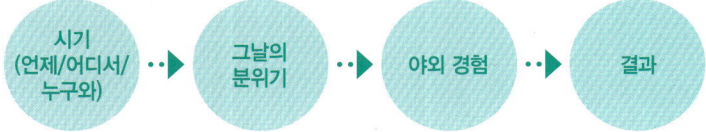

시기 (언제/어디서/ 누구와) ··▶ 그날의 분위기 ··▶ 야외 경험 ··▶ 결과

IH&AL 답변

🎧 PART2 › 01 › Q3 answer

시기(언제/어디서/누구와) Not too long ago, I went skiing with some of my friends. **그날의 분위기** *There was a lot of snow in the northern part of the country, so the conditions were perfect for skiing and snowboarding. **야외 경험** We left on a Friday night and took a bus to the ski resort. *The resort was one that we had all been to before, and we had promised each other we would go back again one day. When we arrived, the mountains were covered with a thick layer of fresh, white snow. We spent the entire weekend skiing as much as we could. **결과** When it was time to leave on Sunday afternoon, none of us wanted to leave. So, we all decided to stay one more day.

··· ＊을 제외한 기본 문장연습 ➡ IM1~3 목표

해석 | 얼마 전에 저는 친구들 몇 명과 스키를 타러 갔습니다. 우리나라의 북부에는 눈이 많이 왔고, 그래서 스키와 스노보딩을 타기에 최적의 조건이었습니다. 우리는 금요일 밤에 출발해서 스키 리조트까지 버스를 타고 갔습니다. 리조트는 우리가 이전에 가 본 적이 있는 곳인데, 우리는 언젠가 꼭 다시 가자고 서로 약속했었습니다. 우리가 도착했을 때, 산은 새로 내린 하얀 눈으로 두텁게 덮여 있었습니다. 우리는 그 주말 내내 할 수 있는 한 많이 스키를 타며 보냈습니다. 일요일 오후에 떠나야 할 때가 되었을 때, 우리들 중 누구도 떠나고 싶어 하지 않았습니다. 그래서 우리는 모두 하루 더 머물기로 결정했습니다.

Key expressions

not too long ago 얼마 전에 | **in the northern part of the country** 나라의 북부 | **the resort was one that we had all been to before** 우리가 이전에 가 본 적이 있는 리조트 | **we would go back again one day** 우리는 언젠가 다시 가고 싶었다 | **be covered with a thick layer of fresh, white snow** 새로 내린 하얀 눈으로 두텁게 덮여 있다

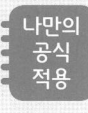

나만의 공식 적용

시기 (언제/어디서/누구와)	→	그날의 분위기	→	야외 경험	→	결과

나만의 아이디어 노트

시기(언제/어디서/누구와) Not too long ago, I went skiing with

그날의 분위기 There was

야외 경험 We left on a Friday night and

결과 When it was time to leave

고득점 Tip ▷ 경험묘사를 할 때는 '언제, 어디서, 누구와, 무슨 일이 있었는지'를 설명해야 합니다. 경험에 대해 설명할 때는 과거시제 사용에 주의하여 실수가 없도록 하고, 현재완료와 시제 변형 등을 통해 시제 사용이 원활한 점을 부각시키는 것이 중요합니다. **ex** The resort was one that we had all been to before ~. 특히 특정 사건이 있는 내용일 경우에는 사건의 전/후 혹은 사건/결과 등으로 내용을 구성하는 것이 좋습니다.

02

기술1_전화

Tech1_Phones

돌발 문제 항목 중 '전화'는 빈출도가 높은 중요한 주제입니다. 많은 주제의 첫 번째 문제는 주로 종류묘사로 시작합니다. 주제의 종류, 장소, 경험 묘사 등이 일반적인 3 Combo 문제이고, 2 Combo 문제는 마찬가지로 변화 · 비교, 이슈 질문이 일반적입니다. 전략적인 서베이를 통해 공부할 범위를 줄이고 자주 나오는 주제에 집중하는 것이 중요합니다. '인터넷 하기, 친구에게 문자 보내기' 등의 유사 주제들은 같이 준비하면 효과적입니다. 3단 콤보에서 자주 출제되는 문제로 Q1~Q3까지이며, 2단 콤보에서는 Q4, 5입니다.

🎧 PART2 › 02

| 나오는 문제 알고 가자 |

Q1 일상기술 What piece of technology do you use every day? How do you use it and how often do you use this gadget? Would you say that you depend on technology throughout the day?

Q2 새로운 기술을 접한 경험 A new type of technology can be frustrating. Tell me about a time when you had trouble due to new technology. What kind of problems did it give you? Why was it frustrating? Tell me everything about that experience you had. (p.150 ▸ IH&AL 답변)

Q3 과학 기술 변화 How has the technology you use changed over the years? What is different between the technology you use today and the technology you used in the past? Give me all the details. (p.152 ▸ IH&AL 답변)

| 변형문제 알고 가자 |

Q4 휴대전화 변화 How is the phone you use today different from the ones you used in the past? What kind of difference do phones make in your life? Give me details.

Q5 휴대전화 이슈, 사회적 문제 Tell me about some issues people talk about related to cell phones. Why do people talk about that topic? Why is it a problem? Tell me everything you know about that topic. (p.154 ▸ IH&AL 답변)

콤보별 문제 유형

» 3 Combo Set

종류묘사 ▸ 일상기술
특정경험 ▸ 새로운 기술을 접한 경험
변화묘사 ▸ 과학 기술 변화

» 2 Combo Set

변화묘사 ▸ 휴대전화 변화
사회이슈 ▸ 휴대전화 이슈, 사회적 문제

Q2 새로운 기술을 접한 경험

🎧 PART2 › 02 › Q2

A new type of technology can be frustrating. Tell me about a time when you had trouble due to new technology. What kind of problems did it give you? Why was it frustrating? Tell me everything about that experience you had.

새로운 기술은 사용하기 힘들 수 있습니다. 당신이 새로운 기술 때문에 문제가 있었던 때에 대하여 말해 보세요. 어떤 문제였습니까? 왜 그것이 문제가 됐나요? 당신이 경험한 것에 대해 모두 말해 보세요.

공식 적용

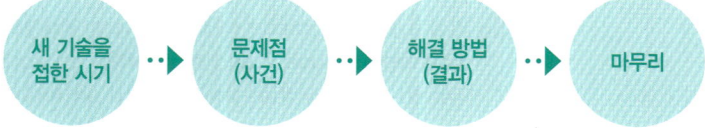

새 기술을 접한 시기 ·· 문제점 (사건) ·· 해결 방법 (결과) ·· 마무리

IH&AL 답변

🎧 PART2 › 02 › Q2 answer

[새 기술을 접한 기술] *I remember the time when I bought my first laptop in college. *Since the only time I had used a computer was during computer class at school, I had a hard time getting used to my new laptop at first. [문제점(사건)] I had a couple of problems while using the Internet. Sometimes, my laptop would lose its connection to the Internet for no reason. There was nothing I could do. [해결 방법(결과)] *Since I was working on my paper in the library, I had to take my laptop outside the building and call the customer service. It took a long time for a customer service representative to answer my questions and give me a solution. [마무리] Overall, that's the only problem I can think of at the moment. *I think it's a common thing that people can experience when they get something new.

·· ✳을 제외한 기본 문장연습 ➡ IM1~3 목표

해석 | 저는 대학생 때 구입했던 첫 노트북을 기억합니다. 오직 학교 컴퓨터 수업 시간에만 컴퓨터를 사용해 봤던 저는 처음에 새 노트북에 적응하느라 힘든 시간을 보냈습니다. 인터넷을 사용하는 동안 몇 가지 어려움을 겪었습니다. 가끔씩, 제 노트북은 아무 이유 없이 인터넷 연결이 끊기곤 했습니다. 제가 할 수 있는 일은 아무것도 없었습니다. 도서관에서 보고서 작업을 하고 있었기 때문에 저는 건물 밖으로 노트북을 가지고 나와서 서비스 센터에 전화를 해야 했습니다. 서비스 센터 상담원이 제 질문에 답하고 해결책을 주는 데 오랜 시간이 걸렸습니다. 정리하자면, 그것이 지금 생각나는 유일한 문제입니다. 사람들이 새로운 것을 접할 때에 흔히 겪을 수 있는 일이라고 생각합니다.

Key expressions

get used to ~ ~에 익숙해지다 | **lose one's connection** 연결이 끊기다 | **work on ~** ~을 작업 중이다 |
customer service representative 서비스 센터 상담원

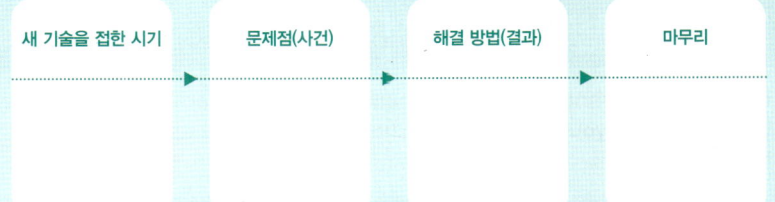

나만의 공식 적용

새 기술을 접한 시기	문제점(사건)	해결 방법(결과)	마무리

나만의 아이디어 노트

새 기술을 접한 시기 I remember the time when

문제점(사건) I had a couple of problems while

해결 방법(결과) Since I was working on my paper in the library, I had to

마무리 Overall, I think it's a common thing that people can experience

고득점 Tip

> 경험묘사를 할 때는 '언제, 어디서, 누구와, 무슨 일이 있었는지'를 설명해야 합니다. 경험에 대해 설명할 때 과거시제의 사용에 주의하여 시제 사용이 원활한 점을 부각시키는 것이 중요합니다. 특히 특정 사건이 있는 내용일 경우에는 사건의 전/후 혹은 사건/결과 등으로 내용을 구성하는 것이 좋습니다. I remember a time when I bought my first laptop in college나 I think it's a common thing that people can experience when they get something new.와 같이 관계절을 사용한 문장을 이야기의 도입부나 마무리 부분에 넣으면 고득점을 받을 수 있습니다.

Q3 과학 기술 변화

How has the technology you use changed over the years? What is different between the technology you use today and the technology you used in the past? Give me all the details.

지난 몇 년 동안 당신이 사용하는 과학 기술은 어떻게 변해 왔습니까? 과거에 당신이 사용하던 기술과 비교해 지금은 어떻게 다릅니까? 자세히 말해 주세요.

공식 적용

IH&AL 답변

🎧 PART2 › 02 › Q3 answer

도입부 *The technology I've used has improved significantly over the years. **기술의 변화** The most noticeable changes are data speed and storage capacity. **예1(과거/현재 기술)** My smartphone allows me to transfer data with my friends a lot faster than before. In the past, it took me a long time *when I tried to send pictures to my friends. But now, data transfers happen in a minute or so. **예2(과거/현재 기술)** Also, I used to carry around a memory card with me *when I had to save something. If the file was too big, it was even impossible to save. Now, I can easily save data on my phone and carry it with me *anywhere I go. **마무리** Once again, *I think the technology I use today has definitely improved a lot. It made my life a lot easier.

┈┈┈┈┈┈┈┈┈┈┈┈┈┈┈┈┈┈┈┈┈┈┈┈┈┈┈┈┈┈┈┈┈┈┈┈┈┈┈ ✱을 제외한 기본 문장연습 ➔ IM1~3 목표

해석 | 제가 그동안 사용해 왔던 과학 기술은 몇 년간 상당히 발전했습니다. 가장 눈에 띄는 변화는 데이터 속도와 저장 용량입니다. 제 스마트폰은 전보다 훨씬 더 빨리 친구들에게 데이터를 전송할 수 있게 해 줍니다. 과거에는, 친구들에게 사진을 보내는 데 오랜 시간이 걸렸습니다. 하지만 지금은, 데이터 전송하는 데 1분 정도면 가능합니다. 또한, 저는 뭔가를 저장해야 할 때 메모리 카드를 들고 다니곤 했습니다. 데이터가 너무 클 경우에는, 저장이 불가능하기도 했습니다. 이제 저는 제 폰에 쉽게 데이터를 저장할 수 있고 어디든지 그것을 가지고 다닐 수 있습니다. 다시 한 번 말하자면, 오늘날 사용하는 기술은 분명 훨씬 많이 발전되었다고 생각합니다. 예전보다 제 삶은 훨씬 더 편해졌습니다.

Key expressions

carry it with me 그것을 가지고 다니다 | **anywhere I go** 내가 어딜 가든 | **make one's life easier** 삶을 더 편하게 만들다

나만의 공식 적용

| 도입부 | → | 기술의 변화 | → | 예1 (과거/현재 기술) | → | 예2 (과거/현재 기술) | → | 마무리 |

나만의 아이디어 노트

도입부 The technology I've used has improved significantly over the years.

기술의 변화 The most noticeable changes are

예1 My smartphone allows me to

In the past,

But now,

예2 Also, I used to

마무리 Once again, I think the technology I use today has definitely improved a lot.

고득점 Tip　＞변화·비교묘사를 할 때는 과거시제와 현재시제를 구분하여 사용할 수 있다는 것을 어필할 수 있게 used to / but now / in the past 등의 표현을 이용하고, 도입부이나 결론에는 비교급이나 현재완료를 사용함으로써 변화의 내용을 정리해 주는 것이 중요합니다.

Q5 휴대전화 이슈, 사회적 문제

Tell me about some issues people talk about related to cell phones. Why do people talk about that topic? Why is it a problem? Tell me everything you know about that topic.

사람들이 이야기하는 휴대전화의 이슈에 대해 말해 보세요. 왜 사람들이 그것에 대해 이야기합니까? 무엇이 문제입니까? 당신이 아는 것에 대해 전부 말해 주세요.

공식 적용

IH&AL 답변

🎧 PART2 › 02 › Q5 answer

휴대전화 이슈 The danger of cell phone addiction is getting more and more severe. This is a big problem because some people are becoming too glued to their phones and *are having a hard time focusing on things. *This is one of the biggest issues that people are talking about. **예** For example, students *who should be studying have a harder time concentrating on their work, and they end up getting low grades. Plus, people *walking on the streets may get into an accident *because they aren't focusing on what they are doing. Also, people can get into trouble if they drive and use their phone at the same time. **마무리** Well, once again, the danger of cell phone addiction is getting more and more severe. I think that it will be a big social problem in the future.

·········· ＊을 제외한 기본 문장연습 ➜ IM1~3 목표

해석 | 휴대폰 중독의 위험은 점점 더 심각해져 가고 있습니다. 이것은 큰 문제인데요, 사람들이 폰을 지나치게 붙잡고 있게 되면서 다른 일에 집중하는 것이 어려워졌기 때문입니다. 이것이 사람들이 이야기하는 가장 큰 문제 중 하나입니다. 예를 들어, 공부를 해야 하는 학생들은 공부에 집중하는 데 더 어려워지게 되어서, 결국 낮은 점수를 받게 됩니다. 또 사람들은 길을 걸으면서도 한눈을 팔아 사고를 당하게 될 수도 있습니다. 그리고 운전 중 휴대폰 사용도 큰 사고를 일으킬 수 있습니다. 음, 다시 말해, 휴대폰 중독의 위험은 점점 더 심각해지고 있습니다. 저는 이것이 미래에 커다란 사회적 문제가 될 것이라고 생각합니다

Key expressions

glue to their phones 전화기에 집착하다 **|** have a hard(er) time -ing ～하는 데 (좀 더) 힘든 시간을 보내다 **|** students who should be studying 공부해야 하는 학생들 **|** people walking on the streets 길을 걷는 사람들 **|** get into trouble 곤란에 빠지다

휴대전화 이슈	예	마무리

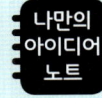

휴대전화 이슈 The danger of cell phone addiction is getting more and more severe.

This is a big problem because

예 For example,

마무리 Well, once again, the danger of cell phone addiction

고득점 Tip > 사회이슈 문제는 일상 경험묘사처럼 순차적으로 문제점과 그 예시를 적절하게 들어 주되, 사실에 대한 나열은 현재시제를 사용해야 한다는 것에 주의하세요. 또한, 일어나는 일을 설명할 때는 하는 이유와 더불어 주변에서 흔히 들 수 있는 예를 들어 주는 것이 좋습니다.

03

기술2_인터넷

Tech2_ Internet

| 주제별 전략

돌발 문제 항목 중 '인터넷'은 'SNS, 전화' 등과 함께 중복되는 패턴이 많은 주제로 빈출도 또한 높은 편입니다. 많은 주제의 첫 번째 문제는 주로 종류묘사나 경향묘사로 시작합니다. 주제의 종류, 장소, 경험 묘사 등이 일반적인 3 Combo 문제이고, 2 Combo 문제는 마찬가지로 변화·비교, 이슈 질문이 일반적입니다. 3단 콤보에서 자주 출제되는 문제로 Q1-3까지이며, 2단 콤보에서는 Q4, 5입니다.

🎧 PART2 › 03

| 나오는 문제 알고 가자 |

Q1 일상에서 사용하는 과학 기술 Tell me about the technology you use in your daily life. How often do you use technology? How does technology help you? Tell me everything about the things you do with technology. (p.158 ▶ IH&AL 답변)

Q2 인터넷에서 하는 활동 What kind of things do you do on the Internet? Do you find out about new things or do you shop for stuff online? Tell me about the most typical things that you do on the Internet. (p.160 ▶ IH&AL 답변)

Q3 인터넷에서 안 좋은 경험, 해결 방법 People can experience some unpleasant things on the Internet. Tell me about a personal experience that sticks out in your memory? What was the problem and how hard was it to solve the problem? What happened in the end?

| 변형문제 알고 가자 |

Q4 인터넷이 가져온 변화 How has the Internet changed our lives? How was life before the Internet different from life now? What is the biggest change that has happened in our lives? Give me specific examples. (p.162 ▶ IH&AL 답변)

Q5 인터넷 관련 이슈 Tell me about some issues people talk about related to the Internet. Why do people talk about that topic? Why is it a problem? Tell me everything you know about that topic.

콤보별 문제 유형

» 3 Combo Set

종류묘사 ▶ 일상에서 사용하는 과학 기술
경향묘사 ▶ 인터넷에서 하는 활동
특정경험 ▶ 인터넷에서 안 좋은 경험, 해결 방법

» 2 Combo Set

변화묘사 ▶ 인터넷이 가져온 변화
사회이슈 ▶ 인터넷 관련 이슈

Q1 일상에서 사용하는 과학 기술

Tell me about the technology you use in your daily life. How often do you use technology? How does technology help you? Tell me everything about the things you do with technology.

당신이 매일 사용하는 과학 기술에 대해 말해 보세요. 얼마나 자주 사용합니까? 그 과학 기술은 어떻게 당신에게 도움이 됩니까? 당신이 매일 사용하는 과학 기술에 대해 전부 이야기해 주세요.

공식 적용

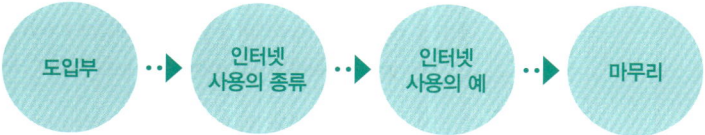

도입부 ┈▶ 인터넷 사용의 종류 ┈▶ 인터넷 사용의 예 ┈▶ 마무리

IH&AL 답변

PART2 › 03 › Q1 answer

도입부 I use technology all the time. **인터넷 사용의 종류** *When I wake up, the first thing I do is check my cell phone. I use my tablet to take notes in class (or at work), and I use my laptop to watch TV shows in the evening. **인터넷 사용의 예** *The main way I communicate with my friends is through technology. Throughout the day, I send and receive messages on my phone all the time. At school and work, modern technology allows me to look up information online. *Without this technology, my projects would take much longer to complete. *These take much less time and effort. I'm glad I don't have to go to the library and spend the whole day any more. **마무리** I am not sure how anyone can survive without technology. *It has become a lot better than in the past. So that's why I pretty much use technology all the time.

┈┈┈┈┈┈┈┈┈┈┈┈┈┈┈┈┈┈┈┈┈┈┈┈┈┈┈ *을 제외한 기본 문장연습 ➜ IM1~3 목표

해석 ┃ 저는 항상 과학 기술을 사용합니다. 일어나서 제가 제일 먼저 하는 일은 휴대폰을 확인하는 것입니다. 저는 교실에서 (또는 직장에서) 필기를 하기 위해 태블릿을 사용하고, 노트북으로 저녁에 TV 프로그램을 봅니다. 저는 친구들과 과학 기술을 통해서 연락하곤 합니다. 하루 종일, 저는 언제나 휴대폰으로 메시지를 주고받습니다. 현대 과학 기술 덕에 학교와 직장에서도 온라인으로 정보를 찾아볼 수 있습니다. 이러한 기술이 없었다면 제 프로젝트가 완성되는 데에 훨씬 더 오랜 시간이 걸렸을 것입니다. 시간과 노력을 훨씬 적게 들이게 되었습니다. 저는 더 이상 도서관에 가서 하루를 낭비할 필요가 없게 되어 기쁩니다. 저는 과학 기술 없이 어느 누가 살 수 있을지 의문이 듭니다. 기술은 예전보다 훨씬 더 좋아졌습니다. 이것이 매일 같이 제가 과학 기술을 사용하는 이유입니다.

Key expressions

take notes 필기하다 ┃ **look up information** 정보를 찾다 ┃ **take less time and effort** 시간과 수고를 덜다

나만의
공식
적용

도입부	인터넷 사용의 종류	인터넷 사용의 예	마무리

나만의
아이디어
노트

도입부 I use technology all the time.

인터넷 사용의 종류 When I wake up, the first thing I do is

인터넷 사용의 예 The main way I communicate with my friends is

At school and work, modern technology allows me

마무리 I am not sure how anyone can survive without technology. It has become

고득점 Tip > 종류묘사를 할 때는 큰 범주의 내용부터 시작해서 세부적으로 들어가세요. 세부 장르를 얘기하기 시작하면 충분한 이유와 대
표적인 예를 들어 본인의 의견을 자세히 설명하는 것이 중요합니다. 편하게 얘기할 수 있는 소주제 하나에 개인적인 경험을 얘
기해 보세요. These take much less time and effort나 It has become a lot better than in the past 등 고득점을 받을 수 있
는 표현이나 문장들을 그대로 기억해 두었다가 기술 관련된 다른 주제에 사용해 보는 것도 좋습니다.

Q2 인터넷에서 하는 활동

What kind of things do you do on the Internet? Do you find out about new things or do you shop for stuff online? Tell me about the most typical things that you do on the Internet.

당신은 인터넷으로 무엇을 합니까? 뭔가 검색하거나 온라인 쇼핑을 하나요? 당신이 인터넷으로 하는 일반적인 것들에 대해 이야기해 주세요.

공식 적용

인터넷 사용 빈도 ·· 인터넷 사용 &예1 ·· 인터넷 사용 &예2 ·· 마무리

IH&AL 답변

🎧 PART2 › 03 › Q2 answer

인터넷 사용 빈도 I spend most of the day on the Internet. 인터넷 사용 & 예1 I send messages to my friends and family. I browse social media sites, *and I research products I want to buy. *Because I have my cell phone on me all the time, I am able to do these things even on the move. 인터넷 사용 & 예2 My friends are always posting messages and links to news articles. I can always find out the most important news through social media. *The websites I use let me keep in touch with my friends, watch funny clips, and find out about new products. 마무리 So, once again, people these days do everything online and I'm no different. I am not sure how anyone can survive without the Internet.

·· *을 제외한 기본 문장연습 ➡ **IM1~3 목표**

해석 | 저는 하루의 대부분을 인터넷을 하며 보냅니다. 저는 친구와 가족에게 메시지를 보냅니다. 소셜 미디어 사이트들을 둘러보고 사고 싶은 제품들을 찾아봅니다. 항상 휴대폰을 가지고 있기 때문에, 이동 중에도 이런 일들을 할 수 있습니다. 제 친구들은 언제나 메시지와 새로운 뉴스 기사의 링크를 게재합니다. 또 저는 항상 소셜 미디어를 통해 가장 중요한 뉴스를 찾아보기도 합니다. 제가 사용하는 웹사이트들은 친구들과 연락을 유지할 수 있게 해 주고, 재미있는 영상들을 볼 수 있게 해 주고, 새로운 상품들을 찾아볼 수 있게 해 줍니다. 사람들은 요즘 온라인에서 모든 것을 하고 있고, 저도 마찬가지입니다. 저는 과학 기술 없이 어느 누가 살 수 있을지 의문이 듭니다.

Key expressions

browse social media sites 소셜 미디어 사이트를 둘러보다 | **have my cell phone on me all the time** 항상 휴대폰을 소지하다 | **on the move** 이동 중에 | **links to news articles** 새로운 뉴스 기사의 링크 | **video clip** 동영상

나만의 공식 적용

인터넷 사용 빈도	→	인터넷 사용&예1	→	인터넷 사용&예2	→	마무리

나만의 아이디어 노트

인터넷 사용 빈도 I spend

인터넷 사용&예1 I send messages tc my friends and family.

인터넷 사용&예2 My friends are always

마무리 So, once again,

고득점 Tip

> 본인의 습관을 얘기하는 경향묘사를 할 때는 '언제, 어디서, 누구와'를 밝히면서 얘기하는 습관을 들이세요. 또한, 하는 일을 설명할 때는 이유나 예를 들어 주는 것이 좋습니다. The websites I use let me keep in touch with my friends, watch funny videos, and find out about new products. 등의 내용 나열 또한 주제에 대해 내용을 연결해 나갈 수 있다는 것을 어필할 수 있으므로 고득점을 받을 수 있습니다.

Q4 인터넷이 가져온 변화

How has the Internet changed our lives? How was life before the Internet different from life now? What is the biggest change that has happened in our lives? Give me specific examples.

인터넷은 우리의 삶을 어떻게 바꿔 놨습니까? 인터넷이 있기 전과 지금의 삶은 어떻게 다릅니까? 우리의 삶에 끼친 영향 중 가장 큰 변화는 무엇입니까? 구체적인 예를 들어 말해 주세요.

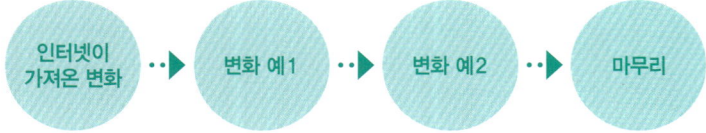

PART2 › 03 › Q4 answer

인터넷이 가져온 변화 *The Internet has had a major impact on all our lives. It is much easier to stay in contact with friends and family. **변화 예1** We no longer have to send paper letters or worry about sending packages by traditional mail. * If we want to send someone a gift, we can just order it online and send it to them directly. We can also track the package. **변화 예2** *Instead of waiting for people to give a call back, we can just send a text message and wait for their response. Plus, *because there are so many free apps online, we can send unlimited text messages for free. **마무리** *As I mentioned before, I am not sure how anyone can survive without technology. *Things like the Internet have had a major impact on our lives.

·· *을 제외한 기본 문장연습 ➔ IM1~3 목표

해석 | 인터넷은 우리의 삶에 큰 영향을 주었습니다. 친구들과 가족과 연락을 주고받는 것이 훨씬 편리해졌습니다. 우리는 더 이상 종이 편지를 보내거나, 기존의 우편으로 소포를 보내는 걱정을 할 필요가 없습니다. 누군가에게 선물을 보내고 싶다면, 그냥 온라인으로 주문해서 바로 보내면 됩니다. 또한 소포를 추적할 수도 있습니다. 사람들은 답신 전화를 기다리는 대신에, 그저 문자 메시지만 보내 놓고 답을 기다릴 수 있습니다. 거기에, 온라인에 많은 무료 앱들이 있기 때문에, 우리는 문자 메시지를 무료로 무제한 보낼 수 있습니다. 앞서 말한 것처럼, 저는 과학 기술 없이 누가 살 수 있을지 의문이 듭니다. 인터넷과 같은 것들을 우리의 삶에 중대한 영향을 미쳐 왔습니다.

Key expressions

track the package 배송을 확인하다 | **give a call back** 다시 전화하다 | **unlimited text message** 무제한 문자

나만의 공식 적용	인터넷이 가져온 변화	변화 예1	변화 예2	마무리

 나만의 아이디어 노트

인터넷이 가져온 변화 The Internet has had a major impact on all our lives.

변화 예1 We no longer have to

변화 예2 Instead of waiting for people to give a call back, we can just

마무리 As I mentioned before, I am not sure how anyone can survive without technology. Things like the Internet have had a major impact on our lives.

고득점 Tip

> 변화·비교를 묘사할 때는 과거시제와 현재시제를 구분하여 사용할 수 있다는 것을 어필하는 것이 포인트입니다. 다양한 예문을 보여 주되 시제 처리에 주의하여, the Internet has had a major impact on our lives / things like the Internet have had a major impact on our lives처럼 도입부나 마무리에는 비교급이나 현재완료를 사용함으로써 변화의 내용을 정리해 주는 것이 중요합니다.

04

산업/업종

Industry

| 주제별 전략 |

돌발 문제 항목 중 '산업'은 빈출도가 높은 중요한 주제입니다. 산업과 회사로 나뉘어 다양한 변형문제들이 꾸준히 출제되고 있는 만큼, 기본적으로 '우리나라의 유망 산업/기업, 산업의 현재/과거 비교, 일하고 싶은 회사' 등의 다양한 주제에 대해 말할 거리를 충분히 준비하길 바랍니다. 3단 콤보에서 자주 출제되는 문제로 Q1-4까지 중 세 문제이며, 2단 콤보에서는 Q5-7까지 중 두 문제입니다.

🎧 PART2 › 04

| 나오는 문제 알고 가자 |

Q1 우리나라 유망 산업/기업 설명 Talk about one of the rising industries or companies in your country. Why is that industry or company famous and what is special about it? Do you personally want to work in that industry or for that company?
(p.166 ▶ IH&AL 답변)

Q2 그 산업/기업이 우리나라에 주고 있는 이점 Now, what kind of impact does the industry or company you mentioned before have on your country? What kind of benefits does it bring? Give me all the details.

Q3 그 산업/기업이 가졌던 어려웠던 시간, 해결 방법 Now, what are some difficult times the company you mentioned above had gone through? How did it go? How did people in the company solve the problems? Tell me everything in detail.

| 변형문제 알고 가자 |

Q4 선호하는 회사, 회사가 제공하는 것 There are many companies people want to work for. Tell me about the company you want to work for. Why is that? What does the company provide as a compensation? What is the most important thing when choosing a company to work for? Tell me everything in detail.
(p.168 ▶ IH&AL 답변)

Q5 그 산업/기업의 과거/현재 비교 How was the industry or company in the past? How is it now? Talk about the changes it has gone through. Give me specific examples of how that industry or company has changed.

Q6 우리나라 경제의 과거/현재 비교 How has the economy of your country changed over the years? How was it in the past and how is it now? Give me all the details about what kind of changes the economy has gone through. (p.170 ▶ IH&AL 답변)

Q7 최근 이슈가 되는 경제 산업 Talk about an industry that has had an issue in your country. Why did that industry have an issue? What are some of the topics people talk about?

Q1 우리나라 유망 산업/기업 설명

🎧 PART2 › 04 › Q1

Talk about one of the rising industries or companies in your country. Why is that industry or company famous and what is special about it? Do you personally want to work in that industry or for that company?

당신이 살고 있는 나라에서 성장하고 있는 산업이나 회사들 중 하나에 대해 말씀해 주세요. 그 산업이나 회사는 왜 유명하고 무엇이 특별합니까? 개인적으로 당신은 그 업계나 회사에서 일하고 싶습니까?

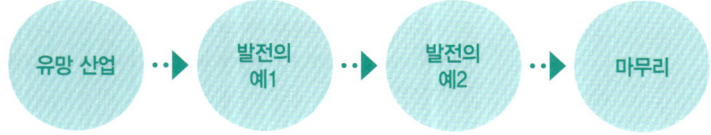

유망 산업 ··▶ 발전의 예1 ··▶ 발전의 예2 ··▶ 마무리

🎧 PART2 › 04 › Q1 answer

유망 산업 *I have to say that one of the rising industries in Korea is definitely the fashion industry. *It has been steadily growing in Korea for more than a decade. Not only are Korean fashion companies becoming popular internationally, but more and more international companies are opening stores in Korea. 발전의 예1 *There are a lot of new, high-end shopping centers opening in Korea these days. *Since the success of their entrance into the Korean market, there have been more and more international brands in most of the shopping malls. 발전의 예2 Also, domestic brands have started to export their products and goods overseas. It's not hard to find Korean brands in nearby countries like Japan or China. 마무리 *It seems like the people of Korea cannot get enough of the latest fashions *and have continued to help the industry grow. Therefore, *I have to say that one of the rising industries in Korea is definitely the fashion industry.

·········· ✳을 제외한 기본 문장연습 ➔ IM1~3 목표

해석 | 패션 산업은 분명히 한국에서 떠오르는 산업 중 하나라고 말할 수 있습니다. 십 년이 넘는 시간 동안 한국에서 꾸준히 성장해오고 있는 산업입니다. 한국 패션 회사들이 세계적으로 유명해지고 있을 뿐만 아니라, 점점 더 많은 세계적인 회사들이 한국에 매장을 열고 있습니다. 요즘 많은 고급 쇼핑센터들이 한국에서 문을 열고 있습니다. 한국 시장으로의 진입이 성공적이었기 때문에, 세계적인 브랜드들이 점점 더 많이 쇼핑몰의 대부분을 차지하고 있습니다. 또한, 국내 브랜드들은 해외로 제품이나 상품을 수출하기 시작했습니다. 이웃 나라 일본이나 중국에서 한국 브랜드를 보는 것은 어려운 일이 아닙니다. 한국 사람들은 아직 최신 패션에 충분히 만족하지 못하고 계속해서 업계의 성장을 돕고 있습니다. 따라서, 패션 산업은 분명히 한국에서 떠오르는 산업 중 하나라고 말할 수 있습니다.

Key expressions

a rising industry 떠오르는[신흥] 산업 | **high-end** 고급의 | **cannot get enough of the latest fashions** 충분하게 최신 패션을 가질 수 없다 | **have continued to help the industry grow** 산업이 발전할 수 있게 계속해서 돕다

나만의 공식 적용

| 유망 산업 | → | 발전의 예1 | → | 발전의 예2 | → | 마무리 |

나만의 아이디어 노트

유망 산업 I have to say that one of the rising industries in Korea is

발전의 예1 There are a lot of

발전의 예2 Also, domestic brands have started

마무리 It seems like the people of Korea

고득점 Tip

> 종류묘사를 할 때는 큰 범주의 내용부터 시작해서 세부적으로 들어가세요. 세부 장르를 얘기하기 시작하면 충분한 이유와 대표적인 예를 들어 본인의 의견을 자세히 설명하는 것이 중요합니다. I have to say that / since the success of their entrance into Korean market / it seems like the people of / have continued to help the industry grow 등과 같은 종속사절, 부사구 등을 충분히 추가하여 단조로운 문장에 디테일을 추가하여 고득점을 노리기 바랍니다.

Q4 선호하는 회사, 회사가 제공하는 것

There are many companies people want to work for. Tell me about the company you want to work for. Why is that? What does the company provide as a compensation? What is the most important thing when choosing a company to work for? Tell me everything in detail.

사람들이 일하고 싶어하는 많은 회사가 있습니다. 당신이 일하기를 원하는 회사에 대해 말씀해 주세요. 왜 그 회사입니까? 그 회사는 당신에게 무엇을 보상으로 제공하나요? 회사를 선택할 때 가장 중요한 것은 무엇입니까? 모든 것을 자세히 말씀해 주세요.

공식 적용

선호하는 회사 ·· ▶ 예1 ·· ▶ 예2 ·· ▶ 마무리

IH&AL 답변

🎧 PART2 › 04 › Q4 answer

선호하는 회사 People want to work for different types of companies *depending on what their priority is. 예1 *If you think money is important, you should go for high paying jobs. Usually, a heavy workload follows though. 예2 *However, there are people who work not only for monetary compensation but also for other benefits. Some companies provide a lot of benefits for their employees such as child care, education and even bill payment. For me, I chose my job *because they supported me in finishing school. I feel they actually care about their employees. 마무리 Overall, people want to work for different types of companies *depending on what their priority is. However, I think compensation and benefits are very important when choosing a company.

·········· *을 제외한 기본 문장연습 ➔ IM1~3 목표

해석 | 사람들은 그들의 우선순위가 무엇이냐에 따라 다른 유형의 회사에서 일하기를 원합니다. 만일 당신에게 돈이 중요하다면, 당신은 높은 연봉의 직업을 얻어야겠지요. 그렇지만 보통, 과중한 업무량이 뒤따릅니다. 그러나 보상뿐만 아니라 복지까지도 원하는 사람들이 있습니다. 몇몇 회사들은 직원들에게 보육 시설이나 교육, 심지어 청구서 요금 납부와 같은 많은 복지를 제공합니다. 제 경우에는, 회사가 졸업까지 저를 지원해 주는 것 때문에 이 직업을 선택하게 되었습니다. 저는 회사가 진정으로 직원을 아낀다고 느낍니다. 다시 말해, 사람들은 그들의 우선순위가 무엇이냐에 따라 다른 종류의 회사에서 일하기를 원합니다. 하지만 저는 회사를 선택할 때 보상과 복지를 가장 중요하게 생각합니다.

Key expressions

depending on what one's priority is 우선순위에 따라 | high paying jobs 고소득 직종 | heavy workload 과중한 업무량 | finish school 학교를 마치다, 졸업하다 | compensation and benefits 보상과 복지

선호하는 회사	예1	예2	마무리

선호하는 회사 People want to work for

예1 If you think money is important,

예2 However, there are people

For me, I chose my job because

마무리 Overall, people want to work for different types companies depending on what their priority is.

고득점 Tip　> 본인의 습관을 얘기하는 경향묘사를 할 때는 '언제, 어디서, 누구와'를 밝히시면서 얘기하는 습관을 들이세요. 또한, 하는 일을 설명할 때는 하는 이유나 예를 들어 주는 것이 좋습니다. if you think money is important / because they supported me in finishing school / depending on what their priority is 와 같은 부사구를 추가하여 표현을 상세히 해 보세요.

Q6 우리나라 경제의 과거/현재 비교

How has the economy of your country changed over the years? How was it in the past and how is it now? Give me all the details about what kind of changes the economy has gone through.

당신 나라의 경제는 몇 년간 어떻게 변해 왔나요? 과거에는 어땠고 지금은 어떤가요? 경제가 어떤 변화를 겪어 왔는지 자세히 얘기해 주세요.

공식 적용

과거의 경제 ‥▶ 현재의 경제 ‥▶ 마무리

IH&AL 답변

PART2 › 04 › Q6 answer

The Korean economy is one of the fastest growing economies in the world. **과거의 경제** *At the end of the Korean War, things were very inexpensive and wages were also very low in Korea. **현재의 경제** *Because of all the hard work from the citizens, a number of big-name automotive, electronic, and construction companies have created high-paying jobs. Now the country is one of the few countries with an average income of more than $20,000 per person. *It's quite a surprise how Korea used to get help from other countries, but now, it has become one of the countries that actually helps developing countries. **마무리** Overall, there have been massive improvements in the Korean economy *and it has become one of the fastest growing economies in the world.

······························· *을 제외한 기본 문장연습 ➔ IM1~3 목표

해석 | 한국 경제는 세계에서 가장 빠르게 성장하고 있는 경제 중 하나입니다. 한국전쟁이 끝날 무렵, 한국의 모든 물건은 값이 매우 쌌고 임금도 매우 낮았습니다. 시민들의 고된 노동 덕분에 수많은 거물급 자동차, 전자, 건축 회사들이 고소득 직업을 창출해 냈습니다. 이제, 이 나라는 1인당 평균 소득이 2만 달러를 넘는 몇 안 되는 나라들 중 하나입니다. 어떻게 한국이 다른 나라들로부터 도움을 받곤 했는지 실로 놀라운 일입니다. 하지만 이제 한국은 실제로 개발 도상국을 도와주는 나라들 중 하나가 되었습니다. 말하자면, 한국 경제에는 엄청난 발전이 있었고 세계에서 가장 빨리 성장하는 경제 중 하나가 되었습니다.

Key expressions

big-name automotive company 유명한 자동차 회사 | **have created high-paying jobs** 고소득 연봉 직업을 창출해 내다 | **developing country** 개발 도상국 | **there have been massive improvements** 엄청난 발전이 있었다

과거의 경제	현재의 경제	마무리

The Korean economy is one of the fastest growing economies in the world.

과거의 경제 At the end of the Korean War, things were very

현재의 경제 Because of all the hard work from the citizens,

It's quite a surprise how Korea used to get help from other countries, but now

마무리 Overall, there have been massive improvements in the Korean economy

고득점 Tip ➤ 변화·비교묘사를 할 때는 과거시제와 현재시제를 구분하여 사용할 수 있다는 점을 어필하고, it has become one of the fastest growing economies in the world와 같이 현재완료를 사용해서 변화의 내용을 정리해 주는 것이 고득점 포인트입니다.

05

가족/친구

Family and Friends

| 주제별 전략 |

돌발 문제 항목 중 '가족/친구'와 관련된 주제는 빈출도가 상당히 높습니다. 인물과 관련된 주제의 첫 번째 문제는 주로 인물묘사로 시작합니다. 주제의 인물, 행동, 경험 묘사 등이 일반적인 3 Combo 문제이고, 2 Combo 문제는 마찬가지로 변화·비교, 이슈 질문이 일반적입니다. 전략적인 서베이를 통해 공부할 범위를 줄이고 자주 나오는 주제에 집중하는 것이 중요합니다. '여가 생활' 주제들의 유사 주제들은 같이 준비하면 효과적입니다. 3단 콤보에서 자주 출제되는 문제로 Q1-3까지이며, 2단 콤보에서는 Q4, 5입니다.

🎧 PART2 ▶ 05

| 나오는 문제 알고 가자 |

Q1 가족/친구 묘사 Describe a family or a friend you have. What is he or she like? What is special about that person? Give me some details about that person.

Q2 가족/친구와 주로 하는 일 Talk about what you do with your family members or friends. What are some things that you typically do together? What was something that you did with them recently? Tell me everything about the activities you did with them.

Q3 가족/친구 집에 방문한 경험 Talk about a time when you visited a friend or a family member. What did you do when you visited them? What was memorable about that visit? Tell me everything from beginning to end. (p.174 ▶ IH&AL 답변)

| 변형문제 알고 가자 |

Q4 가족/친구 두 명 비교 Pick two of your family members or friends and tell me about their similarities and differences. Give me the details. (p.176 ▶ IH&AL 답변)

Q5 가족/친구와 이야기하는 이슈 Now, tell me about what you usually talk about with your family members or friends commonly. What was the most recent thing that you talked about? Give me the details. (p.178 ▶ IH&AL 답변)

콤보별 문제 유형

» 3 Combo Set
인물묘사 ▶ 가족/친구 묘사
경향묘사 ▶ 가족/친구와 주로 하는 일
일상경험 ▶ 가족/친구 집에 방문한 경험

» 2 Combo Set
비교묘사 ▶ 가족/친구 두 명 비교
이슈묘사 ▶ 가족/친구와 이야기하는 이슈

Q3 가족/친구 집에 방문한 경험

🎧 PART2 › 05 › Q3

Talk about a time when you visited a friend or a family member. What did you do when you visited them? What was memorable about that visit? Tell me everything from beginning to end.

당신이 가족이나 친구를 방문했을 때에 대한 이야기를 해 주세요. 그들을 방문해서 무엇을 했습니까? 그 방문의 어떤 점이 기억에 남나요? 처음부터 끝까지 모든 것을 말씀해 주세요.

공식 적용

시기 (언제/어디서/ 누구와) ‥▶ 방문 경험 ‥▶ 마무리 (느낌)

IH&AL 답변

🎧 PART2 › 05 › Q3 answer

[시기(언제/어디서/누구와)] Well, I remember when I visited a friend *who lives in Busan. I took the bullet train called the KTX, and it took me about two and a half hours. *It was quite tiring, but everything changed as soon as I saw my old friend's face. [방문 경험] After we dropped my bag off at her house, we took the subway to the main streets of Busan. After that, she took me to a famous restaurant *that served cold noodles called Milmyun. Because of its popularity, we had to wait 30 minutes to be seated. It tasted amazing *probably because we were very hungry. When we were done with the noodles, we went to Haeundae Beach. *We set off some firecrackers and had a great time together. We also walked along the beach and took some pictures. [마무리(느낌)] Overall, the time *that I spent with my friend in Busan was one of the most memorable moments of my life.

⋯⋯⋯⋯⋯⋯⋯⋯⋯⋯⋯⋯⋯⋯⋯⋯⋯⋯⋯⋯⋯⋯⋯⋯⋯⋯⋯⋯ ✱을 제외한 기본 문장연습 ➔ IM1~3 목표

해석 | 음, 저는 부산에 사는 친구를 방문했던 것이 기억납니다. 저는 KTX라는 고속 열차를 탔는데 2시간 반 정도 걸렸습니다. 전 꽤나 피곤했지만, 제 오랜 친구의 얼굴을 보는 순간 모든 것은 바뀌었습니다. 그녀의 집에 가방을 놓고 난 후, 우리는 지하철을 타고 부산의 중심지로 갔습니다. 그리고 나서, 그녀는 저를 밀면이라 부르는 차가운 국수를 파는 유명한 음식점에 데려갔습니다. 그 곳의 유명세 때문에, 우리는 자리에 앉기까지 30분을 기다려야 했습니다. 우리가 매우 배가 고팠기 때문인지, 굉장히 맛있었습니다. 국수를 다 먹은 후에, 우리는 해운대 해변에 갔습니다. 우리는 폭죽을 쏘아 올리며 함께 멋진 시간을 보냈습니다. 우리는 해변을 따라 걸으며 사진도 찍었습니다. 전반적으로, 부산에서 친구와 함께 보낸 시간은 제 인생에서 가장 잊지 못할 기억에 남는 순간들 중 하나였습니다.

Key expressions

the bullet train 고속 열차 | **after we dropped my bag off** 그녀의 집에 가방을 놓고 난 후 | **take the subway to the main streets of Busan** 지하철을 타고 부산의 중심지로 갔다 | **served cold noodles called Milmyun** 밀면이라 부르는 차가운 국수를 파는 | **had to wait 30 minutes to be seated** 자리를 배정받기까지 30분을 기다려야 했다 | **taste amazing** 굉장히 맛있다

 나만의 공식 적용

시기 (언제/어디서/누구와)	방문 경험	마무리 (느낌)

 나만의 아이디어 노트

시기(언제/어디서/누구와) Well, I remember when I visited a friend _____

_____

_____

_____

방문 경험 After we dropped my bag off at her house, _____

_____

After that, she took me to _____

_____

_____

When we were done _____

_____

_____

마무리(느낌) Overall, the time that I spent with my friend in Busan was _____

_____

고득점 Tip ➤ 경험묘사를 할 때는 '언제, 어디서, 누구와, 무슨 일이 있었는지' 설명해야 합니다. 경험에 대해 설명할 때 과거시제의 사용에 주의하여 실수가 없도록 하고 현재완료와 시제 변형 등을 통해 시제사용이 원활한 점을 부각시키는 것이 중요합니다. 특히 특정 사건이 있는 내용일 경우에는 사건의 전/후 혹은 사건/결과 등으로 내용을 구성하는 것이 좋습니다. ex After we dropped ∼, we took ∼. After that, ∼. When we were done with the noodles, we went to Haeundae Beach.

Q4 가족/친구 두 명 비교

Pick two of your family members or friends and tell me about their similarities and differences. Give me the details.

가족이나 친구 중 두 명을 고르고 그들의 유사점과 차이점을 말씀해 주세요. 자세히 설명해 주세요.

공식적용

도입부 ┄▶ 유사점과 차이점1 ▶ 유사점과 차이점2 ┄▶ 유사점과 차이점3 ┄▶ 마무리

IH&AL 답변

🎧 PART2 › 05 › Q4 answer

도입부 My parents share many interests and they have a lot in common, yet they are different in many ways. 유사점과 차이점1 For example, they love going to the movies, but they have totally opposite tastes. My mom enjoys romantic comedies *while my dad only watches action-thrillers. 유사점과 차이점2 Also, they both love shopping. However, my mom spends most of the time looking around the kitchen appliances section *while my dad only checks out the sporting goods. 유사점과 차이점3 The most awkward situation is when we go out to eat. My parents often argue *about where to go. My dad enjoys traditional Korean food, but my mom prefers Western-style restaurants *that serve pizza and pasta. 마무리 So overall, my mom and dad have some similarities but many differences.

───────────────── ✱을 제외한 기본 문장연습 ➡ IM1~3 목표

해석 | 저희 부모님은 서로 많은 관심사를 공유하고 공통점이 많습니다만, 여러 면에서 서로 다릅니다. 예를 들어, 그분들은 영화를 보러 가는 것을 좋아하지만, 서로 완전히 반대의 취향을 가지고 있습니다. 엄마는 로맨틱 코미디를 즐겨 보지만 아빠는 액션 스릴러만 봅니다. 또한, 두 분 다 쇼핑을 좋아하지만, 엄마는 대부분의 시간을 주방용품 섹션을 둘러보며 보내고 아빠는 스포츠용품만을 살펴봅니다. 가장 어색한 상황은 우리가 외식하러 갈 때입니다. 부모님은 종종 어디로 먹으러 갈지에 대해 논쟁을 벌입니다. 아빠는 전통 한국 음식을 즐기고 엄마는 피자와 파스타를 파는 서양식 음식점을 선호합니다. 그래서 종합적으로 저희 엄마와 아빠는 어떤 점에서는 비슷하고, 어떤 점에서는 다릅니다.

Key expressions

share many interests 많은 관심사를 공유하다 | have a lot in common 공통점이 많다 | be different in many ways 여러 면에서 다르다 | spend most of the time looking around ~ ~를 둘러보며 대부분의 시간을 보내다 | kitchen appliance 주방용품 | check out 확인하다 | the most awkward situation 가장 어색한 상황

도입부	유사점과 차이점1	유사점과 차이점2	유사점과 차이점3	마무리

도입부 My parents share many interests and they have a lot in common,

유사점과 차이점1 For example, they love going

유사점과 차이점2 Also, they both love

유사점과 차이점3 The most awkward situation is when

마무리 So overall, my mom and dad have some similarities but many differences.

고득점 Tip ▶ 비교묘사를 할 때는 유사점과 차이점을 나눠서 설명하며 상대적인 대조를 보여 주세요. 유사점은 묶어서 설명할 수 있습니다. 단, 차이점을 설명할 때는 비교급이나 unlike 등을 사용하여 차이점을 확연히 보여 주는 것이 중요합니다.  **ex** My parents share many interests and they have a lot in common, yet they are different in many ways.

Q5 가족/친구와 이야기하는 이슈

Now, tell me about what you usually talk about with your family members or friends commonly. What was the most recent thing that you talked about? Give me the details.

이제, 당신이 평소에 가족이나 친구와 함께 나누는 이야기에 대해 말씀해 주세요. 가장 최근에 이야기 나눈 것은 무엇에 관해서였습니까? 모든 자세한 이야기를 해 주세요.

공식 적용

IH&AL 답변

🎧 PART2 › 05 › Q5 answer

도입부 Well, I normally chat with my friends about various issues. **친구와 이야기하는 이슈 종류** Usually, we keep in touch through texts. *We talk about how we're doing. We also ask questions to catch up on new events *that happened in our lives or to ask for advice when we have any kinds of problem. We also talk about personal issues, such as family issues, or special events. Sometimes, we talk about our lives at school or work. **마무리** I guess having a conversation with friends helps me to get rid of the stress of my daily life.

·· ✳을 제외한 기본 문장연습 ➡ IM1~3 목표

해석 | 음, 저는 보통 친구들과 다양한 화제거리에 대해 이야기를 합니다. 평소, 우리는 문자 메시지로 연락을 주고받습니다. 우리는 서로가 어떻게 지내는지 이야기합니다. 또한 우리의 삶에서 일어나는 새로운 사건들에 대해 궁금해하며 묻기도 하고, 문제가 있을 때는 조언을 구하기도 합니다. 우리는 또한 가족 문제나 특별한 사건과 같은 개인적인 화제에 대해서도 이야기합니다. 때때로 우리는 학교나 직장 생활에 대해 이야기합니다. 제 생각으로는 친구들과 대화를 하는 것이 제가 일상에서 받는 스트레스를 해소하는 것을 도와주는 것 같습니다.

Key expressions

keep in touch through texts 문자 메시지로 연락을 하다 | how we're doing 우리가 어떻게 지내는지 | catch up on new events 최근에 일어난 새로운 일들에 대해 얘기하다 | ask for advice when we have any kinds of problem 문제가 있을 때 관련 조언을 구하다 | personal issues 개인적인 문제들 | our lives at school 학교 생활 | having a conversation with friends 친구들과 대화하는 것 | get rid of the stress 스트레스를 해소하다 | of one's daily life 일상의

나만의
공식
적용

도입부	→	친구와 이야기하는 이슈 종류	→	마무리

나만의
아이디어
노트

도입부 Well, I normally chat with

친구와 이야기하는 이슈 종류 Usually, we keep in touch through texts. We talk about

We also talk about

마무리 I guess having a conversaticn with

helps me to get rid of the stress of my daily life.

고득점 Tip > 사회적인 이슈, 문제, 뉴스 등 본인과 관련된 이야기가 아닌 사회적인 시사점을 물어보는 일반 묘사를 할 때는 종류묘사처럼 큰 범주에서 시작하여 세부적으로 들어가세요. 세부 장르를 얘기하기 시작하면 충분한 이유와 대표적인 예를 들어서 설명하는 것 이 좋습니다.

06

건강

Health

| 주제별 전략 |

돌발 문제 질문은 배경설문과 상관없이 랜덤으로 나오는 주제들이기 때문에 '건강'은 개인 이슈 관련 내용들 중 항상 20위권 안에서 꾸준히 나오는 문제입니다. 기본적으로 건강을 지키기 위해 필요한 것들, 건강한 사람들의 식습관이나 언급되는 이슈 질문 위주로 비슷한 문제에도 응용할 수 있도록 연습이 필요합니다. 3단 콤보에서 자주 출제되는 문제는 Q1-3까지이며, 2단 콤보에서는 Q4-6입니다.

🎧 PART2 ▶ 06

| 나오는 문제 알고 가자 |

Q1 **건강한 사람의 생활** Now, I'd like to ask you to describe a healthy person. What makes a person healthy? Why do you think so? Tell me everything about the things you think makes someone healthy. (p.182 ▶ IH&AL 답변)

Q2 **건강 유지를 위한 개인 습관** What are some things that you personally do to stay healthy? Do you work out often? Do you eat well? There must be something you do to maintain your health. Tell me what it is that you do for your health. (p.184 ▶ IH&AL 답변)

Q3 **건강상의 문제, 해결법** Something can happen to our health sometimes. What are some health problems people can have? Describe in detail what can happen when someone becomes sick. How can a health problem be fixed?

| 변형문제 알고 가자 |

Q4 **건강을 위한 식습관** Tell me about healthy foods that you know of. What kinds of food help you stay healthy? Why are those kinds of food healthy for you? How often do you eat those foods?

Q5 **과거/현재 건강에 대한 인식 변화** Now, tell me how people maintained their health in the past. How was it different from what people do today? How do different generations think differently regarding health? Make sure to give me some details.

Q6 **건강 관련 사회 이슈** What are some issues related to our health these days? Why do people talk about this topic a lot? Take a minute and describe common health-related concerns people have. (p.186 ▶ IH&AL 답변)

콤보별 문제 유형

» 3 Combo Set
종류묘사 ▶ 건강한 사람의 생활
경향묘사 ▶ 건강 유지를 위한 개인 습관
사회이슈 ▶ 건강상의 문제, 해결법

» 2 Combo Set
변화묘사 ▶ 과거/현재의 건강에 대한 인식 변화
사회이슈 ▶ 건강 관련 사회 이슈

Q1 건강한 사람의 생활

🎧 PART2 › 06 › Q1

Now, I'd like to ask you to describe a healthy person. What makes a person healthy? Why do you think so? Tell me everything about the things you think makes someone healthy.

이제, 건강한 사람에 대해 묘사해 주세요. 무엇이 사람을 건강하게 만듭니까? 왜 그렇게 생각하십니까? 당신이 생각하기에 사람들을 건강하게 만드는 것들은 무엇인지 모두 말해 보세요.

공식 적용

건강을 위해 하는 일 ··▶ 하는 일 빈도1&예 ··▶ 하는 일 빈도2&예 ··▶ 마무리

IH&AL 답변

🎧 PART2 › 06 › Q1 answer

`건강을 위해 하는 일` Being healthy is all about diet and exercise. *It's important to pay attention to what we eat and how it makes us feel. I always watch what I eat. If I gain some weight, I work out to get back in shape. `하는 일 빈도1&예` Having a regular exercise routine is also very important. I try to work out at least 30 minutes a day. *I have been so busy these days, so I don't have much time to exercise. Because of this, `하는 일 빈도2&예` I really try not to skip exercise. When I have free time, I try to walk as much as I can. `마무리` Staying healthy is a lifelong process. It's very easy to stop exercising *and begin eating unhealthy food, so it's important to stay focused on maintaining our health. The key to staying healthy is never giving up.

·· *을 제외한 기본 문장연습 ➔ IM1~3 목표

해석 | 건강에서 식단과 운동은 정말 중요합니다. 우리가 무엇을 먹는지 그리고 먹은 음식이 우리에게 어떤 영향을 주는지에 관심을 가지는 것이 중요합니다. 저는 항상 제가 무엇을 먹는지 관찰합니다. 만약 조금 살이 찌면, 저는 운동을 해서 다시 몸 상태를 돌리려 합니다. 규칙적인 운동 습관을 갖는 것 또한 매우 중요합니다. 하루에 최소 30분이라도 운동을 하려고 노력합니다. 요즘엔 일이 바빠서 운동할 시간이 그리 많지 않았습니다. 이 때문에, 운동을 거르지 않도록 노력합니다. 시간이 날 때면, 저는 최대한 많이 걸으려고 합니다. 건강을 유지하는 것은 평생 동안의 과정입니다. 운동을 그만두고 건강하지 않은 음식을 먹기 시작하는 것은 매우 쉽기 때문에, 건강을 유지하는 것에 집중하는 것이 중요합니다. 건강을 유지하는 비결은 절대 포기하지 않는 것입니다.

Key expressions

be all about ~가 제일 중요하다 | pay attention to ~ ~에 관심을 가지다 | regular exercise routine 규칙적인 운동 습관 | maintain one's health 건강을 유지하다

건강을 위해 하는 일	하는 일 빈도1&예	하는 일 빈도2&예	마무리

나만의
아이디어
노트

건강을 위해 하는 일 Being healthy is all about

하는 일 빈도1&예 Having a regular exercise routine is

하는 일 빈도2&예 I really try not to skip

마무리 Staying healthy is

고득점 Tip ▷ 종류묘사를 할 때는 큰 범주의 내용부터 시작해서 세부적으로 들어가세요. 세부 장르를 얘기하기 시작하면 충분한 이유와 대표적인 예를 들어서 본인의 의견을 자세히 설명하는 것이 중요합니다. 그리고 what I eat / what you eat / how it makes you feel 등의 관계사절 문장이나 if I gain weight / when I have time 등의 종속절 문장들도 기억해 두었다가 사용해 봅시다.

Q2 건강 유지를 위한 개인 습관

🎧 PART2 › 06 › Q2

What are some things that you personally do to stay healthy? Do you work out often? Do you eat well? There must be something you do to maintain your health. Tell me what it is that you do for your health.

건강 유지를 위해 당신이 개인적으로 하는 것은 무엇입니까? 자주 운동을 하나요? 잘 먹나요? 당신이 건강을 유지하기 위해 하는 것들이 반드시 있을 겁니다. 당신이 건강을 위해 하는 것들에 대해 말해 주세요.

공식 적용

건강을 위해 하는 일1& 예 ▸▸ 건강을 위해 하는 일2& 예 ▸▸ 마무리

IH&AL 답변

🎧 PART2 › 06 › Q2 answer

I personally think I live a pretty healthy lifestyle. 건강을 위해 하는 일1& 예 I live in the city, so I usually walk to places. *When I don't have to travel far, I just walk or ride my bike instead of using public transportation. 건강을 위해 하는 일2& 예 *Sometimes when I feel stressed out, I go for a run. Afterwards, I feel much better both mentally and physically. I don't focus too much on staying healthy, but I have good eating and exercising habits. 마무리 *Overall, it's not always easy to have a healthy lifestyle, but developing a few good habits has helped.

·· ✱을 제외한 기본 문장연습 ➡ IM1~3 목표

해석 | 개인적으로 저는 꽤 건강한 라이프 스타일을 가지고 생활한다고 생각합니다. 저는 도시에 살고 있고, 그래서 보통 이곳저곳을 걸어서 다닙니다. 멀리 이동하지 않아도 될 때는 대중교통을 이용하는 대신에 그냥 걷거나 자전거를 탑니다. 때때로 스트레스를 받을 때는 달리기를 하러 갑니다. 그렇게 하고 나면, 정신적으로나 육체적으로 훨씬 건강해지는 것을 느낍니다. 건강을 유지하는 것에 지나치게 집중하는 편은 아니지만, 좋은 식습관과 운동 습관을 가지고 있습니다. 전반적으로, 건강한 라이프 스타일을 가지는 것이 항상 쉬운 일은 아니지만, 몇 가지 좋은 습관을 개발하는 것은 도움이 될 것입니다.

Key expressions

public transportation 대중교통 | feel stressed out 스트레스를 받다 | feel better mentally and physically 정신적·육체적으로 건강해지다 | exercise habit 운동 습관

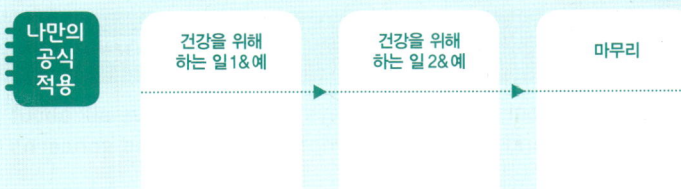

나만의 공식 적용

건강을 위해 하는 일1&예	→	건강을 위해 하는 일2&예	→	마무리

나만의 아이디어 노트

I personally think I live a pretty healthy lifestyle.

건강을 위해 하는 일1&예 I live in the city, so I usually

건강을 위해 하는 일2&예 Sometimes when I feel stressed out, I go

마무리 Overall, it's not always easy to have a healthy lifestyle, but

고득점 Tip > 경향묘사를 할 때는 설명을 I personally / in my care 등과 함께 풀어서 얘기하고 when I don't have to travel far / sometimes when I feel stressed out / Afterwards, I feel much better ∼ / Overall, it's not always easy to ∼ 등으로 표현을 구체화해 주면 고득점 포인트가 될 것입니다.

Q6 건강 관련 사회 이슈

What are some issues related to our health these days? Why do people talk about this topic a lot? Take a minute and describe common health-related concerns people have.

요즘 건강에 관련한 이슈는 무엇입니까? 왜 사람들이 그 주제에 대해 자주 이야기합니까? 시간을 갖고 사람들이 이야기하는 일반적인 건강 관련 이슈에 대해 묘사해 보세요.

IH&AL 답변

🎧 PART2 › 06 › Q6 answer

사회 이슈 Obesity seems to be a common issue *that people talk about these days. **이슈의 이유&예** It is difficult to maintain a healthy diet *and regular exercise after a long day and a lot of people work late at night *and just eat whatever is convenient. Also, if they are stressed out from a heavy workload, they might end up eating too much at once or eating too late at night. That's why having a regular exercise routine is important for staying healthy. **마무리** I think people will make smarter decisions *about what they eat in the future. Then obesity will become a less common issue.

·· *을 제외한 기본 문장연습 ➜ **IM1~3 목표**

해석 | 비만은 요즘 사람들이 이야기하는 공통적인 화제인 것 같습니다. 긴 하루를 보내고 나서 건강한 식단과 규칙적인 운동을 유지하는 것은 어려운 일입니다. 그리고 많은 사람이 야근을 하고 편하게 먹을 수 있는 것을 찾게 됩니다. 또한 만약 그들이 과중한 업무량으로 인해 스트레스를 받으면, 한 번에 너무 많이 먹거나 지나치게 밤 늦게 먹을지도 모릅니다. 그렇기 때문에 꾸준한 운동 습관을 가지는 것이 건강을 유지하기 위해 중요한 것입니다. 저는 사람들이 미래에 무엇을 먹을지에 대해 더 똑똑한 결정을 내릴 것이라고 생각합니다. 그러면 비만 문제는 점점 줄어들 것입니다.

Key expressions

obesity 비만 | **work late at night** 야근을 하다 | **whatever is convenient** 편한 거 아무거나 | **stay healthy** 건강을 지키다

나만의 공식 적용

| 사회 이슈 | → | 이슈의 이유&예 | → | 마무리 |

나만의 아이디어 노트

사회 이슈 [   ] seems to be a common issue

[   ]

이슈의 이유&예 It is difficult to [   ]

[   ]

[   ]

As if they are stressed out from a heavy workload, [   ]

[   ]

[   ]

마무리 I think people will make smarter decisions about [   ]

[   ]

고득점 Tip ▶ 사회 이슈 관련 질문은 난이도가 가장 높은 질문으로, 시험장에서 질문을 들었을 때 사실상 응용이나 창작하는 데 한계가 있습니다. 이유와 예를 잘 기억해 두었다가 비슷한 질문에서 답변을 찾는 것이 좋습니다. 예문을 중복시키길 추천하며 that people talk about these days / and just eat whatever is convenient / about what they eat in the future 등의 종속사절로 고득점 포인트를 잡아 보세요.

07

커뮤니티

Community

| 주제별 전략 |

돌발 문제 항목 중 '커뮤니티'는 빈출도가 높은 주제입니다. 많은 장소 관련 주제의 첫 번째 문제는 주로 장소묘사로 시작합니다. 주제의 장소, 경험, 변화 묘사 등이 일반적인 3 Combo 문제이고, 2 Combo 문제는 마찬가지로 변화 · 비교, 이슈 질문이 일반적입니다. 전략적인 서베이를 통해 공부할 범위를 줄이고 자주 나오는 주제에 집중하는 것이 중요합니다. '재활용, 공원 가기, 콘서트 가기' 등의 유사 주제들을 같이 준비하면 효과적입니다. 3단 콤보에서 자주 출제되는 문제는 Q1-3까지이며, 2단 콤보에서는 Q4, 5입니다.

🎧 **PART2 › 07**

| 나오는 문제 알고 가자 |

Q1 커뮤니티 행사 진행 장소 Talk about events that happen in your community. Where do the events take place? Why do they take place at that venue? What is special about that location?
(p.190 ▶ IH&AL 답변)

Q2 최근 커뮤니티 행사 설명 Talk about an event that happened in your community recently. What was the event about? Who was involved and what exactly happened? Give me all the details.

Q3 커뮤니티 참여 경험 Talk about your personal experience of participating in a community event. What did you do and how did you feel? Tell me all about your experience in detail.
(p.192 ▶ IH&AL 답변)

| 변형문제 알고 가자 |

Q4 커뮤니티으 활동 변화 How have community activities changed over the years? How are the activities that happened in the past different from the ones now? What are some differences and similarities? (p.194 ▶ IH&AL 답변)

Q5 하우징 관련 커뮤니티 이슈 Tell me about the issues that come up in your community related to housing matters. Why is it an issue? What do people talk about related to the issue?

콤보별 문제 유형

» 3 Combo Set
장소묘사 ▶ 커뮤니티 행사 진행 장소
일반경험 ▶ 최근 커뮤니티 행사 설명
특정경험 ▶ 커뮤니티 참여 경험

» 2 Combo Set
변화묘사 ▶ 커뮤니티의 활동 변화
이슈묘사 ▶ 하우징 관련 커뮤니티 이슈

Q1 커뮤니티 행사 진행 장소

Talk about events that happen in your community. Where do the events take place? Why do they take place at that venue? What is special about that location?

당신 지역사회에서 일어나는 행사에 대해 말해 주세요. 그 행사들은 어디에서 진행되나요? 왜 그 장소에서 열리나요? 그 장소의 특별한 점은 무엇인가요?

공식 적용

커뮤니티 행사 장소 ··▶ 장소의 시설 ··▶ 장소의 분위기 ··▶ 마무리

IH&AL 답변

🎧 PART2 › 07 › Q1 answer

커뮤니티 행사 장소 Every year, my community holds a charity event. The event takes place at the park along the Han River, *and many people sign up to participate in this event. 장소의 시설 *Since the Han River runs through central Seoul, the park has a well-established public transportation system for its visitors. Many events have been held along the Han River *because of its wide range of indoor and outdoor attractions. People can bike, play catch, go for a walk, or have a picnic at the parks along the river. 장소의 분위기 *Also, the Han River attracts many foreigners as well, since this area is clean and well maintained. 마무리 So that's why, my community events are often held along the Han River.

·········· ✱을 제외한 기본 문장연습 ➡ IM1~3 목표

해석 | 매년, 제가 사는 지역사회는 자선 행사를 개최합니다. 행사는 한강을 따라 열리는데, 많은 사람이 이 행사에 참가 등록을 합니다. 한강이 서울의 중심부를 가로질러 흐르기 때문에, 방문객들을 위한 대중교통 시스템이 잘 구축되어 있습니다. 실내외 다양한 놀 거리가 있어 많은 행사가 한강변에서 개최되어 왔습니다. 사람들은 자전거를 타고 캐치볼을 하고 산책을 하거나 강을 따라 있는 공원에서 소풍을 즐길 수 있습니다. 또한 한강은 깨끗하고 잘 관리되어 있기 때문에 외국인들에게도 인기가 많습니다. 다시 말하자면, 제가 사는 지역사회 행사는 종종 한강을 따라 개최됩니다.

Key expressions

hold a charity event 자선행사를 개최하다 | **the event takes place** 행사가 열리다 | **many people sign up to participate in** 많은 사람이 참여하려 신청하다 | **run through central Seoul** 서울의 중심부를 가로질러 흐르다 | **have a well-established public transportation system** 대중교통 시스템이 잘 구축되어 있다 | **many events have been held** 많은 행사가 개최되어 오다 | **its wide range of indoor and outdoor attractions** 다양한 실내외 놀 거리 | **attract many foreigners** 많은 외국인의 관심을 끌다

 나만의 공식 적용

커뮤니티 행사 장소	장소의 시설	장소의 분위기	마무리

 나만의 아이디어 노트

커뮤니티 행사 장소 Every year, my community holds

장소의 시설 Since the Han River runs through central Seoul, the park has a well-established public transportation system for its visitors. Many events have been held along

because of

장소의 분위기 Also, the Han River attracts many foreigners

마무리 So that's why, my community events are often held along

고득점 Tip ▸ 장소묘사를 할 때는 큰 범주의 내용부터 시작해서 세부적으로 들어가세요. 세부 장소를 얘기하기 시작하면 충분한 이유와 대표적인 예를 들어 설명하는 것이 중요합니다. because of its wide range of indoor and outdoor attractions와 같이 구체적인 이유를 들어 설명해 주고, 현재시제를 주로 사용하는 일반묘사에서는 that절 등의 종속절도 사용하는 것이 좋습니다.

Q3 › 커뮤니티 참여 경험

🎧 PART2 › 07 › Q3

Talk about your personal experience of participating in a community event. What did do and how did you feel? Tell me all about your experience in detail.

지역사회 행사에 참여한 개인적인 경험에 대해 이야기해 주세요. 무엇을 했고 기분이 어땠나요? 당신의 경험에 대해 자세히 말씀해 주세요.

공식 적용

시기
(언제/어디서/
누구와) ▸▸ 행사
참여 경험 ▸▸ 배운 점/
느낀 점 ▸▸ 마무리

IH&AL 답변

🎧 PART2 › 07 ›
Q3 answer

시기(언제/어디서/누구와) I took part in the community charity event *that was held last week. I was one of the volunteers *that was in charge of selling home appliances. *Since the charity event was on Saturday, *I was able to participate and help out. **행사 참여 경험** It was still quite cold outside, *and the booth (that was set up) was not good at blocking out the wind. (We had to carry instant hot packs in our pocket and take turns in front of the portable heater.) **배운 점/느낀 점** Although I was exhausted, I was glad *that I volunteered. It was heartwarming *to see how many people were willing to help out those in need. **마무리** Overall, it was one of the most meaningful experiences I've had.

·· ✱을 제외한 기본 문장연습 ➡ IM1~3 목표

해석 | 저는 지난주에 열린 자선 행사에 참가했습니다. 저는 가정용품 판매를 담당한 지원자 중 한 명이었습니다. 토요일에 자선 행사가 열렸기 때문에, 참가해서 도울 수 있었습니다. 밖은 여전히 매우 추웠고, (설치되었던) 부스는 찬바람을 막기에는 역부족이었습니다. (우리는 손난로를 주머니 속에 가지고 있어야 했고 교대로 휴대용 난로 앞에 있어야 했습니다.) 저는 비록 녹초가 되었지만, 자원봉사를 지원했다는 것이 기쁩니다. 도움이 필요한 사람들을 돕고자 얼마나 많은 사람이 참여를 원하는지 보는 것은 감동적이었습니다. 결론짓자면, 이것은 제 인생에서 가장 의미 있는 경험 중에 하나였습니다.

Key expressions

be held last week 지난주에 개최되다 | be in charge of selling home appliances 가정용품 판매를 담당하다 | be able to participate 참여 가능하다 | be not good at blocking out the wind 바람을 막기에 부족하다 | I was glad that I volunteered. 봉사를 했다는 것이 기뻤다. | heartwarming 감동적인 | to see how many people were willing to help out 얼마나 많은 사람이 돕고자 하는지 보는 것 | those in need 도움이 필요한 사람들

시기 (언제/어디서/누구와)	행사 참여 경험	배운 점/느낀 점	마무리

시기(언제/어디서/누구와) I took part in

I was one of the volunteers that

행사 참여 경험 It was still quite cold outside,　　　　　　　　　,

배운 점/느낀 점 Although I was exhausted,

마무리 Overall, it was one of the most meaningful experiences I've had.

고득점 Tip > 경험묘사를 할 때는 '언제, 어디서, 누구와, 무슨 일이 있었는지'를 설명해야 합니다. 경험에 대해 설명할 때는 과거시제의 사용에 주의하여 실수가 없도록 하세요. **ex** It was heartwarming to see how many people were willing to help out. 그리고 현재완료와 시제 변형 등을 통해 시제 사용이 원활한 점을 부각시키는 것 또한 중요합니다. **ex** It was one of the most meaningful experiences I've had.

Q4 커뮤니티의 활동 변화

How have community activities changed over the years? How are the activities that happened in the past different from the ones now? What are the differences and similarities?

지역사회 활동들은 몇 년간 어떻게 변해 왔나요? 과거에 있었던 활동들은 지금의 것과는 어떻게 다른가요? 차이점과 유사점은 무엇인가요?

공식 적용

도입부 ··▶ 과거의 커뮤니티 활동 ··▶ 현재의 커뮤니티 활동

IH&AL 답변

PART2 › 07 › Q4 answer

도입부 Community activities have changed in many ways over the years. 과거의 커뮤니티 활동 In the past, I think communities and their members communicated with each other more. For example, when I was a kid, the families *that lived in the same block organized barbeque parties and picnics every other month. *These events allowed all the families to get along with each other and brought them closer. 현재의 커뮤니티 활동 But, these days, events like these rarely happen. That's probably why people *are afraid of all the crimes reported on the news and are busy working.

·········· *을 제외한 기본 문장연습 ➔ IM1~3 목표

해석 | 지역사회 활동들은 지난 몇 년 동안 많은 면에서 변화해 왔습니다. 과거에는 지역사회와 구성원들이 보다 더 많이 소통했던 것 같습니다. 예를 들어, 제가 어릴 때는 같은 블록에 사는 가족들끼리 바비큐 파티와 소풍을 매달 계획하였습니다. 이런 행사들은 모든 가족들이 서로 훨씬 잘 지내고 보다 가까워질 수 있도록 해 주었습니다. 그러나 요즘에는 이런 일들은 매우 드뭅니다. 아마도 뉴스에서 나오는 모든 범죄에 대한 두려움과 바쁜 일 때문인 것 같습니다.

Key expressions

have changed in many ways 많은 면에서 변화해 오다 | **that lived in the same block** 같은 블록에 사는 | **organize barbeque parties** 바비큐 파티를 계획하다 | **These events allowed all the families to get along with each other.** 이런 행사들은 가족들을 어울리게 해 주었다. | **bring them closer** 가까워지게 하다 | **rarely happen** 드물게 발생하다 | **be afraid of all the crimes reported on the news** 뉴스에 나오는 범죄들을 두려워하다

도입부	과거의 커뮤니티 활동	현재의 커뮤니티 활동

도입부 Community activities have changed

과거의 커뮤니티 활동 In the past,

현재의 커뮤니티 활동 But, these days,

고득점 Tip ＞변화·비교묘사를 할 때는 과거시제와 현재시제를 구분하여 사용할 수 있다는 것을 어필할 수 있게 used to / but now 등의 표현을 이용하여 대조를 보여 주고 도입부이나 결론에는 비교급이나 현재완료를 사용해 변화의 내용을 정리해 주는 것이 중요 합니다. **ex** In the past, I think communities ～. / But, these days, events like these rarely happen.

08

재활용

Recycling

| 주제별 전략 |

돌발 문제 항목 중 '재활용'은 빈출도가 높은 중요한 주제입니다. 많은 주제의 첫 번째 문제는 항상 종류묘사가 나오기 마련입니다. 주제의 종류, 장소, 경험 묘사 등이 일반적인 3 Combo 문제이고, 2 Combo 문제는 마찬가지로 변화·비교, 이슈 질문이 일반적입니다. '커뮤니티'와도 밀접한 관계가 있음으로 연결해서 표현들에 집중하는 것이 중요합니다. 3단 콤보에서 자주 출제되는 문제로 Q1-3까지이며, 2단 콤보에서는 Q3, 4입니다.

🎧 **PART2 › 08**

| 나오는 문제 알고 가자 |

Q1 우리나라의 재활용 I'd like to know about how recycling is practiced in your country. What do people specifically do? What is special about recycling where you are? Give me all the details. (p.198 ▶ IH&AL 답변)

Q2 개인적으로 재활용하는 방법 Now, tell me about how you personally recycle. Do you separate the recycling every day? Where do you take the recycling? Tell me everything about the ways you practice recycling in your daily life. (p.200 ▶ IH&AL 답변)

Q3 어렸을 때와 지금의 재활용 비교 How is recycling today different from when you were young? Are there any big differences? Are there any similarities? Tell me about how recycling has changed over the years. (p.202 ▶ IH&AL 답변)

| 변형문제 알고 가자 |

Q4 재활용과 관련된 뉴스 Talk about some recycling issues that are mentioned in the news. What's the main issue that people talk about? Why is that? Tell me in detail.

콤보별 문제 유형

» 3 Combo Set

종류묘사 ▶ 우리나라의 재활용
경향묘사 ▶ 개인적으로 재활용하는 방법
변화묘사 ▶ 어렸을 때와 지금의 재활용 비교

» 2 Combo Set

변화묘사 ▶ 어렸을 때와 지금의 재활용 비교
사회이슈 ▶ 재활용과 관련된 뉴스

Q1 우리나라의 재활용

🎧 PART2 › 08 › Q1

I'd like to know about how recycling is practiced in your country. What do people specifically do? What is special about recycling where you are? Give me all the details.

저는 당신의 나라에서 재활용이 어떻게 실행되고 있는지 알고 싶습니다. 사람들은 구체적으로 무엇을 하나요? 당신이 있는 곳에서 재활용과 관련하여 특별한 것은 무엇입니까? 자세히 설명해 주세요.

공식 적용

우리나라 재활용 모습 ▸▸ 사람들의 재활용하는 법 ▸▸ 마무리

IH&AL 답변

🎧 PART2 › 08 › Q1 answer

우리나라 재활용 모습 Well, recycling is mandatory everywhere in Korea. First, there is a specific type of garbage bag available *for purchase at nearby convenience stores. You have to put food waste and general waste in the designated bags. Also, there are rules for recyclable items such as paper, plastics, and cans. *They must be sorted separately, and they get collected by different garbage trucks. 사람들의 재활용하는 법 People take out garbage every other day. There's a designated area outside the apartment or house *where you have to put your garbage. So it's very convenient. 마무리 Once again, recycling is mandatory in Korea and well-practiced. *It has become a habit that everyone is doing.

⋯⋯⋯⋯⋯⋯⋯⋯⋯⋯⋯⋯⋯⋯⋯⋯⋯⋯⋯⋯⋯⋯⋯ ＊을 제외한 기본 문장연습 ➜ **IM1~3 목표**

해석 | 음. 재활용은 한국에서 의무제입니다. 우선, 가까운 편의점에서 살 수 있는 지정된 봉투가 있습니다. 음식물 쓰레기와 일반 쓰레기는 지정된 봉투에 넣어야 합니다. 또한 종이, 플라스틱, 캔과 같은 재활용 가능한 품목들을 위한 규칙이 있습니다. 별도로 분류되어야 하며 각각 다른 쓰레기 (수거) 트럭에 의해 모아집니다. 사람들은 격일로 쓰레기를 내다 버립니다. 아파트나 집 바깥에는 쓰레기를 내놓아야 하는 지정된 장소가 있습니다. 그래서 매우 편리합니다. 다시 말하자면, 한국에서 재활용은 의무제이며 잘 실행되고 있습니다. 우리 모두가 하는 일상적인 습관이 되었습니다.

Key expressions

designated bags 지정된 봉투 | **be sorted separately** 별도로 분류되다 | **get collected by different garbage truck** 각각 다른 쓰레기 (수거) 트럭에 의해 모아지다 | **well-practiced** 잘 실행되는 | **become a habit that everyone is doing** 모두가 하는 습관이 되다

우리나라 재활용 모습	→	사람들의 재활용하는 법	→	마무리

나만의 아이디어 노트

우리나라 재활용 모습 Well, recycling is mandatory everywhere in Korea.

First,

Also,

사람들의 재활용하는 법 People take oᴜt garbage

마무리 Once again, recycling is mandatory in Korea and well-practiced. It has become

고득점 Tip › 종류묘사를 할 때는 큰 범주의 내용부터 시작해서 세부적으로 들어가세요. 세부 장르를 얘기하기 시작하면 충분한 이유와 대표적인 예를 들어서 본인의 의견을 자세히 설명하는 것이 중요합니다. mandatory / garbage bag / food waste / recyclable items / well-practiced 등 재활용과 관련된 표현을 숙지하고 where you have to put your garbage / it has become a habit that everyone is doing과 같이 적절한 관계사절 문장들을 사용하면 고득점을 받을 수 있습니다.

Q2 개인적으로 재활용하는 방법

Now, tell me about how you personally recycle. Do you separate the recycling every day? Where do you take the recycling? Tell me everything about the ways you practice recycling in your daily life.

이제, 당신이 개인적으로 재활용을 어떻게 하는지 말씀해 주세요. 매일 재활용품을 분류하나요? 당신은 재활용품을 어디로 가져가나요? 당신이 일상 속에서 재활용을 실천하는 방법에 대해 모두 말씀해 주세요.

공식 적용

재활용 방법 ┈▶ 재활용 시기 ┈▶ 마무리

IH&AL 답변

🎧 PART2 › 08 ›
Q2 answer

I always try to do my best to recycle. 재활용 방법 I keep separate trash cans for food waste, non-recyclable waste, and plastic items. This way, I can simply put the waste in the right bag *when I am done with it. 재활용 시기 There is a designated area for garbage disposal beside my apartment. I usually collect the waste *until the garbage bag is nearly full, and then I take it out in the morning when I'm leaving for work. 마무리 *Although it was difficult at first, now it has become a habit, so it's not so difficult after all. *Overall, I feel great that I am doing something for the community.

························· ✳을 제외한 기본 문장연습 ➜ **IM1~3 목표**

해석 | 저는 언제나 재활용에 최선을 다하려고 노력합니다. 음식물 쓰레기, 재활용되지 않는 쓰레기, 플라스틱 용기를 따로 분류합니다. 이렇게 하면, 처리를 하기 매우 간단해집니다. 제 아파트 옆에는 쓰레기 처리를 위한 정해진 장소가 있습니다. 저는 보통 쓰레기 봉투가 거의 가득 찰 때까지 기다렸다가 아침에 일하러 갈 때에 그것을 내다 버립니다. 처음에는 힘들었지만, 이제는 우리 모두에게 습관이 되었기 때문에 그다지 어렵지 않습니다. 정리하자면, 저는 지역사회를 위해 무언가 하고 있다는 것이 기분 좋습니다.

Key expressions

until the garbage bag is nearly full 쓰레기 봉투가 거의 가득 찰 때까지 | take something out ～를 내다 버리다 | doing something for the community 지역사회를 위해 무언가 하기

 **나만의 공식 적용**

재활용 방법	재활용 시기	마무리

 **나만의 아이디어 노트**

I always try to do my best to recycle.

재활용 방법 I keep separate trash cans for

재활용 시기 There is a designated area

마무리 Although it was difficult at first, now it has become a habit,

고득점 Tip ▶ 본인의 습관을 얘기하는 경향묘사를 할 때는 '언제, 어디서, 누구와'를 밝히면서 얘기하는 습관을 들이세요. 또한, 하는 일을 설명할 때는 하는 이유나 예를 들어 주는 것이 좋습니다. this way / when I am done with it / when I'm leaving for work / although it was difficult at first 등의 부사구로 문장을 구체화시키고, I feel great that I am doing something for the community와 같이 마무리하면 고득점을 받을 수 있습니다.

Q3 어렸을 때와 지금의 재활용 비교

How is recycling today different from when you were young? Are there any big differences? Are there any similarities? Tell me about how recycling has changed over the years.

오늘날의 재활용은 당신이 어렸을 때와 어떻게 다릅니까? 큰 차이가 있나요? 유사점이 있나요? 몇 년간 재활용이 어떻게 변해 왔는지 말씀해 주세요.

공식 적용

과거의 재활용 모습 ▸▸ 현재의 재활용 모습 ▸▸ 마무리 (결론)

IH&AL 답변

PART2 › 08 › Q3 answer

과거의 재활용 모습 *When I was younger and lived with my parents, I never had to recycle. Sometimes, my mom told me to take out the garbage, but it was usually non-recyclable waste. *Because of this, I was not aware of recyclable waste. **현재의 재활용 모습** *The first time that I had to recycle was when I moved out of their house. One time, I took out the garbage with all the recyclables and trash mixed in one garbage bag, and my neighbor taught me how to recycle correctly. It was an embarrassing moment, but I learned how to recycle after that incident. **마무리(결론)** Now, *recycling has become a habit that I always think about and I am glad to help the community.

·· ✳을 제외한 기본 문장연습 ➔ IM1~3 목표

해석 | 부모님과 함께 살았던 어렸을 적에는, 전혀 재활용을 하지 않았습니다. 때때로, 어머니께서는 저에게 쓰레기를 내다 버리라고 하셨지만, 주로 일반 쓰레기였습니다. 이 때문에, 저는 재활용 가능한 쓰레기를 잘 알지 못했습니다. 맨 처음 제가 재활용을 해야 했던 때는 제가 집에서 이사를 나갔을 때였습니다. 한 번은, 쓰레기 봉투 하나에 재활용 가능한 것들과 쓰레기를 같이 섞어서 내다 버렸는데 이웃이 저에게 올바르게 재활용하는 법을 알려 주었습니다. 당황스러운 순간이었지만, 저는 그 일 이후로 어떻게 재활용해야 하는지 배웠습니다. 이제 재활용은 제게 항상 고려하는 습관이 되었고 지역사회에 도움이 된다는 것에 기쁩니다.

Key expressions

be aware of recyclable waste 재활용될 것들을 알다 | **move out** (살던 집에서) 이사를 나가다, 출가하다 | **become a habit that I always think about** 항상 고려하는 습관이 되다

나만의 공식 적용

과거의 재활용 모습	현재의 재활용 모습	마무리 (결론)

나만의 아이디어 노트

과거의 재활용 모습 When I was younger

현재의 재활용 모습 The first time that I had to recycle was

마무리(결론) Now, recycling has become a habit that I always think about

고득점 Tip

> 변화·비교묘사를 할 때는 과거시제와 현재시제를 구분하여 사용할 수 있다는 것을 어필할 수 있게 과거와 현재의 예들을 대조를 통해 보여 주고 도입부이나 마무리(결론)에는 recycling has become a habit that I always think about처럼 현재완료를 사용해 변화의 내용을 정리해 주는 것이 중요합니다.

09

음식점

Resturants

🎧 PART2 ▸ 09

| 주제별 전략 |

돌발 문제 항목 중 '음식점'은 빈출도가 높은 주제입니다. 장소 관련 주제의 첫 번째 문제는 주로 장소묘사로 시작합니다. 주제의 장소, 행동, 경험 묘사 등이 일반적인 3 Combo 문제이고, 2 Combo 문제는 마찬가지로 변화·비교, 이슈 질문이 일반적입니다. 전략적인 서베이를 통해 공부할 범위를 줄이고 자주 나오는 주제에 집중하는 것이 중요합니다. '술집/바 가기, 카페 가기' 등의 유사 주제들을 같이 준비하면 효과적입니다. 3단 콤보에서 자주 출제되는 문제로 Q1-4까지이며, 2단 콤보에서는 Q3-5입니다.

| 나오는 문제 알고 가자 |

Q1 우리나라 음식점 I would like to know about restaurants in your country. What do typical restaurants look like? What kind of food do they commonly serve? How are the people who work there? Give me all the details about a typical restaurant in your country. (p.206 ▸ IH&AL 답변)

Q2 최근 외식 경험 Tell me about a restaurant you ate out at recently. What kind of restaurant was it? What was on their menu and what did you eat? Who did you go with? Did you like how the food tasted? Give me all the details. (p.208 ▸ IH&AL 답변)

Q3 과거/현재 음식점 비교 Now, tell me about a restaurant you used to go to as a child. What was it like? What did you eat? Who did you go with? What do you remember most about that place? Tell me about that restaurant in as much detail as possible. (p.210 ▸ IH&AL 답변)

| 변형문제 알고 가자 |

Q4 음식점 변화 Tell me about how restaurants have changed over the years. Also, tell me about what is different about going out to eat. What are some changes you've noticed about eating out?

Q5 음식점 선택 방법 How do you choose where to go when you go out to eat? What kind of food do you prefer? What do your family members like to eat and what kind of restaurant do they prefer?

콤보별 문제 유형

» 3 Combo Set
장소묘사 ▸ 우리나라 음식점
일상경험 ▸ 최근 외식 경험
비교묘사 ▸ 과거/현재 음식점 비교

» 2 Combo Set
변화묘사 ▸ 음식점 변화
이슈묘사 ▸ 음식점 선택 방법

Q1 우리나라 음식점

I would like to know about restaurants in your country. What do typical restaurants look like? What kind of food do they commonly serve? How are the people who work there? Give me all the details about a typical restaurant in your country.

당신의 나라에 있는 식당들에 대해 알고 싶습니다. 일반적인 음식점은 어떻게 생겼나요? 보통 어떤 종류의 음식을 제공합니까? 거기서 일하는 사람들은 어떤가요? 당신의 나라에 있는 전형적인 식당에 대해 자세히 이야기해 주세요.

공식 적용

IH&AL 답변

PART2 › 09 › Q1 answer

한국의 음식점 *There are many different restaurants serving diverse dishes in Korea. *However, traditional Korean restaurants are different from the others. **한국 음식점의 시설** First, in Korean restaurants, *it is customary to eat sitting on the floor. *Although new and recently opened restaurants have tables and chairs, usually floor seating areas are available as well. People sit on the floor and eat at a low table. **한국 음식점의 특징** Another difference is that the main dish is served along with *small portions of side dishes and rice in Korean restaurants. Also, kimchi is served at every Korean restaurant. **마무리** Well, that's all I can think of at the moment.

·· *을 제외한 기본 문장연습 ➜ IM1~3 목표

해석 ┃ 한국에는 다양한 음식을 제공하는 다채로운 음식점들이 많이 있습니다. 하지만 전통적인 한국 음식점은 다른 곳들과는 다릅니다. 우선, 한국 음식점에서는 바닥에 앉아 먹는 것이 관습입니다. 새롭게 최근에 개점한 음식점들은 식탁과 의자가 있긴 하지만, 보통 바닥에 앉는 공간들도 이용 가능합니다. 사람들은 바닥에 앉아 낮은 식탁에서 식사를 합니다. 또 다른 차이점은 한국 음식점에서는 적은 양의 반찬들과 밥이 메인 요리와 함께 나온다는 것입니다. 또한 김치는 모든 한국 음식점에서 제공됩니다. 음, 제가 지금 당장 생각할 수 있는 것은 이 정도입니다.

Key expressions

serving diverse dishes 다양한 음식을 제공하는 ┃ customary to eat sitting on the floor 바닥에 앉아 먹는 것이 관습적인 ┃ sit on the floor and eat at a low table 바닥에 앉아 낮은 식탁에서 식사를 하다 ┃ served along with small portions of side dishes and rice 적은 양의 반찬들과 밥이 함께 나오는

나만의 공식 적용

| 한국의 음식점 | 한국 음식점의 시설 | 한국 음식점의 특징 | 마무리 |

나만의 아이디어 노트

한국의 음식점 There are many different restaurants serving

한국 음식점의 시설 First, in Korean restaurants,

한국 음식점의 특징 Another difference is that

마무리 Well, that's the all I can think of at the moment.

고득점 Tip
> 장소묘사를 할 때는 장소의 위치와 이름을 밝히면서 시작하세요. 또한 장소의 특징적 시설을 설명해야 합니다. 특히 고득점을 위해서는 위치와 시설을 밝힐 때 where 혹은 which를 사용하여 부가 설명을 하는 것이 중요합니다. **ex** It is customary to eat sitting on the floor.

Q2 최근 외식 경험

Tell me about a restaurant you ate out at recently. What kind of restaurant was it? What was on their menu and what did you eat? Who did you go with? Did you like how the food tasted? Give me all the details.

최근에 외식을 했던 음식점에 대해 말씀해 주세요. 어떤 종류의 음식점이었나요? 어떤 메뉴가 있었고 당신은 무엇을 먹었나요? 누구와 함께 갔나요? 음식의 맛이 좋았나요? 모든 자세한 이야기를 해 주세요.

공식 적용

시기 (언제/어디서/ 누구와) ··▶ 외식 경험 ··▶ 느낀 점

IH&AL 답변

🎧 PART2 › 09 › Q2 answer

시기(언제/어디서/누구와) The last time I had pizza was at a pizza place in Itaewon with my friends. *It took about 30 minutes to get there from where I live. **외식 경험** We ordered one potato pizza, a seafood pasta, and a chicken tender salad. Overall, the food was great, *probably because we were all very hungry. However, *there were a few things that we didn't like. The restaurant was quite small, and they didn't have many tables. *We had to wait about 30 minutes to be seated and then another 30 minutes for our food to be served. **느낀 점** Overall though, I had a really great time at the restaurant with my friends.

·· ＊을 제외한 기본 문장연습 ➜ **IM1~3 목표**

해석 | 지난번에 저는 친구들과 함께 이태원에 있는 피자 집에서 피자를 먹었습니다. 제가 사는 곳에서 약 30분이 걸렸습니다. 우리는 감자 피자 하나와 해산물 파스타, 치킨 텐더 샐러드 하나를 시켰습니다. 전반적으로 음식은 훌륭했는데, 아마도 우리 모두가 매우 배가 고팠기 때문일 겁니다. 하지만 우리 마음에 들지 않은 몇 가지가 있었습니다. 음식점이 매우 작았고, 식탁이 많지 않았습니다. 우리는 자리에 앉을 때까지 30분 가량 기다려야 했고 음식이 나올 때까지 또 30분을 기다려야 했습니다. 그래도 전반적으로, 저는 친구들과 그 음식점에서 정말 좋은 시간을 보냈습니다.

Key expressions

take about 30 minutes to get there from where I live 사는 곳에서 약 30분이 걸리다 | order one potato pizza 감자 피자 하나를 시켰다 | There were a few things that we didn't like. 마음에 들지 않은 몇 가지가 있었다. | had to wait about 30 minutes to be seated 자리에 앉을 때까지 30분 가량 기다려야 했다 | had to wait another 30 minutes for our food to be served 음식이 나올 때까지 또 30분을 기다려야 했다

시기 (언제/어디서/누구와)	외식 경험	느낀 점

나만의
아이디어
노트

시기(언제/어디서/누구와) The last time I had pizza was

외식 경험 We ordered

However, there were a few things

느낀 점 Overall though, I had a really great time

고득점 Tip > 경험묘사를 할 때는 '언제, 어디서, 누구와, 무슨 일이 있었는지'를 설명해야 합니다. 경험에 대해 설명할 때는 과거시제의 사용에 주의하여 실수가 없도록 하고, 현재완료와 시제 변형 등을 통해 시제 사용이 원활한 점을 부각시키는 것이 중요합니다. 특히 특정 사건이 있는 내용일 경우에는 사건의 전/후 혹은 사건/결과 등으로 내용을 구성하는 것이 좋습니다. ex However, there were a few things that we didn't like.

Q3 과거/현재 음식점 비교

PART2 › 09 › Q3

Now, tell me about a restaurant you used to go to as a child. What was it like? What did you eat? Who did you go with? What do you remember most about that place? Tell me about that restaurant in as much detail as possible.

이제, 당신이 아이였을 때 가곤 했던 음식점에 대해 말씀해 주세요. 어땠나요? 무엇을 먹었나요? 누구와 함께 갔나요? 그 장소에 대해 무엇이 가장 기억나나요? 그 음식점에 대해 가능한 한 자세히 말씀해 주세요.

공식 적용

과거의 음식점 ··▶ 음식점에서 의 경험 ··▶ 현재의 음식점 ··▶ 마무리

IH&AL 답변

PART2 › 09 › Q3 answer

과거의 음식점 There is a Korean barbeque restaurant *that my family has gone to ever since I was little. That place serves an amazing marinated barbeque *that all of us love. We eat at the restaurant at least once a month and always leave with complete satisfaction. **음식점에서의 경험** When I was a kid, the owner also gave us some free ice cream and candy. He also allowed my cousins and me to play at the small playground next to the parking lot. *The owner lives on the second floor, and he made the playground for his kids. **현재의 음식점** I still go to other Korean barbeque restaurants from time to time, but the food *at that place is the best. **마무리** *Once again, that restaurant is definitely the best restaurant I've ever been to.

·········· ✱을 제외한 기본 문장연습 ➔ IM1~3 목표

해석 | 제가 아주 어렸을 때부터 우리 가족이 즐겨 가는 한국식 바비큐 음식점이 있습니다. 그곳은 우리 모두가 좋아하는 환상적으로 양념이 된 바비큐를 제공합니다. 우리는 최소 한 달에 한 번은 그 음식점에서 식사를 하고 늘 충분히 만족합니다. 제가 어렸을 때, (음식점) 주인은 저희에게 음식 말고도 아이스크림이나 사탕을 공짜로 주곤 했습니다. 그는 또한 저와 제 사촌들이 주차장 옆에 있는 작은 놀이터에서 놀 수 있게 해 주었습니다. 주인은 2층에 사는데, 그의 아이들을 위해 그 놀이터를 만들었습니다. 저는 지금도 때때로 다른 한식 바비큐 음식점에 가지만, 그곳의 음식이 최고입니다. 다시 말하지만, 그 음식점은 제가 이제껏 가본 곳 중 확실히 최고의 음식점입니다.

Key expressions

my family has gone to ever since I was little 아주 어렸을 때부터 줄곧 우리 가족이 가는 | **serve an amazing marinated barbeque** 환상적으로 양념이 된 바비큐를 제공하다 | **that all of us love** 우리 모두가 좋아하는 | **at least once a month** 최소 한 달에 한 번 | **always leave with complete satisfaction** 늘 충분히 만족하며 떠나다 | **from time to time** 때때로 | **I've ever been to** 내가 이제껏 가 본

과거의 음식점	음식점에서의 경험	현재의 음식점	마무리

과거의 음식점 There is a Korean barbeque restaurant that my family has gone to ever since I was little.

음식점에서의 경험 When I was a kid,

현재의 음식점 I still go to other Korean barbeque restaurants

마무리 Once again, that restaurant is definitely

고득점 Tip ▷ 변화 · 비교묘사를 할 때는 과거시제와 현재시제를 구분하여 사용할 수 있다는 것을 어필할 수 있게 used to / but now 등의 표현을 이용하여 대조를 보여 주고 도입부나 결론에는 비교급이나 현재완료를 사용해 변화의 내용을 정리해 주는 것이 중요합니다. **ex** Once again, that restaurant is definitely the best restaurant I've ever been to.

10

가구

Furniture

| 주제별 전략 |

돌발 문제 항목 중 '가구'는 꾸준히 나오는 주제입니다. 가구의 시설, 경험, 비교 묘사 등이 일반적인 3 Combo입니다. 전략적인 서베이를 통해 공부할 범위를 줄이고 자주 나오는 주제에 집중하는 것이 중요합니다. '거주지' 등의 유사 주제들을 같이 준비하면 효과적입니다. 3단 콤보에서 자주 출제되는 문제로 Q1-3까지입니다.

🎧 PART2 › 10

| 나오는 문제 알고 가자 |

Q1 집에 있는 가구, 좋아하는 가구 What kind of furniture do you have at home? Tell me about each type of furniture. Plus, what is your favorite piece of furniture? Why do you like it? When did you get it? (p.214 ▶ IH&AL 답변)

Q2 어렸을 때와 현재의 가구 비교 Tell me about the furniture you had when you were young. How is it different from the furniture you have today? Give me specific examples of the differences. (p.216 ▶ IH&AL 답변)

Q3 가구에 문제가 생겼던 경험 Tell me about a time when you had problems with your furniture. Perhaps it got damaged for some reason. Tell me what exactly happened and how you solved the problem. (p.218 ▶ IH&AL 답변)

콤보별 문제 유형

» 3 Combo Set

종류묘사 ▶ 집에 있는 가구, 좋아하는 가구
비교묘사 ▶ 어렸을 때와 현재의 가구 비교
특정경험 ▶ 가구에 문제가 생겼던 경험

Q1 집에 있는 가구, 좋아하는 가구

What kind of furniture do you have at home? Tell me about each type of furniture. Plus, what is your favorite piece of furniture? Why do you like it? When did you get it?

집에 어떤 종류의 가구를 가지고 있나요? 각각의 가구의 종류에 대해 말씀해 주세요. 그리고 당신이 가장 좋아하는 가구는 무엇인가요? 왜 그것을 좋아하나요? 그것은 언제 들여놓았나요?

공식 적용

도입부 ··▶ 집에 있는 가구 ··▶ 좋아하는 가구 ··▶ 이유 ··▶ 마무리

IH&AL 답변

🎧 PART2 › 10 › Q1 answer

도입부 There are many pieces of furniture in my house. 집에 있는 가구 *The living room is very clean and well-organized. There is a comfortable sofa, a tea table, and a TV. In my bedroom, there is a desk and a chair. I also have a bookshelf and of course a bed. 좋아하는 가구 Among them, my favorite piece of furniture would be my bed. 이유 I like to lay down on the bed and rest since it is very comfy. *(Because my bed is cozy and comfortable, I like to rest on the bed.) After a long day at work, my bed is the best place to relax. *Plus, I can watch TV or listen to music. *I can do everything in private on my bed. 마무리 So, of all the furniture I have at home, my bed is my favorite.

··· ✳을 제외한 기본 문장연습 ➡ IM1~3 목표

해석 | 저희 집에는 많은 가구가 있습니다. 거실은 매우 깨끗하고 잘 정리되어 있습니다. 편안한 소파와 티 테이블, 그리고 TV가 있습니다. 제 침실에는 책상과 의자가 있습니다. 저는 또한 책장과 당연히 침대도 가지고 있습니다. 그것들 중 제가 가장 좋아하는 가구는 제 침대일 것입니다. 제 침대는 매우 편안하기 때문에, 저는 침대에 누워서 쉬는 것을 좋아합니다. 직장에서 고된 하루를 보낸 뒤에, 제 침대는 휴식을 취하기에 최고의 장소입니다. 게다가 저는 TV를 보거나 음악을 들을 수도 있습니다. 저는 침대 위에서 개인적인 모든 것을 할 수 있습니다. 그래서 저는 집에 있는 가구 중에 침대가 가장 좋습니다.

Key expressions

piece of furniture 가구 | **well-organized** 잘 정리되어 있는 | **tea table** 티 테이블 | **bookshelf** 책장 | **lay down** 눕다 | **comfy** 편안한 | **cozy and comfortable** 안락하고 편안한 | **after a long day** 고된 하루를 보낸 뒤에 | **can do everything in private** 개인적인 모든 것을 할 수 있다

도입부	집에 있는 가구	좋아하는 가구	이유	마무리

도입부 There are many pieces of furniture in my house.

집에 있는 가구 The living room is

In my bedroom, there is

좋아하는 가구 Among them, my favorite piece of furniture would be

이유 I like to

마무리 So, of all the furniture I have at home,

고득점 Tip ▶ 종류묘사를 할 때는 큰 범주의 내용부터 시작해서 세부적으로 들어가세요. 세부 장르를 얘기하기 시작하면 충분한 이유와 대표적인 예를 들어 본인의 의견을 자세히 설명하는 것이 중요합니다. **ex** After a long day at work, my bed is the best place to relax.

Q2 어렸을 때와 현재의 가구 비교

Tell me about the furniture you had when you were young. How is it different from the furniture you have today? Give me specific examples of the differences.

당신이 어렸을 때 가지고 있던 가구에 대해 말씀해 주세요. 그것들은 당신이 지금 가지고 있는 가구들과 어떻게 다른가요? 차이점에 대한 구체적인 예를 들어 주세요.

공식 적용

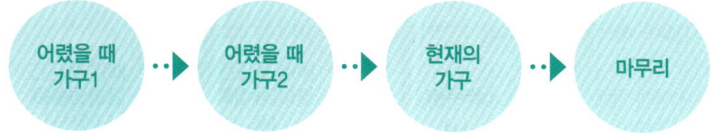

어렸을 때 가구1 ··▶ 어렸을 때 가구2 ··▶ 현재의 가구 ··▶ 마무리

IH&AL 답변

PART2 › 10 › Q2 answer

어렸을 때 가구1 When I was young, most of the furniture in my room was smaller than now. *For example, my bed had a low frame since I often fell off my bed during the night. *Once, I sprained my wrist from falling off the bed and had to wear a cast for two weeks. **어렸을 때 가구2** Also, I remember that my dad used sandpaper *to make the edges of my furniture smoother. *I remember scraping the side of my arm on the corners, so one day my dad decided to smooth out the corners so that I wouldn't get hurt anymore. **현재의 가구** Plus, unlike my old room, there is a bunch of furniture in my current room *such as a table, a chair, and, of course my comfy bed. *I even have an air-conditioner in my room now. *So it helps me to cool off anytime I want. **마무리** Overall, these are the main differences between my old furniture (that I used in the past) and my current furniture (that I have now).

·· ✱을 제외한 기본 문장연습 ➔ IM1~3 목표

해석 | 제가 어렸을 때, 제 방에 있는 대부분의 가구는 크기가 지금 가지고 있는 것보다 작았습니다. 예를 들어, 저는 밤에 자다 자주 침대에서 떨어져서 제 침대는 높이가 낮은 프레임이었습니다. 한 번은 침대에서 떨어져서 손목을 삐었고, 2주 동안 깁스를 해야 했습니다. 또한, 저는 아빠가 제 가구들의 모서리를 좀 더 부드럽게 만들기 위해 사포를 사용하던 것을 기억합니다. 가구 모서리에 팔을 긁혔던 것이 기억나는데, 그래서 하루는 아빠가 제가 더 이상 다치지 않도록 모서리를 부드럽게 밀기로 결정하셨습니다. 그리고 예전 방과 다르게 지금의 제 방에는 식탁, 의자, 두말 할 것 없이 저의 편안한 침대와 같은 여러 가구가 있습니다. 지금은 제 방에 에어컨까지도 있습니다. 그래서 언제든 제가 원할 때 시원하게 할 수 있습니다. 결론은, 이것들이 (제가 과거에 가졌던) 예전 가구들과 (지금 가지고 있는) 현재의 가구들 사이의 차이점입니다.

Key expressions

smaller than now 현재보다 작은 | **had a low frame** (높이가) 낮은 프레임 | **I sprain my wrist from falling off the bed.** 침대에서 떨어져 손목을 삐다 | **had to wear a cast for two weeks** 2주 동안 깁스를 해야 했다 | **use sandpaper** 사포를 사용하다 | **to make the edges of my furniture smoother** 가구의 모서리를 좀 더 부드럽게 만들기 위해 | **decide to smooth out the corners** 모서리를 부드럽게 만들기로 하다

어렸을 때 가구1	어렸을 때 가구2	현재의 가구	마무리

어렸을 때 가구1 When I was young, most of the furniture in my room

어렸을 때 가구2 Also, I remember that

현재의 가구 Plus, unlike my old room, there

마무리 Overall, these are the main differences between

고득점 Tip

> 변화·비교묘사를 할 때는 과거시제와 현재시제를 구분하여 사용할 수 있다는 것을 어필할 수 있게 used to / but now 등의 표현을 이용하여 대조를 보여 주고 도입부이나 결론에는 비교급이나 현재완료를 사용해 변화의 내용을 정리해 주는 것이 중요합니다. **ex** When I was young, most of the furniture in my room ~. / ~ unlike my old room, there is a bunch of ~.

Q3 가구에 생긴 문제 경험

Tell me about a time when you had problems with your furniture. Perhaps it got damaged for some reason. Tell me what exactly happened and how you solved the problem.

가구와 관련된 문제를 겪었던 때에 대해 말씀해 주세요. 아마도 어떤 이유로 파손되었을 수도 있을 것입니다. 정확히 무슨 일이 있었고 어떻게 그 문제를 해결했는지 말씀해 주세요.

공식 적용

시기 (언제/ 어디서/ 누구와) ▸▸ 가구 관련 사건 ▸▸ 사건의 결과 ▸▸ 마무리 (느낀 점)

IH&AL 답변

🎧 PART2 › 10 › Q3 answer

시기(언제/어디서/누구와) I think it was a couple of years ago when my family moved into our new apartment in Seoul. We called up a moving company and they moved everything for us. **가구 관련 사건** However, after they left, I found out that one of the dressers was broken. *Plus, there were scratches all over my desk. *I was quite disappointed but I decided to repair it myself. **사건의 결과** In the end, I repaired the damage and painted the scratches with bright colors. *Afterwards, it looked brand new and I was very satisfied with what I'd done. It was worth it. **마무리(느낀 점)** Anyways, since that incident, I don't trust moving companies anymore.

.... ＊을 제외한 기본 문장연습 ➡ IM1~3 목표

해석 | 몇 년 전이었던 걸로 생각되는데, 제 가족이 서울에 있는 새 아파트로 이사할 때였습니다. 우리는 이삿짐 센터를 불렀고 그들이 모든 짐을 옮겼습니다. 그러나 그들이 떠난 후에 저는 서랍장 중 하나가 부서진 것을 발견했습니다. 게다가 제 책상은 온통 긁혀 있었습니다. 저는 매우 실망했지만 스스로 고치기로 결심했습니다. 결국 저는 파손된 부분을 수리하고 긁힌 부분을 밝은 색으로 페인트칠했습니다. 그 후 그것은 새것처럼 보였고 저는 제가 한 일에 매우 만족했습니다. 그럴 만한 가치가 있는 일이었습니다. 어쨌든, 그 사건 이후 저는 더 이상 이삿짐 센터를 믿지 않습니다.

Key expressions

a couple of years ago 몇 년 전에 | call up a moving company 이삿짐 센터를 부르다 | find out ~을 알게되다 | there were scratches all over my desk 책상 전체에 스크래치가 났다 | repair the damage 파손된 부분을 수리하다 | paint the scratch 긁힌 부분을 칠하다 | look brand new 새것처럼 보이다 | It was worth it. 가치 있는 일이었다.

나만의 공식 적용

시기 (언제/어디서/누구와)	가구 관련 사건	사건의 결과	마무리 (느낀 점)

나만의 아이디어 노트

시기(언제/어디서/누구와) I think it was

가구 관련 사건 However, after they left

사건의 결과 In the end,

마무리(느낀 점) Anyway, since that incident

고득점 Tip > 경험묘사를 할 때는 '언제, 어디서, 누구와, 무슨 일이 있었는지'를 설명해야 합니다. 경험에 대해 설명할 때는 과거시제의 사용에 주의하여 실수가 없도록 하고, 현재완료와 시제 변형 등을 통해 시제 사용이 원활한 점을 부각시키는 것이 중요합니다.
ex However, after they left, ～. / In the end, I repaired the damage ～.

11

명절/휴일

Holidays

| 주제별 전략 |

돌발 문제 항목 중 '명절'은 꾸준히 출제되는 주제입니다. 이 주제의 첫 번째 문제는 항상 경향묘사가 나오기 마련입니다. 주제의 경향, 경험, 변화 묘사 등이 일반적인 3 Combo 문제입니다. 전략적인 서베이를 통해 공부할 범위를 줄이고 자주 나오는 주제에 집중하는 것이 중요합니다. '가족/친구' 등의 유사 주제들은 같이 준비하면 효과적입니다. 3단 콤보에서 자주 출제되는 문제로 Q1-3까지이고, 2단 콤보에서는 Q4, 5입니다.

⏱ PART2 ▸ 11

| 나오는 문제 알고 가자 |

Q1 **전통 명절에 하는 일** What do you do for family holidays? Do you get together with your family? What do family members do together? What do you talk about? What kind of food is eaten? Tell me everything about your family's holiday traditions. (p.222 ▸ IH&AL 답변)

Q2 **기억에 남는 명절 경험** Talk about a memorable incident that happened during a holiday. Why was that incident unforgettable? Who was involved? Tell me everything from beginning to end regarding what happened. (p.224 ▸ IH&AL 답변)

Q3 **명절의 변화** Have holidays or holiday customs in your country changed over the years? Are they different from what they used to be? If so, tell me about the changes holidays have gone through. (p.226 ▸ IH&AL 답변)

| 변형문제 알고 가자 |

Q4 **어릴 적 가장 기억에 남는 명절** Please tell me about the most memorable holiday from your childhood. Where were you on that day? What did you do? Why is it so memorable for you?

Q5 **두 명절 비교** Please tell me about the two biggest holidays in your country. How do people celebrate those holidays? How are the holidays different? Please compare those two holidays.

콤보별 문제 유형

» 3 Combo Set

경향묘사 ▸ 전통 명절에 하는 일
일상경험 ▸ 기억에 남는 명절 경험
변화묘사 ▸ 명절의 변화

» 2 Combo Set

일상경험 ▸ 어릴 적 가장 기억에 남는 명절
비교묘사 ▸ 두 명절 비교

Q1 전통 명절에 하는 일

🎧 PART2 › 11 › Q1

What do you do for family holidays? Do you get together with your family? What do family members do together? What do you talk about? What kind of food is eaten? Tell me everything about your family's holiday traditions.

명절에 무엇을 하나요? 가족이 다 함께 모이나요? 가족들은 함께 무엇을 하나요? 어떤 이야기를 나누나요? 어떤 종류의 음식을 먹나요? 가족 명절 전통에 대한 모든 것을 말씀해 주세요.

🎧 PART2 › 10 › Q1 answer

명절 전에 하는 일 During the holidays, our whole family gets together, *but it is difficult to see everyone at the same time. *In the days leading up to the holiday, my parents and I take many trips to the store and spend a lot of time in the kitchen preparing traditional Korean food together. *It's important to make sure that we have enough food for everyone. **명절에 하는 일** On the holiday, many relatives come over to my house to visit with our family. *Since many of my relatives are married and have children, it is hard for them to stay for a long time. *Because people are always coming and going, it is difficult to sit and have a meal together. We usually just keep all of the side dishes and other snacks on the table, so our relatives can eat when they are hungry. **마무리(느낀 점)** Throughout the day, we spend a lot of time talking *about what we've been doing during the past year. I feel like I tell the same story about my life over and over again during the day, but I enjoy hearing about what my family has been doing. I am happy to spend the day visiting with as many of my relatives as I can.

·· ＊을 제외한 기본 문장연습 ➡ IM1~3 목표

해석 | 명절 동안에, 우리 가족 전체가 모이지만 모두를 동시에 보기는 힘듭니다. 명절이 다가오는 때에는 부모님과 저는 상점에 자주 가고, 함께 전통 한국 음식을 준비하기 위해 부엌에서 많은 시간을 보냅니다. 모두를 위한 충분한 음식을 만드는 것이 중요합니다. 명절 당일에는, 많은 친척이 우리 가족과 함께 시간을 보내기 위해 저희 집으로 옵니다. 친척들 다수가 결혼을 하고 아이가 있기 때문에 오래 머무는 것은 어렵습니다. 사람들이 오고 가기 때문에 앉아서 함께 식사를 하는 것은 어렵습니다. 우리는 보통 모든 반찬과 다른 간식거리들을 식탁 위에 차려 두어서, 친척들이 배고플 때 먹을 수 있게 합니다. 하루 종일, 우리는 지난 해에 어떻게 지냈는지 이야기 나누며 많은 시간을 보냅니다. 하루 종일 제 일상생활에 대해 같은 이야기를 하고 또 하는 것 같지만, 저는 제 가족이 어떻게 지내 왔는지에 대해 듣는 것이 즐겁습니다. 저는 제가 할 수 있는 한 많은 친척과 함께 시간을 보내는 것이 좋습니다.

Key expressions

our whole family gets together 가족 전체가 모이다 | **in the days leading up to the holiday** 명절이 다가오는 때에는 | **take many trips to the store** 상점에 자주 가다 | **relatives come over** 친척들이 방문하다 | **visit with somebody** ~와 함께 (이야기를 하며) 시간을 보내다 | **people are always coming and going** 사람들이 항상 오고 가다 | **enjoy hearing about what my family has been doing** 가족이 어떻게 지내 왔는지에 대해 듣는 것을 즐기다

명절 전에 하는 일	명절에 하는 일	마무리 (느낀 점)

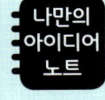

명절 전에 하는 일 During the holidays,

명절에 하는 일 On the holiday

We usually

마무리(느낀 점) Throughout the day,

고득점 Tip ▷ 본인의 습관을 얘기하는 경향묘사를 할 때는 '언제, 어디서, 누구와'를 밝히면서 얘기하는 습관을 들이세요. 또한, 하는 일을 설명할 때는 하는 이유나 예를 들어 주는 것이 좋습니다. **ex** We spend a lot of time talking about what we've been doing during the past.

Q2 기억에 남는 명절 경험

Talk about a memorable incident that happened during a holiday. Why was that incident unforgettable? Who was involved? Tell me everything from beginning to end regarding what happened.

명절에 있었던 기억에 남는 사건에 대해 말씀해 주세요. 왜 그 사건이 잊혀지지 않나요? 누가 관련이 되어 있나요? 처음부터 끝까지 무슨 일이 있었는지 모든 것을 말씀해 주세요.

공식 적용

시기 (언제/어디서/누구와) → 사건 전 → 사건 후 → 결론 → 마무리 (느낀 점)

IH&AL 답변

PART2 › 10 › Q2 answer

시기(언제/어디서/누구와) Last year my younger sister was studying abroad in the US. **사건 전** After she finished her semester, she told our parents that she was going to spend some time traveling around the country. *She wouldn't be home until after the Chuseok holiday. A couple days later, she called me and told me that she would be arriving at the airport the day before Chuseok. **사건 후** She asked me not to tell our parents because she wanted to surprise them. *It was a very difficult secret to keep, but I didn't say anything. When the time came, I had to make an excuse to go and meet my sister at the airport. I told my parents I was going to meet a friend *I hadn't seen since high school. **결론** A couple hours later, I returned home with my sister. My parents were so surprised to see her. *Since she had been gone for almost a year and wasn't expected to be home, everyone was very excited. **마무리(느낀 점)** *I thought my mother was going to faint when she saw my sister. Having my sister back home made the holiday very special for our family.

························ *을 제외한 기본 문장연습 ➔ IM1~3 목표

해석 | 작년에 제 여동생은 미국에서 공부를 하고 있었습니다. 그녀가 학기를 마치고 나서 부모님께 국내 여기저기를 여행하며 시간을 좀 보내겠다고 말했습니다. 그녀는 추석 명절까지 집에 오지 않을 것이었습니다. 며칠 후에, 그녀는 제게 전화를 해서 추석 하루 전날에 공항에 도착할 것이라고 말했습니다. 그녀는 부모님을 놀라게 해 드리고 싶다며 부모님께는 말하지 말아 달라고 부탁했습니다. 지키기 어려운 비밀이었지만, 저는 아무 말도 하지 않았습니다. 시간이 되었을 때, 저는 공항에 가서 여동생을 만나기 위한 핑계를 만들어야 했습니다. 저는 부모님께 제가 고등학교 이후로 보지 못한 친구를 만나러 간다고 했습니다. 몇 시간 후에, 저는 동생과 함께 집에 돌아왔습니다. 부모님은 그녀를 보고 매우 놀랐습니다. 그녀가 거의 1년 동안 나가 있었고 집에 올 것이라 기대하지 않았기 때문에, 우리 모두는 매우 신이 났습니다. 어머니께서는 동생을 보셨을 때 거의 기절할 것 같았습니다. 여동생이 돌아온 것은 우리 가족에게 명절을 매우 특별하게 만들어 주었습니다.

Key expressions

until after the Chuseok 추석까지 | tell me that she would be arriving 그녀가 도착할 것이라고 말하다 | the day before Chuseok 추석 전날 | difficult secret to keep 지키기 어려운 비밀 | meet a friend I hadn't seen since high school 고등학교 이후 보지 못한 친구를 만나다 | gone for almost a year 거의 1년 동안 나가 지냈다

시기 (언제/어디서/누구와)	사건 전	사건 후	결론	마무리 (느낀 점)

시기(언제/어디서/누구와) Last year

사건 전 After she finished her semester,

사건 후 She asked me not to tell

결론 A couple hours later,

마무리(느낀 점) I thought my mother was going to

고득점 Tip

> 경험묘사를 할 때는 '언제, 어디서, 누구와, 무슨 일이 있었는지'를 설명해야 합니다. 경험에 대해 설명할 때 과거시제의 사용에 주의하여 실수가 없도록 하고, 현재완료와 시제 변형 등을 통해 시제 사용이 원활한 점을 부각시키는 것이 중요합니다. 사건의 전후도 나누어 순차적으로 설명하고, 개인적인 경험을 바탕으로 한 에피소드는 다양한 주제에서 응용이 가능함을 기억해 주세요.

Q3 명절의 변화

🎧 PART2 › 11 › Q3

Have holidays or holiday customs in your country changed over the years? Are they different from what they used to be? If so, tell me about the changes holidays have gone through.

당신이 사는 나라의 명절이나 명절 풍습은 여러 해 동안 바뀌었나요? 이전에 하던 것과 다른가요? 만약 그렇다면, 명절이 겪어 온 변화에 대해 말씀해 주세요.

공식 적용

도입부 ┈▶ 요즘의 명절 ┈▶ 어릴 적 명절 ┈▶ 명절의 변화

IH&AL 답변

🎧 PART2 › 11 › Q3 answer

도입부 Holidays have changed a lot since I was younger. 요즘의 명절 Nowadays, people seem much busier with their lives and are unable to visit for an entire day. *People just move from place to place so they can see as many family members as possible. Family gatherings are much smaller than they used to be, *and our relatives don't wear traditional clothing during the holidays anymore. 어릴 적 명절 When I was young, all of my family would visit our grandparent's house and spend the entire day talking, eating, and enjoying our time together. *Now that most of my relatives are married and have children of their own, they never stay very long. *Sometimes they just come over for an hour to say hello and have a little bit of food. 명절의 변화 *In the past, my parents would always wear traditional Korean clothing, and they would make my sister and me wear it, too. *Although I never enjoyed wearing traditional clothing during the holidays, now that I'm older I understand how important it was to follow that tradition.

··· ✱을 제외한 기본 문장연습 ➜ IM1~3 목표

해석 ┃ 제가 어렸을 때부터 명절은 많이 변해 왔습니다. 요즘에는 사람들이 사는 게 훨씬 더 바쁜 것 같고, 하루 종일 방문하는 것이 불가능해 보입니다. 사람들은 가능한 한 많은 가족들을 보기 위해 여기 저기 이동합니다. 가족 모임은 이전에 비해 훨씬 규모가 작아졌고 친척들은 더 이상 명절 동안 전통 의상을 입지 않습니다. 제가 어렸을 때는, 우리 가족 모두 할머니, 할아버지 댁을 방문해서 하루 종일 이야기하고 먹고 함께 시간을 즐기며 보내곤 했습니다. 이제는 대부분의 친척들이 결혼을 했고, 각자의 아이들이 있기 때문에 결코 오래 머무르지 않습니다. 때때로 그들은 단지 한 시간 정도 와서 인사만 하고 약간의 음식을 먹습니다. 예전에는, 부모님은 언제나 전통 한복을 입고 있었고 제 여동생과 저도 입게 했습니다. 제가 명절 동안 전통 의상을 입는 것을 좋아한 적은 없었지만, 이제 나이가 들고 보니 전통을 따르는 것이 얼마나 중요한지 이해하게 됩니다.

Key expressions

be unable to visit for an entire day 하루 종일 방문하는 것이 불가능하다 ┃ **move from place to place** 여기저기 이동하다 ┃ **family gatherings** 가족 모임

도입부	요즘의 명절	어릴 적 명절	명절의 변화

도입부 Holidays have changed a lot since I was younger.

요즘의 명절 Nowadays,

어릴 적 명절 When I was young,

명절의 변화 In the past,

고득점 Tip ▷ 변화·비교묘사를 할 때는 과거시제와 현재시제를 구분하여 사용할 수 있다는 것을 어필할 수 있게 used to / but now 등의 표현을 이용하여 대조를 보여 주고 도입부이나 결론에는 비교급이나 현재완료를 사용해 변화의 내용을 정리해 주는 것이 중요합니다.

12

은행

Bank

★★
★
★
★

| 주제별 전략 |

은행은 최근 바뀐 신규 OPIc에서 점점 빈출도가 높아지고 있는 주제로서 항상 대비해야 하는 돌발 주제 세트입니다. 기본적인 은행 업무와 관련된 표현과 관련 에피소드를 숙지하기 바랍니다. 3단 콤보에서 자주 출제되는 문제는 Q1-3까지입니다.

🎧 PART2 › 12

| 나오는 문제 알고 가자 |

Q1 **은행 묘사** Let's talk about the bank you go to. Where is it located and what is it like? What do you do from the moment you walk into the bank until you walk out? How are the people who work at the bank? Tell me everything that goes on when you visit the bank. (p.230 ▶ IH&AL 답변)

Q2 **은행에서 발생했던 문제** Problems can occur when you're at the bank. Perhaps you could have forgotten to bring your ID. Talk about a problem you've personally had at a bank. What happened and how did you solve the problem? (p.232 ▶ IH&AL 답변)

Q3 **은행의 변화** Banks have changed over the years. How do banks look different than they did in the past? What kinds of changes are the most evident? What kind of impact have those changes had on the customers? Give me all the details. (p.234 ▶ IH&AL 답변)

콤보별 문제 유형

» 3 Combo Set

장소묘사 ▶ 은행 묘사
특정경험 ▶ 은행에서 발생했던 문제
비교묘사 ▶ 은행의 변화

Q1 은행 묘사

Let's talk about the bank you go to. Where is it located and what is it like? What do you do from the moment you walk into the bank untill you walk out? How are the people who work at the bank? Tell me everything that goes on when you visit the bank.

당신이 가는 은행에 대해 말해 보세요. 어디에 있고 어떻게 생겼습니까? 은행에 들어가서 나올 때까지 당신은 무엇을 합니까? 은행에서 일하는 사람들은 어떻습니까? 당신이 은행에 방문할 때 일어나는 모든 것들에 대해 이야기해 보세요.

공식 적용

은행의 위치 ┈▶ 가는 이유 ┈▶ 마무리

IH&AL 답변

🎧 PART2 › 12 › Q1 answer

은행의 위치 Banks are located everywhere in my neighborhood. *I usually go to one that is close to my house. It is only a few minutes *from where I live, so I usually go there *when I need something. 가는 이유 I normally go to the bank *when I need to withdraw or deposit money, or pay my bills. It is always full of people, so it takes me a long time to take care of my business. However, there are a couple of tellers *who always greet me with a smile, so I always feel welcome. 마무리 They know me pretty well, because I usually go to that same bank *which is located close to my house.

·· ✱을 제외한 기본 문장연습 ➡ IM1~3 목표

해석 | 은행은 저희 집 가까이에 어디나 있는 편입니다. 저는 보통 집에서 가까이 있는 은행을 방문합니다. 저희 집에서 몇 분 되지 않는 가까운 거리에 있습니다. 그래서 뭔가 필요할 때 보통 그 은행으로 갑니다. 저는 보통 인출이나 입금 또는 요금을 내야 할 때 은행에 갑니다. 은행에는 언제나 사람들이 많아서 업무를 보는 데 시간이 오래 걸립니다. 하지만 항상 밝은 미소로 맞아 주는 몇몇 은행원이 있어 저는 항상 환영받는 기분이 든답니다. 저는 보통 집 근처에 있는 같은 은행에 가기 때문에 은행 직원들이 저를 잘 압니다.

Key expressions

in my neightboorhood 우리 집 가까이에 ┃ withdraw 인출하다 ┃ deposit 입금하다 ┃ pay my bills 요금을 내다 ┃ always greet me with a smile 항상 미소로 맞이하다

은행의 위치	가는 이유	마무리

은행의 위치 Banks are located

가는 이유 I normally go to the bank when

마무리 They know me pretty well, because I usually go to

12 은행

PART 2

231

고득점 Tip ▶ 장소묘사를 할 때에는 장소의 위치와 이름을 밝히면서 시작하세요. 또한 장소의 특징적 시설을 설명해야 합니다. 특히 고득점을 위해서는 위치와 시설을 밝힐 때는 where 혹은 which를 사용하여 부가 설명을 해 주는 것이 중요합니다. **ex** ~ which is located close to my house.

Q2 은행에서 발생했던 문제

Problems can occur when you're at the bank. Perhaps you could have forgotten to bring your ID. Talk about a problem you've personally had at a bank. What happened and how did you solve the problem?

당신이 은행에 갔을 때 문제가 발생할 수 있습니다. 아마 당신은 당신의 신분증을 잊고 왔을 수도 있습니다. 당신이 개인적으로 은행에서 겪은 문제에 대해 말해 보세요. 정확이 어떤 일이 일어났고, 어떻게 그 문제를 해결했습니까?

공식 적용

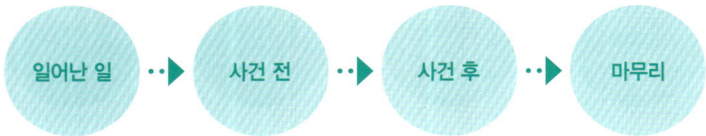

일어난 일 ▸ 사건 전 ▸ 사건 후 ▸ 마무리

IH&AL 답변

🎧 PART2 › 12 › Q2 answer

I don't remember a particular experience at a bank. **일어난 일** *The only thing I remember is when** I met a drunken guy at a bank. **사건 전** I once went to the bank close to my office during my lunch hour. There were full of people. One guy came into the bank and started to talk to himself very loudly. It was easy to tell that he seemed pretty drunk, I mean, wasted. A guard tried to talk to him and make him leave the building. However, he kept talking loudly and started to talk to the customer *who was waiting for his/her number to be called. I was watching him for a little bit, *but I didn't think he would leave any time soon. **사건 후** Eventually, a couple of customers left including myself. *I don't know how he started to get so drunk during daytime. However, people should be polite in public. **마무리** Well, that's it. This is the only thing I can think of at the moment.

-------- *을 제외한 기본 문장연습 ➔ IM1~3 목표

해석 | 저는 특별히 은행에서 무언가를 겪었던 기억은 나지 않습니다. 유일한 기억은 술에 취한 사람을 은행에서 만났던 것입니다. 한 번은 점심 시간에 사무실에서 가까운 은행을 방문했습니다. 사람들이 많이 있었습니다. 한 남성이 은행 안으로 들어왔고 큰 목소리로 혼잣말을 하기 시작했습니다. 그는 딱 봐도 취한 것처럼 보였습니다. 아니 심하게 취한 것 같았습니다. 보안직원이 그에게 이야기를 하고 밖으로 내보내려 했습니다. 하지만 그는 계속해서 큰 소리로 떠들며 순서를 기다리고 있는 고객들에게 말을 걸기 시작했습니다. 저는 잠시 동안 그 사람을 지켜보고 있었는데, 그가 곧 나갈 것 같지는 않았습니다. 결국 저를 포함한 몇몇 고객들이 은행에서 나왔습니다. 어떻게 대낮부터 그만큼 취했는지 알 수가 없었습니다. 어쨌거나 사람들은 공공장소에서 예의를 지켜야 합니다. 음, 이 정도입니다. 이게 지금 제가 생각나는 전부입니다.

Key expressions

talk to oneself 혼잣말하다 | **easy to tell that he seemed pretty drunk** 딱 봐도 취한 것 같다 | **wasted** 술에 찌든 | **his/her number to be called** 자신의 순서가 올 때까지

일어난 일	사건 전	사건 후	마무리

나만의 아이디어 노트

I don't remember a particular experience at a bank.

일어난 일 The only thing I remember is

사건 전 I once went to the bank close to

However, he kept talking

사건 후 Eventually, a couple of customers

However, people should be polite in public. Well, that's it. This is the only thing I can think of at the moment.

고득점 Tip > 과거 경험묘사를 할 때는 '언제, 어디서, 누구와, 무슨 일이 있었는지'의 기본 내용을 사건의 전후로 나누어 내용을 설명하는 것이 용이합니다. 과거시제를 정확하게 쓰도록 하고 the only thing I remember is when / who was waiting for his number to be called 등의 표현을 추가하여 문장을 상세히 묘사하면 고득점 포인트가 됩니다.

Q3 은행의 변화

Banks have changed over the years. How do banks look different than they did in the past? What kinds of changes are the most evident? What kind of impact have those changes had on the customers? Give me all the details.

은행은 여러 해 동안 변해 왔습니다. 과거에 비해 지금 어떻게 바뀌었습니까? 어떤 변화가 가장 특징적입니까? 이러한 변화가 고객들에게 어떤 영향을 주었나요? 자세하게 설명해 주세요.

공식 적용

IH&AL 답변

🎧 PART2 › 12 › Q3 answer

*The banking system has changed a lot in the last few decades. **과거의 은행** I used to go to a bank when I needed something. *However, things have changed a lot. **현재의 은행** *As I can get access to the Internet with my cell phone whenever I want to, I don't have to go to a bank as much as I did in the past. I can check my balance, transfer, and even pay my bills on-line. In general, most people take care of their business on the Internet these days. *The only time I go to a bank is to withdraw money from the ATM machine. **마무리** Once again, *the banking system has changed a lot in the last few years, so people usually take care of their business on the Internet.

··· ✱을 제외한 기본 문장연습 ➜ IM1~3 목표

해석 | 은행 시스템은 지난 수십 년간 많이 바뀌었습니다. 저는 무언가 필요할 때마다 은행을 방문하곤 했습니다. 그러나 많은 것이 바뀌었습니다. 저는 휴대전화로 언제 어디서나 인터넷에 접속할 수 있기 때문에 예전만큼 은행에 자주 가지 않습니다. 잔액을 확인하거나 송금하거나 요금을 지불하는 것도 온라인으로 할 수 있습니다. 유일하게 ATM에서 돈을 인출할 때 은행에 갑니다. 정리하자면, 지난 몇 년 동안 바뀐 많은 은행의 시스템으로 인해 사람들은 인터넷으로 그들의 업무를 볼 수 있게 되었습니다.

Key expressions

in the last few decades 지난 수십 년간 | get access to the Internet 인터넷에 연결하다 | withdraw money from the ATM machine ATM에서 돈을 인출하다 | take care of their business 필요한 업무를 보다

나만의
공식
적용

과거의 은행	현재의 은행	마무리

**나만의
아이디어
노트**

The banking system has changed a lot in the last few decades.

과거의 은행 I used to go to a bank when

현재의 은행 As I can get access to the Internet with my cell phone whenever I want to,

In general,

마무리 Once again, the banking system has changed a lot in the last few years, so

고득점 Tip > 변화 · 비교묘사를 할 때는 the banking system has changed a lot in the last few decades / things have changed a lot 등
의 현재완료 시제의 표현과 'used to / but now 현재시제' 등의 표현을 이용하여 시제 대조를 보여 주는 것이 고득점 포인트입
니다.

13

패션

Fashion

🎧 PART2 ▸ 13

| 주제별 전략 |

돌발 문제 항목 중 '패션'은 종종 나타나는 주제입니다. 많은 주제의 첫 번째 문제는 주로 종류묘사로 시작합니다. 이 주제는 종류, 비교, 경험 묘사 등이 일반적인 3 Combo 문제이고, 2 Combo 문제는 마찬가지로 변화·비교, 이슈 질문이 일반적입니다. 전략적인 서베이를 통해 공부할 범위를 줄이고 자주 나오는 주제에 집중하는 것이 중요합니다. '쇼핑, 산업/업종' 등의 유사 주제들을 같이 준비하면 효과적입니다. 3단 콤보에서 자주 출제되는 문제로 Q1–3까지이며, 2단 콤보에서는 Q4, 5입니다.

| 나오는 문제 알고 가자 |

Q1 우리나라 사람들의 패션 I would like to know how people dress in your country. What kind of clothes do they wear? What is special about the fashion styles in your country? (p.238 ▸ IH&AL 답변)

Q2 과거/현재의 패션 비교 How have fashion trends in your country changed over the years? Do you think people in your country follow the latest fashions? If so, tell me why. (p.240 ▸ IH&AL 답변)

Q3 옷 구매 관련 경험 Talk about a time when you went shopping for some clothes. Where did you go and what did you buy? What was memorable about that shopping experience? Tell me everything about that time when you bought some clothes. (p.242 ▸ IH&AL 답변)

| 변형문제 알고 가자 |

Q4 우리나라 사람들의 패션 아이템 What kinds of fashion items are popular these days in your country? How do people use those fashion items? Why did those fashion items become popular? Please tell me about them in detail.

Q5 패션 아이템에 관련된 사람들의 이슈 What are some issues people talk about related to fashion items in your country? Why were they become an issue?

콤보별 문제 유형

» 3 Combo Set
종류묘사 ▸ 우리나라 사람들의 패션
비교묘사 ▸ 과거/현재의 패션 비교
특정경험 ▸ 옷 구매 관련 경험

» 2 Combo Set
변화묘사 ▸ 우리나라 사람들의 패션 아이템
이슈묘사 ▸ 패션 아이템에 관련된 사람들의 이슈

Q1 우리나라 사람들의 패션

I would like to know how people dress in your country. What kind of clothes do they wear? What is special about the fashion styles in your country?

당신이 사는 나라에서 사람들은 옷을 어떻게 입는지 알고 싶습니다. 그들은 어떤 종류의 옷을 입나요? 당신의 나라에서 패션 스타일에 대해 특별한 것은 무엇입니까?

공식 적용

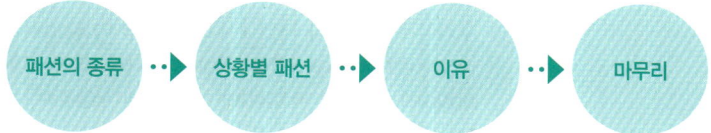

패션의 종류 ▸▸ 상황별 패션 ▸▸ 이유 ▸▸ 마무리

IH&AL 답변

🎧 PART2 › 13 › Q1 answer

패션의 종류 To be honest, it is very hard to describe how people dress in my country *because Korean people are very fashion conscious. *Therefore, there are plenty of fashion brands that people like to wear. **상황별 패션** People normally wear different types of clothes depending on the situation. During the weekdays, most people wear business attire *because of the dress code they have. **이유** *Normally most companies have their own dress code, so it is proper to wear professional attire. However, when people don't go to work, on the weekends *or when they have some days off, most people wear casual clothes. *People love to wear jeans with comfortable shoes. **마무리** So the thing is, the clothing we wear depends on the situation we're in.

·· ✳️을 제외한 기본 문장연습 ➔ **IM1~3 목표**

해석 | 솔직히 말해서, 우리나라 사람들이 옷을 입는 것을 묘사하는 것은 한국 사람들이 패션에 특별히 관심이 많기 때문에 매우 어렵습니다. 따라서, 사람들이 입고 싶어 하는 패션 브랜드도 많습니다. 사람들은 일반적으로 상황에 따라서 다양한 종류의 옷을 입습니다. 주중에는, 복장 규정 때문에 대부분의 사람들이 비즈니스 정장을 입습니다. 일반적으로 대부분의 회사들은 그들만의 복장 규정을 가지고 있기 때문에 업무에 맞는 복장을 하는 것이 적절합니다. 그러나 그들이 일하러 가지 않는 주말이나 휴일에는, 대부분 캐주얼한 옷을 입습니다. 사람들은 편한 신발에 청바지를 입는 것을 좋아합니다. 그래서 요지는, 우리가 입는 옷은 우리에게 처한 상황에 따라 달라집니다.

Key expressions

to be honest 솔직히 말해서 | **it is very hard to describe** 설명하기 어렵다 | **how people dress in my country** 우리나라 사람들이 어떻게 입는지를 | **fashion conscious** 패션에 관심이 많은 | **business attire** 비즈니스 정장 | **proper to wear professional attire** 업무에 맞는 옷을 입는 | **day off** 근무를 쉬는 날, 휴일

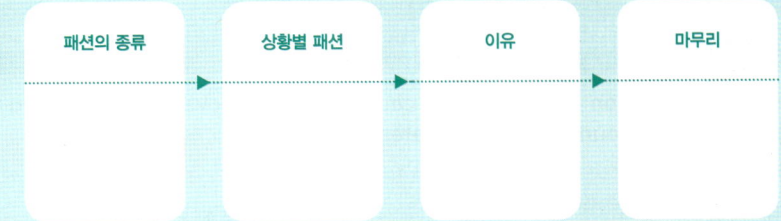

패션의 종류	상황별 패션	이유	마무리

패션의 종류 To be honest,

상황별 패션 People normally wear

이유 Normally most companies have their own dress code,

However, when people don't go to work

마무리 So the thing is,

고득점 Tip > 종류묘사를 할 때는 큰 범주의 내용부터 시작해서 세부적으로 들어가세요. 세부 장르를 얘기하기 시작하면 충분한 이유와 대표적인 예를 들어서 본인의 의견을 자세히 설명하는 것이 중요합니다. because of the dress code they have와 같이 구체적인 이유를 들어 설명해 주고, 또한 for example 등을 통해 예를 들되 주어는 the clothing we wear 같이 주어절로 길게 잡으면 어휘력을 보여 주기 좋습니다. 또한 현재시제를 주로 사용하는 일반묘사에서는 that절 등의 종속절도 사용하는 것이 좋습니다.

Q2 과거와 현재의 패션 비교

How have fashion trends in your country changed over the years? Do you think people in your country follow the latest fashions? If so, tell me why.

수년간 당신이 사는 나라에서 패션 유행은 어떻게 변해 왔나요? 당신은 당신 나라의 사람들이 최신 패션을 따른다고 생각하나요? 그렇다면, 왜인지 말씀해 주세요.

공식 적용

도입부 ··▶ 과거의 패션 ··▶ 요즘의 패션 ··▶ 변화

IH&AL 답변

🎧 PART2 › 13 ›
Q2 answer

도입부 Fashion trends have changed a lot over the years. 과거의 패션 When I was a kid, I remember that the same aged people normally wore similar types of clothes. *For example, many teenagers used to wear baggy clothes for style such as hip-hop musicians. 요즘의 패션 However these days, people prefer to wear different types of fashion styles *even if they are in the same generation. *Since we have the Internet, most people started to be influenced by the media and what they see on TV or movies. People are interested in what celebrities wear, *so many brands try to use celebrity endorsement to advertise their items. For example, I like to wear skinny jeans with a tight t-shirt *while my friends love to wear an oversized jumper with baggy jeans. Everyone has their own unique fashion style that they want to wear. 변화 So overall, the ideas about how to dress have changed a lot over the years.

·· ＊을 제외한 기본 문장연습 ➔ IM1~3 목표

해석 | 패션 유행은 지난 몇 년 동안 많이 바뀌어 왔습니다. 제가 어렸을 때는 일반적으로 같은 나이 대의 사람들이 비슷한 유형의 옷을 입었던 것으로 기억합니다. 예를 들어, 많은 10대가 멋을 위해 힙합 가수 같은 헐렁한 옷을 입었습니다. 그러나 최근에는, 사람들은 그들이 같은 세대일지라도 다른 패션스타일로 입는 것을 선호합니다. 인터넷이 보급된 후부터, 대부분의 사람들이 TV나 영화에서 본 것과 매체의 영향을 받기 시작했습니다. 사람들은 연예인들이 입는 옷에 관심을 갖고, 그래서 많은 브랜드가 자신들의 제품이 광고될 수 있도록 연예인들의 추천을 이용하려 노력합니다. 예를 들어, 저는 꽉 끼는 티셔츠와 스키니진을 입는 것을 좋아하는 반면에, 제 친구는 헐렁한 청바지에 큰 재킷을 입는 것을 좋아합니다. 누구나 그들이 입고 싶어 하는 독특한 패션 스타일이 있습니다. 그래서 결론 짓자면, 옷을 어떻게 입느냐에 대한 사람들의 생각은 지난 몇 년간 많이 바뀌어 오고 있습니다.

Key expressions

the same aged people 같은 나이 대의 사람들 **| used to wear baggy clothes** 헐렁한 옷을 입곤 하다 **| even if they are in the same generation** 혹 같은 세대라도 **| what they see on TV or movies** TV나 영화에서 본 **| use celebrity endorsement to advertise one's items** 자신들의 제품이 광고될 수 있도록 연예인들의 추천을 이용하다

도입부	과거의 패션	요즘의 패션	변화

도입부 Fashion trends have changed a lot over the years.

과거의 패션 When I was a kid,

요즘의 패션 However these days,

For example,

변화 So overall,

고득점 Tip

> 변화·비교묘사를 할 때는 과거시제와 현재시제를 구분하여 사용할 수 있다는 것을 어필할 수 있게 used to / but now 등의 표현을 이용하여 대조를 보여 주고 도입부이나 결론에는 비교급이나 현재완료를 사용해 변화의 내용을 정리해 주는 것이 중요 합니다. ex When I was a kid, I remember that ~. / However these days, people prefer to wear ~.

Q3 옷 구매 관련 경험

PART2 › 13 › Q3

Talk about a time when you went shopping for some clothes. Where did you go and what did you buy? What was memorable about that shopping experience? Tell me everything about that time when you bought some clothes.

옷을 사러 가게에 갔던 때에 대해 말씀해 주세요. 어디로 갔고 무엇을 샀나요? 그 쇼핑 경험에 대해 기억에 남는 것은 무엇인가요? 당신이 옷을 샀던 때에 대해 모두 말씀해 주세요.

공식 적용

IH&AL 답변

PART2 › 13 › Q3 answer

시기(언제/어디서/누구와) *I remember a time when I had trouble buying an item online several years ago. I decided to purchase a pair of pants online *because it was on sale. So I checked the stock and they were available. So I paid for the order and waited a week. **사건** However, when the pants arrived, *I was quite disappointed because they looked different from *what I saw on the Internet. They didn't fit me *like the model I saw on the website. I tried to get a refund but it wasn't easy. **결과** Eventually, I got a refund *after a long time of emailing back and forth. It took me a full week to solve the problem. **마무리(느낀 점)** Ever since that incident, I try not to buy things online.

································· *을 제외한 기본 문장연습 ➔ IM1~3 목표

해석 | 저는 몇 년 전에 온라인에서 패션 제품을 구매하다가 문제가 생겼던 것이 기억납니다. 세일 기간이었기 때문에 온라인에서 바지를 사기로 결정했습니다. 그래서 재고를 확인해 봤더니 가능했었습니다. 저는 주문 결제를 했고 일주일을 기다렸습니다. 그러나 바지가 도착했을 때, 인터넷에서 본 것과 너무 달라서 매우 실망하였습니다. 웹사이트에서 본 모델처럼 바지는 제게 맞지 않았습니다. 그래서 저는 환불하려고 시도했지만, 쉽지 않았습니다. 결국, 저는 한참 동안 이메일을 주고받은 뒤에야 환불을 받았습니다. 이 문제를 해결하는 데 일주일이 걸렸습니다. 이 사건 이후로, 저는 온라인에서 아무것도 사지 않습니다.

Key expressions

be on sale 세일 중이다 | check the stock 재고를 확인하다 | look different from what I saw on the Internet 인터넷에서 본 것과 다르다 | fit (모양이나 크기가) 맞다 | try to get a refund 환불은 받으려 노력하다 | after a long time of emailing back and forth 오랜 시간 이메일을 주고받은 끝에

시기 (언제/어디서/누구와)	사건	결과	마무리 (느낀 점)

시기(언제/어디서/누구와) I remember a time

사건 However, when the pants arrived,

결과 Eventually,

마무리(느낀 점) Ever since that incident,

고득점 Tip　▷ 경험묘사를 할 때는 '언제, 어디서, 누구와, 무슨 일이 있었는지'를 설명해야 합니다. 경험에 대해 설명할 때 과거시제의 사용에 주의하여 실수가 없도록 하고 현재완료와 시제 변형 등을 통해 시제 사용이 원활한 점을 부각시키는 것이 중요합니다.
　　ex So I checked the stock ∼. / However, when the pants arrived, ∼. / Eventually, I got a refund ∼. / Ever since that incident ∼.

14

예약

Appointment

| 주제별 전략 |

돌발주제는 배경 설문과 상관없이 나오는 주제입니다. '예약'은 신규 OPIc 유형에서 점차 증가하고 있는 토픽으로 예약을 하는 장소와 관련된 동사를 숙지해야 합니다. 3단 콤보에서 자주 출제되는 문제는 Q1-3까지입니다.

🎧 PART2 › 14

| 나오는 문제 알고 가자 |

Q1 살아가며 잡는 다양한 예약 Now, tell me about appointments you make in your life. What kinds of appointments are they and how do you make them? Talk about what happens at your appointments. (p.246 ▶ IH&AL 답변)

Q2 과거의 예약한 경험 Talk about an appointment you had in the past. What was the appointment about? Was it with a doctor or a dentist? Have you made an appointment with your hairdresser? What did you do to make the appointment and what actually happened when you got there? (p.248 ▶ IH&AL 답변)

Q3 예약 관련 에피소드, 해결 방법 Unexpected things can happen during an appointment. Talk about a memorable incident you experienced during an appointment. What exactly happened and how did you deal with the situation? (p.250 ▶ IH&AL 답변)

Q1 살아가며 잡는 다양한 예약

Now, tell me about appointments you make in your life. What kinds of appointments are they and how do you make them? Talk about what happens at your appointments.

이제, 당신이 살면서 해 본 예약에 관해 말씀해 주세요. 어떤 종류의 예약이었고 어떻게 그 예약을 했나요? 예약과 관련하여 어떤 일이 일어났는지 이야기해 주세요.

공식 적용

예약의 종류1&예 ·· 예약의 종류2&예 ·· 마무리

IH&AL 답변

PART2 › 14 › Q1 answer

예약의 종류1&예 I make different kinds of appointments *depending on what I need. I make doctor's appointments and dentist's appointments *when I am sick or need a check-up. I find the doctor's office intimidating, *so I try to avoid going there as much as possible. **예약의 종류2&예** On the other hand, I make regular appointments with my stylist *because I like changing my hairstyle. I often get a perm and change the color of my hair *because I feel more confident when I get a new hairstyle. **마무리** Although most places offer walk-in services, I prefer making appointments *ahead of time to avoid a long wait. Overall, I make different kinds of appointments *depending on what I need.

·········· *을 제외한 기본 문장연습 ➜ IM1~3 목표

해석 ┃ 저는 필요에 따라 다양한 종류의 예약을 합니다. 아플 때나 건강 검진을 받아야 할 때는 의사나 치과의사와 예약을 잡습니다. 병원에 가는 것을 꺼려하는 편이기 때문에 가능한 한 가지 않으려고 합니다. 반면에 미용사와는 정기적으로 예약을 잡는데, 제가 헤어 스타일 바꾸는 것을 좋아하기 때문입니다. 새로운 헤어 스타일을 할 때 더 자신감이 생기기 때문에 자주 파마를 하거나 머리 색을 바꿉니다. 대부분 예약 없이 이용할 수 있는 서비스를 제공하지만, 저는 오래 기다리는 것을 피하기 위해 미리 예약을 잡는 쪽을 선호합니다. 정리하자면, 저는 필요로 하는 것에 따라 다양한 예약을 잡습니다.

Key expressions

depending on what I need 내 필요에 의해 ┃ check-up 건강 검진 ┃ make regular appointments 꾸준하게 예약을 잡다 ┃ ahead of time 예정보다 빨리

나만의 공식 적용	예약의 종류1&예	예약의 종류2&예	마무리

 나만의 아이디어 노트

예약의 종류1&예 I make different kinds of appointments depending on

I make doctor's appointments and dentist's appointments when

예약의 종류2&예 On the other hand, I make

I often get

마무리 Although most places offer walk-in services, I prefer making appointments

고득점 Tip ▶ 종류묘사를 할 때는 큰 범주의 내용부터 시작해서 세부적으로 들어가세요. 세부 장르를 얘기하기 시작하면 충분한 이유와 대표적인 예를 들어서 본인의 의견을 자세히 설명하는 것이 중요합니다. 또한 다양한 부사구를 추가하여 설명을 구체화시키는 것이 고득점 포인트입니다. **ex** when I am sick or need a check-up / because I like changing my hairstyle / because I feel more confident / although most places offer walk-in services

Q2 과거의 예약한 경험

🎧 PART2 › 14 › Q2

Talk about an appointment you had in the past. What was the appointment about? Was it with a doctor or a dentist? Have you made an appointment with your hairdresser? What did you do to make the appointment and what actually happened when you got there?

과거에 했던 예약에 대해 말씀해 주세요. 무엇에 관한 예약이었나요? 의사나 치과의사와 잡은 예약이었나요? 미용사와 예약을 잡아 본 적이 있나요? 예약을 하기 위해 무엇을 했고 약속 당일 실제로 무슨 일이 일어났나요?

공식 적용

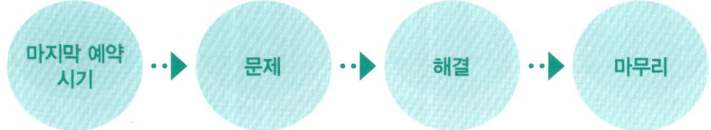

마지막 예약 시기 ┈▶ 문제 ┈▶ 해결 ┈▶ 마무리

IH&AL 답변

🎧 PART2 › 14 › Q2 answer

마지막 예약 시기 *I remember when I made an appointment with a dentist to get my teeth cleaned. *I thought I had been taking care of my teeth by brushing regularly. 문제 Unexpectedly, *when my dentist looked at my teeth, he told me that I had a small cavity in a wisdom tooth. *Knowing that it would hurt, I did not want to get my wisdom tooth pulled. However, *since I had a cavity, my dentist recommended getting it removed. 해결 So, even though I only went there to get my teeth cleaned, I ended up getting my wisdom tooth removed and I couldn't eat regular meals for a few days. 마무리 Well, that's it. Appointment with the dentist was the last experience *I had.

·· *을 제외한 기본 문장연습 ➔ **IM1~3 목표**

해석 | 치아를 깨끗이 하기 위해 치과의사와 예약을 잡았던 것이 기억납니다. 저는 규칙적으로 양치질을 해서 이를 잘 관리해 왔다고 생각했습니다. 제 예상과는 달리, 치과의사가 제 이를 보았을 때, 그는 제 사랑니에 작은 충치가 있다고 말했습니다. 아플 것을 알고 있었기에, 저는 사랑니를 뽑고 싶지 않았습니다. 그러나 충치가 있었기 때문에 치과의사는 이를 뽑을 것을 권했습니다. 그래서, 그냥 치아를 깨끗이 하기 위해 갔던 것뿐인데도, 저는 결국 사랑니를 뽑게 되었고, 며칠 동안 규칙적인 식사를 하지 못했습니다. 음. 이 정도입니다. 치과의사와의 예약은 제가 가장 최근에 했던 예약이었습니다.

Key expressions

get one's teeth cleaned 치아를 깨끗하게 하다 | **have a cavity** 충치가 있다 | **get one's wisdom tooth removed** 사랑니를 뽑다 | **eat regular meals** 규칙적으로 식사하다

나만의 공식 적용

마지막 예약 시기	→	문제	→	해결	→	마무리

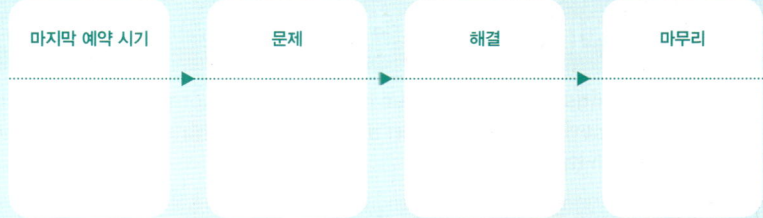

나만의 아이디어 노트

마지막 예약 시기 I remember when

문제 Unexpectedly, when my dentist looked at my teeth,

해결 So, even though I only went there to get my teeth cleaned, I ended up

마무리 Well, that's it. Appointment with the dentist was the last experience I had.

고득점 Tip > 경험묘사를 할 때는 '언제, 어디서, 누구와, 무슨 일이 있었는지'를 설명해야 합니다. 경험에 대해 설명할 때 과거시제의 사용에 주의하여 실수가 없도록 하고, 현재완료와 시제 변형 등을 통해 시제 사용이 원활한 점을 부각시키는 것이 중요합니다.

Q3 | 예약 관련 에피소드, 해결 방법

Unexpected things can happen during an appointment. Talk about a memorable incident you experienced during an appointment. What exactly happened and how did you deal with the situation?

예약 도중에 예기치 못한 일들이 일어날 수 있습니다. 예약 도중에 경험해 본 기억에 남을 만한 사건에 대해 이야기해 주세요. 정확히 무슨 일이 일어났고 그 상황을 어떻게 대처했나요?

공식 적용

기억에 남는 경험의 시기 ··▶ 사건 전 ··▶ 사건 후 ··▶ 마무리

IH&AL 답변

🎧 PART2 › 14 › Q3 answer

기억에 남는 경험의 시기 *The most memorable incident I've had is when I made an appointment with my stylist. I needed to get my hair done first thing in the morning *because I had to get my graduation picture taken in the afternoon. **사건 전** However, *when I arrived at the salon, all the doors were locked, and the lights were turned off. I decided to wait for my stylist. But after she did not show up for another 15 minutes, I decided to give her a call. **사건 후** *When I called her, she told me that she had been in a car accident and broke her arm. *Since I have always gotten my hair done by her, I decided to postpone my graduation picture *until she had fully recovered from her injury. **마무리** Well, that's the most memorable incident I had at the salon.

·· *을 제외한 기본 문장연습 ➔ IM1~3 목표

해석 | 가장 기억에 남는 일은 미용사와 예약을 잡았던 때입니다. 오후에 졸업사진을 찍어야 해서 아침에 가장 먼저 머리를 해야 했습니다. 하지만 제가 미용실에 도착했을 때, 모든 문은 잠겨 있었고 불은 꺼져 있었습니다. 저는 미용사를 기다리기로 했습니다. 그러나 그녀는 15분이 지나도 나타나지 않았고, 저는 그녀에게 전화를 해 보기로 했습니다. 전화를 했을 때, 그녀는 자동차 사고가 나서 팔이 부러졌다고 말했습니다. 항상 그녀가 제 머리를 담당해 왔기 때문에, 저는 졸업 사진을 그녀가 부상에서 완전히 회복할 때까지 미뤄야 했습니다. 음, 제가 미용실에서 있었던 가장 기억에 남는 사건은 여기까지입니다.

Key expressions

make an appointment 예약을 하다 | **show up** 오다, 나타나다 | **give someone a call** ~에게 전화하다 | **postpone my graduation picture** 졸업 사진을 연기하다 | **get my hair done** 머리를 하다

기억에 남는 경험의 시기	사건 전	사건 후	마무리

기억에 남는 경험의 시기 The most memorable incident I've had is when

사건 전 However, when I arrived at the salon,

사건 후 When I called her,

마무리 Well, that's the most memorable incident I had at the salon.

고득점 Tip > 과거 경험묘사를 할 때는 '언제, 어디서, 누구와, 무슨 일이 있었는지'를 설명해야 합니다. 경험에 대해 설명할 과거시제의 사용에 주의하여 실수가 없도록 하고, since I have always gotten my hair done by her와 같이 현재완료와 시제 변형 등을 통해 시제 사용이 원활한 점을 부각시키는 것이 중요합니다.

15

호텔

Hotel

| 주제별 전략 |

돌발 문제 항목 중 '호텔'은 많은 비중을 차지하진 않지만 빠지지 않고 꾸준히 나오는 주제 중 하나입니다. 보통 장소 관련 주제에서는 첫 번째 문제는 장소묘사가 나오기 마련입니다. 연관 있는 '해변 가기, 외식, 휴가' 등과 같이 생각하면 발화량에 도움이 됩니다. 주제의 종류, 장소, 경험 묘사 등이 일반적인 3 Combo이며, Q1-4까지의 문제 중 세 문제가 출제됩니다.

🎧 PART2 ▸ 15

| 나오는 문제 알고 가자 |

Q1 **우리나라 호텔** I'd like to know about the hotels where you live. What are they like? Where are they located? Are they different from the hotels in other countries? Tell me about hotels in your country in as much detail as possible. (p.254 ▸ IH&AL 답변)

Q2 **선호하는 방 종류** I'd like to know about the view that you usually want at hotels. Do you want an ocean view or a city view? What are the things that you can see from hotels? Tell me everything in detail.

Q3 **호텔 체크인 과정** Tell me about the things you do when you arrive at a hotel. What is the first thing you do? What do you do after that? Who do you talk to? Talk about all the things you do when you check into a hotel. (p.256 ▸ IH&AL 답변)

Q4 **가장 인상 깊었던 호텔** There are many unique hotels around the world. Tell me about a memorable hotel you stayed at. Why was that hotel special? How did you pick that hotel in the first place? What do you remember most about your stay at that hotel? (p.258 ▸ IH&AL 답변)

콤보별 문제 유형

» 3 Combo Set

장소묘사 ▸ 우리나라 호텔
경향묘사 ▸ 호텔 체크인 과정
특정경험 ▸ 가장 인상 깊었던 호텔

Q1 우리나라 호텔

I'd like to know about the hotels where you live. What are they like? Where are they located? Are they different from the hotels in other countries? Tell me about hotels in your country in as much detail as possible.

당신이 사는 곳에 있는 호텔에 대해서 알고 싶습니다. 그 호텔들은 어떤가요? 어디에 있나요? 다른 나라에 있는 호텔들과 다른가요? 당신이 사는 나라에 있는 호텔에 대해 가능한 한 자세히 이야기해 주세요.

공식 적용

호텔의 모습 ‥▶ 호텔의 위치 ‥▶ 호텔의 시설 ‥▶ 마무리

IH&AL 답변

🎧 PART2 › 15 › Q1 answer

호텔의 모습 The hotels in Korea are similar to other hotels *you would find anywhere else. The room size and facilities are almost the same. *The main difference is that you can reserve a room without a bed in Korea. **호텔의 위치** Hotels are located almost everywhere in Korea, *especially in Seoul. Most of the big international hotel chains are located on the main streets, and smaller hotels are located on the back streets. *There are hotels that cater to traveling business people and hotels that cater to people on a tight budget. **호텔의 시설** The larger hotels often have large dining areas, ballrooms, and wedding halls. The smaller hotels are more basic but are often much quieter. **마무리** Overall, *no matter where you want to stay in Korea, you can easily find a hotel.

·· ✱을 제외한 기본 문장연습 ➔ IM1~3 목표

해석 | 한국의 호텔들은 다른 어느 곳에서나 볼 수 있는 다른 호텔들과 비슷합니다. 방 크기나 시설들이 거의 같습니다. 주된 차이점은 한국에서는 침대가 없는 방을 예약할 수 있다는 것입니다. 한국에는 거의 모든 곳에 호텔이 있는데, 특히 서울에 많습니다. 대부분의 외국계 호텔 체인들이 중심가에 위치해 있고, 그보다 작은 호텔들이 뒷길에 있습니다. 출장 온 사람들을 대상으로 하는 호텔이 있고 예산이 빠듯한 사람들을 위한 호텔이 있습니다. 더 큰 호텔에는 종종 넓은 식당과 연회장, 결혼식장이 있습니다. 작은 호텔들은 보다 기본적이지만 종종 훨씬 더 조용합니다. 정리하자면, 당신이 한국 어디에서 머물기 원하든지 간에 쉽게 호텔을 찾을 수 있습니다.

Key expressions

find anywhere else 다른 어느 곳에서도 찾다 | **cater to ~** ~의 구미를 맞추다 | **tight budget** 빠듯한 예산

나만의
공식
적용

호텔의 모습	호텔의 위치	호텔의 시설	마무리

나만의
아이디어
노트

호텔의 모습 The hotels in Korea are similar to

호텔의 위치 Hotels are located

호텔의 시설 The larger hotels often have

마무리 Overall, no matter where you want to stay in Korea, you can

고득점 Tip ➤ 장소묘사를 할 때는 장소의 위치와 이름을 밝히면서 시작하세요. 또한 장소의 특징적 시설을 설명해야 합니다. 특히 고득점을 위해서는 위치와 시설을 밝힐 때 that절을 사용하여 부가 설명을 해 주는 것이 중요합니다. ex There are hotels that cater to traveling business people and hotels that cater to people on a tight budget.

Q3 호텔 체크인 과정

🎧 PART2 › 15 › Q3

Tell me about the things you do when you arrive at a hotel. What is the first thing you do? What do you do after that? Who do you talk to? Talk about all the things you do when you check into a hotel.

당신이 호텔에 도착하면 하는 일들에 대해 말씀해 주세요. 제일 먼저 하는 일은 무엇입니까? 그다음엔 무엇을 하십니까? 당신은 누구와 이야기하나요? 당신이 호텔에 체크인을 할 때 하는 것들에 대해 모두 이야기해 주세요.

공식 적용

처음 들어갈 때 하는 일 ‥▶ 방에 들어가서 하는 일 ‥▶ 마무리

IH&AL 답변

🎧 PART2 › 15 › Q3 answer

`처음 들어갈 때 하는 일` *The first thing I do when I get to a hotel is check in at the front desk. The people at hotels are often very friendly *and will answer any questions I have about the area. *After I get the key to my room, I look at the advertisements about the places to visit in the area. `방에 들어가서 하는 일` Then, I leave the lobby and make my way to my room. *When I arrive at my room, I find a place for my luggage *and then check to make sure that everything is clean and in order. *If there are any problems, I contact the people at the front desk right away. *By the time I get to my room, I have usually been traveling for a while, so I take a shower and try to rest a bit. `마무리` Well, that's it. That's what I usually do *when I get to a hotel.

·········· ✱을 제외한 기본 문장연습 ➔ IM1~3 목표

해석 | 제가 호텔에 도착하면 제일 먼저 하는 일은 프런트 데스크에서 체크인을 하는 것입니다. 대개 호텔 사람들은 매우 친절해서 제가 그 지역에 대해 어떤 질문을 해도 답해 줍니다. 제 방 열쇠를 받고 나면, 저는 그 지역에서 가 볼 만한 장소들에 대한 광고를 봅니다. 그 후, 저는 로비를 떠나 제 방으로 걸음을 옮깁니다. 방에 도착하면, 저는 짐을 놓을 장소를 찾고 모든 것이 깨끗하고 잘 정돈되어 있는지 확인합니다. 어떤 문제라도 있으면, 저는 즉시 프런트 데스크에 있는 사람들에게 연락합니다. 제가 방에 도착하면 보통 오랫 동안 여행을 해 와서 샤워를 하고 잠시 쉽니다. 음, 이 정도입니다. 이것이 바로 제가 호텔에 도착했을 때 보통 하는 일입니다.

Key expressions

make one's way to ~로 (나아)가다 | find a place for something ~를 둘 공간을 찾다

나만의 공식 적용

처음 들어갈 때 하는 일	방에 들어가서 하는 일	마무리

나만의 아이디어 노트

처음 들어갈 때 하는 일 The first thing I do when I get to a hotel is

방에 들어가서 하는 일 Then,

When I arrive at my room,

마무리 Well, that's it. That's what I usually do

고득점 Tip

> 본인의 습관을 얘기하는 경향묘사를 할 때는 '언제, 어디서, 누구와'를 밝히면서 얘기하는 습관을 들이세요. 또한, 하는 일을 설명할 때는 하는 이유나 예를 들어 주는 것이 좋습니다. after I get the key to my room / by the time I get to my room / when I get to the hotel 등을 추가해서 자세히 묘사해 주세요.

Q4 가장 인상 깊었던 호텔

There are many unique hotels around the world. Tell me about a memorable hotel you stayed at. Why was that hotel special? How did you pick that hotel in the first place? What do you remember most about your stay at that hotel?

세상에는 많은 독특한 호텔이 있습니다. 당신이 머물렀던 기억에 남는 호텔에 대해 말씀해 주세요. 그 호텔은 왜 특별했습니까? 처음에 그 호텔을 어떻게 골랐나요? 그 호텔에서 머물렀던 것에 관해 무엇이 가장 기억에 남습니까?

공식 적용

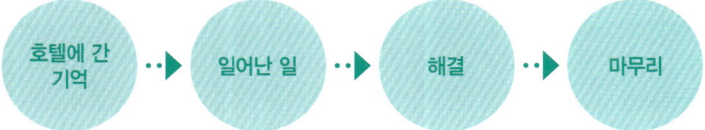

호텔에 간 기억 ┈▶ 일어난 일 ┈▶ 해결 ┈▶ 마무리

IH&AL 답변

🎧 PART2 › 15 › Q4 answer

호텔에 간 기억 *The last time I stayed in a hotel was when I traveled to the mountains in the center of Korea. The hotel was very large, and there were many parents with little children. The weather had just started warming up, and it was perfect for hiking. **일어난 일** *The first day I was there, I started my hike early in the afternoon. The view from the mountain was magnificent. There were many tall trees and flowers along the way. *By the time I made it to the top of the mountain, it was almost dark. *I didn't think I would be able to make it back to the hotel. **해결** Luckily, one of the hotel's security guards found me and gave me a ride back to the hotel. *He told me that many guests make the same mistake, but I was still a little embarrassed. **마무리** I still talk about this experience with my friends from time to time. *That's probably the most memorable experience I've had.

··· ✱을 제외한 기본 문장연습 ➜ **IM1~3 목표**

해석 | 마지막으로 호텔에 머물렀던 것은 한국의 중부 지방의 산을 둘러봤던 때였습니다. 호텔은 매우 컸고 아이들과 함께 온 가족들이 많았습니다. 날씨가 막 따뜻해질 무렵이었고, 하이킹을 하기에 안성맞춤이었습니다. 그곳에 갔던 첫날, 저는 오후 일찍 하이킹을 시작했습니다. 산에서 바라보는 풍경은 근사했습니다. 길가를 따라 키 큰 나무들과 꽃들이 많이 있었습니다. 제가 산 정상에 올라갔을 무렵에는 이미 거의 어두워져 있었습니다. 저는 호텔로 돌아갈 수 있을 것 같지가 않았습니다. 다행히도, 호텔의 안전요원 중 한 명이 저를 찾아냈고 호텔까지 태워다 주었습니다. 그는 많은 손님이 비슷한 실수를 한다고 말해 주었지만, 저는 여전히 조금 민망했습니다. 저는 여전히 때때로 친구들과 이 경험에 대해 이야기합니다. 아마 제가 겪은 가장 기억에 남는 경험일 것입니다.

Key expressions

warm up 준비가 되다, 따뜻해지다, 몸을 풀다 | **magnificent** 경치가 아름다운 | **make it to the top** 정상에 오르다 |
make it back to the hotel 호텔로 돌아오다 | **give (somebody) a ride** (~를) 태워다 주다

 **나만의 공식 적용**

호텔에 간 기억	→	일어난 일	→	해결	→	마무리

 **나만의 아이디어 노트**

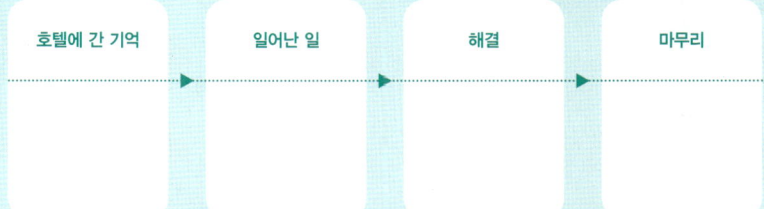

호텔에 간 기억 The last time I stayed in a hotel was

일어난 일 The first day I was there,

해결 Luckily, one of the hotel's security guards

마무리 I still talk about this experience with my friends from time to time. That's probably the most memorable experience I've had.

고득점 Tip ▸ 특정 과거 경험묘사를 할 때는 '언제, 어디서, 누구와, 무슨 일이 있었는지'를 설명해야 합니다. 경험에 대해 설명할 때 과거시제의 사용에 주의하여 실수가 없도록 하고, 지난 경험을 묘사할 때는 The last time I stayed in a hotel was when I traveled to the mountains in the center of Korea.처럼 〈the last time S+V〉 패턴으로 문장을 시작하기 바랍니다. That's probably the most memorable experience I've had.와 같은 굳장을 숙지해 두었다가 다양한 주제에서 문장을 마무리할 때 쓰면 고득점을 받을 수 있습니다.

16

교통

Transportation

| 주제별 전략 |

돌발 문제 항목 중 '교통'은 꾸준히 나오는 주제입니다. 많은 주제의 첫 번째 문제는 주로 종류묘사로 시작합니다. 주제의 종류, 장소, 경험 묘사 등이 일반적인 3 Combo 문제입니다. 3단 콤보에서 자주 출제되는 문제는 Q1-3까지이며, 신규 OPIc에서 빈출도가 높아진 만큼 기본적인 교통 관련 표현도 숙지하길 바랍니다.

··· 🎧 PART2 › 16

| 나오는 문제 알고 가자 |

Q1 우리나라의 교통 How do people in your country get around? What kind of transportation do people take? Do people drive, or do they use other means of transportation such as the train or bus? Tell me everything about how people get around. (p.262 ▶ IH&AL 답변)

Q2 대중교통의 변화 Now, tell me how transportation has changed over the years. How is the way people get around different now compared to the past? (p.264 ▶ IH&AL 답변)

Q3 교통 관련 경험 Tell me about a time when you had trouble due to a certain mode of transportation. Perhaps your car broke down or you got stuck in a traffic jam. What happened and how did you deal with the situation? Give me all the details. (p.266 ▶ IH&AL 답변)

콤보별 문제 유형

» 3 Combo Set

종류묘사 ▶ 우리나라의 교통
변화묘사 ▶ 대중교통의 변화
일상경험 ▶ 교통 관련 경험

Q1 우리나라의 교통

How do people in your country get around? What kind of transportation do people take? Do people drive, or do they use other means of transportation such as the train or bus? Tell me everything about how people get around.

당신이 사는 나라의 사람들은 어떻게 돌아다니나요? 사람들은 어떤 종류의 교통수단을 이용합니까? 사람들은 운전하나요, 아니면 기차나 버스 같은 다른 교통수단을 이용하나요? 어떻게 사람들이 돌아다니는지에 대한 모든 것을 말씀해 주세요.

공식 적용

IH&AL 답변

🎧 PART2 › 16 › Q1 answer

대중교통 종류 There are many different types of transportation that people can use in Korea. Most of the young people *that live in the city either use buses or the subway *to get where they need to go. However, people with families usually have their own cars. When people need to travel further distances, they either take a bus or use the high-speed train. **버스와 지하철** The subway and bus system in Seoul is very well organized *and is continuously expanding. Using it is really inexpensive. *Over the past few years, more subway lines have opened, and new bus routes have been created. So, public transportation has become very convenient. It is also possible to transfer from a bus to the subway or the subway to a bus *without paying any additional fees. **자동차** Having a car makes getting around a little easier, but it can be more expensive and time-consuming. *Since fuel is expensive, and there are frequent traffic jams in the morning and evening, many people still use public transportation to get to and from work or school. *Many people only use their cars when they need to travel longer distances or when they go shopping.

·· ✱을 제외한 기본 문장연습 ➡ IM1~3 목표

해석 | 한국에는 사람들이 이용할 수 있는 다양한 종류의 교통수단이 있습니다. 도시에 사는 대부분의 젊은 사람은 버스나 지하철을 이용해서 가야 할 곳에 갑니다. 하지만 가족이 있는 사람들은 보통 자가용을 가지고 있습니다. 사람들이 먼 거리를 가야 할 때는, 버스를 타거나 고속 열차를 이용합니다. 서울의 지하철과 버스 체계는 잘 조직되어 있고 계속해서 확장되고 있습니다. 대중교통을 이용하는 요금은 비싸지 않습니다. 지난 몇 년간, 더 많은 지하철 노선이 개통되었고 새로운 버스 노선도 만들어졌습니다. 그래서 대중교통은 매우 편리해졌습니다. 또한 버스에서 지하철로, 또는 지하철에서 버스로 추가 비용 없이 갈아타는 것도 가능합니다. 차가 있으면 조금 더 쉽게 돌아다닐 수는 있지만 더 비용이 많이 들고 시간 소모도 큽니다. 연료가 비싸고 아침 저녁으로 자주 교통 체증이 있기 때문에, 많은 사람이 여전히 대중교통을 이용해 직장이나 학교로 출퇴근합니다. 많은 사람이 먼 거리를 가야 할 때나 쇼핑을 갈 때만 자가용을 이용합니다.

Key expressions

more subway lines have opened 더 많은 지하철 노선이 개통되어 오다 | new bus routes have been created 새로운 버스 노선이 만들어져 오다 | without paying any additional fees 추가 비용 없이 | be more time-consuming 시간이 더 들다 | frequent traffic jams 잦은 교통 체증

나만의
공식
적용

대중교통 종류	버스와 지하철	자동차

나만의
아이디어
노트

대중교통 종류 There are many different types of transportation

버스와 지하철 The subway and bus system in Seoul is

자동차 Having a car makes

고득점 Tip ▶ 종류묘사를 할 때는 큰 범주의 내용부터 시작해서 세부적으로 들어가세요. 세부 장르를 얘기하기 시작하면 충분한 이유와 대 표적인 예를 들어서 본인의 의견을 자세히 설명하는 것이 중요합니다. ex Bus routes have been created.

Q2 대중교통의 변화

Now, tell me how transportation has changed over the years. How is the way people get around different now compared to the past?

이제, 시간이 지남에 따라 교통수단이 어떻게 바뀌어 왔는지 말씀해 주세요. 사람들이 돌아다니는 방법은 과거와 비교했을 때 지금 어떻게 다릅니까?

 공식 적용

교통수단의 변화 ▸▸ 과거의 교통수단 ▸▸ 현재의 교통수단

 IH&AL 답변

 🎧 PART2 › 16 › Q2 answer

교통수단의 변화 Transportation has become easier and less expensive over the years. *Since there are many new subway lines and bus routes, using public transportation is often easier than driving. 과거의 교통수단 In the past, a lot of young people would buy cars as soon as they started working, but nowadays, many young people don't even learn how to drive. *Since the price of fuel has increased, and traffic can be very bad at certain times of the day, public transportation is more convenient to use. It is also less expensive than buying a car, *paying for the insurance, and purchasing fuel. *In the past, it was difficult to get to places if you didn't have your own car, but public transportation has expanded a lot over the years. 현재의 교통수단 Now, it is possible to get almost everywhere in Korea using public transportation, *so many young people don't find it necessary to drive.

·· ＊을 제외한 기본 문장연습 ➔ IM1~3 목표

해석 | 교통수단은 시간이 지나면서 더욱 쉬워지고 저렴해졌습니다. 많은 새로운 지하철 노선과 버스 노선이 있기 때문에, 대중교통을 이용하는 것은 운전하는 것보다 쉽습니다. 과거에는, 많은 젊은 사람이 일하기 시작하자마자 차를 사곤 했지만, 요즘은 아예 운전을 배우지 않기도 합니다. 연료비가 증가해 왔고 교통이 하루 중 특정 시간에 매우 혼잡하기 때문에, 대중교통을 이용하는 것이 더 편리합니다. 또한 차를 사고 보험료를 내고 주유하는 것보다 비용도 훨씬 덜 듭니다. 과거에는, 자기 차를 가지고 있지 않으면 여기저기 다니는 것이 어려웠지만, 대중교통이 수년간 많이 확장되어서 이제는 한국 거의 모든 곳을 대중교통을 이용해 다닐 수 있습니다. 그래서 많은 젊은 사람이 운전할 필요를 느끼지 않습니다.

Key expressions

has become easier and less expensive 더욱 쉽고 저렴해지다 | there are many new subway lines and bus routes 많은 지하철과 버스 노선이 있다 | the price of fuel has increased 연료비가 증가했다 | at certain times of the day 하루 중 특정 시간에 | public transportation has expanded 대중교통이 확장되었다

| 교통수단의 변화 | → | 과거의 교통수단 | → | 현재의 교통수단 |

교통수단의 변화 Transportation has become

과거의 교통수단 In the past,

In the past, it was difficult to get to places

현재의 교통수단 Now,

고득점 Tip > 변화·비교묘사를 할 때는 과거시제와 현재시제를 구분하여 사용할 수 있다는 것을 어필할 수 있게 used to / but now 등의 표현을 이용하여 대조를 보여 주고 도입부이나 결론에는 비교급이나 현재완료를 사용해 변화의 내용을 정리해 주는 것이 중요합니다. ex In the past, a lot of young people would buy cars ~. / Now, it is possible to get almost everywhere in Korea using public transportation.

Q3 교통 관련 경험

Tell me about a time when you had trouble due to a certain mode of transportation. Perhaps your car broke down or you got stuck in a traffic jam. What happened and how did you deal with the situation? Give me all the details.

교통의 특정 상황 때문에 문제를 겪어 본 경험에 대해 말씀해 주세요. 아마도 당신의 차가 고장이 나거나 교통 체증 안에 갇혔을지도 모릅니다. 정확히 무슨 일이 있었고, 당신은 그 상황에 어떻게 대처했나요? 자세한 이야기를 해 주세요.

공식 적용

시기(언제/어디서/누구와) ▸▸ 사건 전 ▸▸ 사건 후 ▸▸ 결과 ▸▸ 배운 점

IH&AL 답변

🎧 PART2 › 16 › Q3 answer

시기(언제/어디서/누구와) Last summer, I traveled to the beach for a long weekend holiday. **사건 전** I left early on Friday morning, and it took about four hours by bus *to get to my destination. *There wasn't much traffic on the road, so I didn't think too much about the return trip I would need to take a couple days later. **사건 후** When I got on the bus Sunday evening, there were no empty seats. *I didn't think too much about it because the bus trip started off well. However, about an hour into the trip, the bus became stuck in a bad traffic jam. *Many people were trying to make their way back to the city after a long holiday weekend. The bus finally arrived after *being on the road for nearly ten hours. **결과** Once I arrived back at the bus station, it was already 4A.M. *I wouldn't be able to take the subway back home for another two hours, so I had to take a taxi. **배운 점** Next time I travel during a holiday, I will either have to leave earlier or try to stay for another day.

·· ✳을 제외한 기본 문장연습 ➡ IM1~3 목표

해석 | 지난여름, 저는 긴 주말 휴일 동안 해변으로 여행을 갔습니다. 저는 금요일 아침 일찍 떠났고, 목적지까지 버스로 4시간 정도가 걸렸습니다. 길에 차들은 많지 않아서 저는 이틀 후 돌아오는 여정에 대해서는 별로 생각하지 않고 있었습니다. 제가 일요일 저녁에 버스에 탔을 때, 빈 좌석이 없었습니다. 저는 별로 대수롭지 않게 생각했는데, 왜냐하면 버스 여행이 처음엔 순조로웠기 때문입니다. 하지만 약 한 시간이 지난 후, 버스는 심각한 교통 체증에 막히기 시작했습니다. 많은 사람이 긴 주말 휴일 후에 도시로 돌아오려고 하고 있었습니다. 버스는 도로 위에서 거의 10시간을 보낸 후에야 마침내 도착했습니다. 버스 터미널에 도착했을 때는 이미 새벽 4시였습니다. 저는 지하철을 타고 집까지 두 시간을 더 갈 수가 없을 것 같아 택시를 타기로 했습니다. 다음에 제가 휴일에 여행을 할 때는, 저는 더 일찍 출발하거나 하루 더 머물러야겠습니다.

Key expressions

travel to the beach 해변으로 여행을 가다 | leave early on Friday morning 금요일 아침 일찍 떠나다 | return trip 돌아오는 여정 | the bus trip started off well 버스 여행이 순조롭게 시작되었다 | the bus became stuck in a bad traffic jam 버스는 교통체증에 갇혔다 | after being on the road for nearly ten hours 도로 위에서 거의 10시간을 보낸 뒤에

시기 (언제/어디서/누구와)	사건 전	사건 후	결과	배운 점

시기(언제/어디서/누구와) Last summer, I traveled to _____

_____

사건 전 _____

_____

_____

사건 When I got on the bus _____

_____

_____

_____

결과 Once I arrived back at the bus station _____

_____

_____

배운 점 Next time I travel during a holiday, _____

_____

고득점 Tip ➤ 경험묘사를 할 때는 '언제, 어디서, 누구와, 무슨 일이 있었는지'를 설명해야 합니다. 경험에 대해 설명할 때 과거시제의 사용에 주의하여 실수가 없도록 하고, 현재완료와 시제 변형 등을 통해 시제 사용이 원활한 점을 부각시키는 것이 중요합니다. 특히 특정 사건이 있는 내용일 경우에는 사건의 전/후 혹은 사건/결과 등으로 내용을 구성하는 것이 좋습니다. **ex** I left early on Friday morning ~. / When I got on the bus Sunday evening, ~. / Once I arrived back at the bus station, it was ~.

17

날씨

Weather

| 주제별 전략 |

돌발 문제 항목 중 '날씨'는 빠지지 않고 가끔씩 나오는 문제로 우리나라 날씨에 대해 기본적으로 설명할 수 있어야 하고 '현재/과거의 비교'나 '기억에 남는 경험' 말하기가 보통 함께 따라 나옵니다. '오늘의 날씨' 말하기는 시험 전 실시되는 오리엔테이션 때 헤드셋을 테스트할 때 나오는 샘플 질문이기도 합니다. 3단 콤보에서 자주 출제되는 문제는 Q1~4까지 중 세 문제입니다.

🎧 PART2 › 17

| 나오는 문제 달고 가자 |

Q1 **현지의 기후/계절** Tell me about the weather where you live. How are the seasons? What is the weather like in each season? Which season do you personally like the most? Tell me everything about the weather. (p.270 ▶ IH&AL 답변)

Q2 **날씨 관련 에피소드** Tell me about a memorable incident related to the weather. What was the problem and how did you deal with the situation? What made that incident unforgettable? (p.272 ▶ IH&AL 답변)

Q3 **날씨 변화** How has the weather in your country changed over the years? Is the weather different from what it used to be? How has it changed? Give me some details. (p.274 ▶ IH&AL 답변)

| 변형문제 알고 가자 |

Q4 **오늘 날씨** How was the weather today at where you were? Was it cold, was it warm? Talk about today's weather in detail.

콤보별 문제 유형

» 3 Combo Set
종류묘사 ▶ 현지의 기후/계절
일상경험 ▶ 날씨 관련 에피소드
변화묘사 ▶ 날씨 변화

Q1 현지의 기후/계절

PART2 › 17 › Q1

Tell me about the weather at where you live. How are the seasons? What is the weather like in each season? Which season do you personally like the most? Tell me everything about the weather.

당신이 살고 있는 곳의 날씨에 대해 말해 주세요. 계절은 어떻습니까? 계절마다 날씨가 어떻습니까? 어떤 계절을 개인적으로 가장 좋아하나요? 날씨에 대하여 전부 말해 주세요.

공식 적용

IH&AL 답변

🎧 PART2 › 17 › Q1 answer

우리나라 날씨 The weather in Korea is usually mild, *but it can change from one day to the next. *Although there are four seasons, the weather is often either too hot or too cold. **좋아하는 날씨&예** *I would have to say that my favorite season is spring. *After having cold days in the winter, spring always feels new and fresh. The city starts becoming greener. Also, *when spring comes, the weather is very mild, and all of the flowers start blooming again. The cherry blossoms signal the change in weather and make the country beautiful. I always spend a lot of time outdoors in the spring. **마무리** Overall, there are four distinct seasons in Korea. However, *when it comes to weather, my favorite season is definitely spring.

··· *을 제외한 기본 문장연습 ➔ **IM1~3 목표**

해석 | 한국의 날씨는 보통 포근한 편이지만, 그날 그날에 따라 바뀔 수 있습니다. 사계절이 있지만, 종종 너무 덥거나 너무 춥습니다. 제가 가장 좋아하는 계절은 봄이라고 할 수 있습니다. 추운 겨울날을 지내고 나면, 봄은 항상 새롭고 신선하게 느껴집니다. 도시는 점점 녹색빛으로 변합니다. 또한, 봄이 오면 날씨는 매우 포근해지고 모든 꽃들이 다시 피어나기 시작합니다. 벚꽃이 날씨의 변화를 알리고 나라 전체를 아름답게 만듭니다. 저는 봄에 언제나 많은 시간을 야외에서 보냅니다. 전반적으로, 한국에는 사계절이 있습니다. 하지만 날씨에 있어서, 제가 가장 좋아하는 계절은 당연히 봄입니다.

Key expressions

I would have to say that ~라고 말할 수밖에 없다 ｜ all of the flowers start blooming again 모든 꽃이 다시 피기 시작하다 ｜ The cherry blossoms signal the change in weather 벚꽃이 날씨의 변화를 알리다

나만의 공식 적용

우리나라 날씨	→	좋아하는 날씨 & 예	→	마무리

나만의 아이디어 노트

우리나라 날씨 The weather in Korea is usually

좋아하는 날씨 & 예 I would have to say that my favorite season is

Also, when   comes, the weather is

마무리 Overall, there are four distinct seasons in Korea. However, when it comes to weather, my favorite season is

고득점 Tip ▶ 종류묘사를 할 때는 큰 범주의 내용부터 시작해서 세부적으로 들어가세요. 세부 장르를 얘기하기 시작하면 충분한 이유와 대표적인 예를 들어서 본인의 의견을 자세히 설명하는 것이 중요합니다. I would have to say / when it comes to weather 등을 문장 시작 전에 추가해서 표현의 뉘앙스를 다양하게 해 준다면 고득점을 얻을 수 있습니다.

Q2 날씨 관련 에피소드

🎧 PART2 › 17 › Q2

Tell me about a memorable incident related to the weather. What was the problem and how did you deal with the situation? What made that incident unforgettable?

날씨에 관련된 기억에 남는 사건을 말씀해 주세요. 어떤 문제가 있었고, 당신은 그 상황에 어떻게 대처했나요? 무엇이 그 사건을 잊혀지지 않게 만들었나요?

공식 적용

IH&AL 답변

🎧 PART2 › 17 › Q2 answer

사건 내용 *I remember a time when there was heavy rain for a couple of days. *I remember this clearly because it was a mid-term period at school. Water flooded the entire city of Seoul. *When I walked out of the subway station, the streets were flooded with water. Some of the cars appeared to be floating in the street and were covered with water up to the windows. **사건의 결과** There were stories on the news about the damage for days after the event. My school shut down for a week *because of the flooding. It's something that I'll never forget. **마무리** Well, that's it. Seeing a flood in the city was the most memorable event *that I remember.

·········· **✳을 제외한 기본 문장연습** ➜ **IM1~3 목표**

해석 | 저는 며칠 동안 많은 비가 내렸던 때가 기억납니다. 제가 그 일을 선명하게 기억하는 이유는 학교에서 중간고사를 본 날이기 때문입니다. 물이 서울 전체에 넘쳐 흘렀습니다. 제가 지하철역에서 걸어 나왔을 때, 거리는 온통 물바다였습니다. 거리에는 몇몇 차들이 떠다니고 있었고 창문까지 물로 덮여 있었습니다. 그 사건 이후로 며칠 동안 뉴스에서 피해에 대한 이야기가 나왔습니다. 저희 학교는 홍수 때문에 한 주 동안 휴교를 했습니다. 절대 잊을 수 없는 사건이라고 할 수 있습니다. 음, 여기까지입니다. 도심 전체가 홍수로 뒤덮인 것을 본 것이 가장 기억에 남는 일입니다.

Key expressions

walk out of the subway station 지하철역에서 나오다 | appear to be floating in the street 도로에 떠다니고 있다 | cover with water up to the windows 창문까지 물이 차오르다

사건 내용	사건의 결과	마무리

사건 내용 I remember a time when

When I walked out of the subway station,

사건의 결과 There were stories on the news about

마무리 Well, that's it. Seeing a flood in the city was the most memorable event

고득점 Tip ➤ 경험묘사를 할 때는 '언제, 어디서, 누구와, 무슨 일이 있었는지'를 설명해야 합니다. 경험에 대해 설명할 때 과거시제의 사용에 주의하여 실수가 없도록 하고, 특히 특정 사건이 있는 내용일 경우에는 사건의 전/후 혹은 사건/결과 등으로 내용을 구성하는 것이 좋습니다. when I walked out of the subway station / because of the flooding 등의 부사구를 추가하여 문장을 풍성하게 만들어 보세요.

Q3 날씨 변화

🎧 PART2 › 17 › Q3

How has the weather in your country changed over the years? Is the weather different from what it used to be? How has it changed? Give me some details.

당신의 나라에서 날씨는 시간이 지남에 따라 어떻게 변화했나요? 날씨가 이전에 그랬던 것과는 다른가요? 어떻게 바뀌었나요? 자세히 이야기해 주세요.

공식 적용

IH&AL 답변

🎧 PART2 › 17 › Q3 answer

과거 날씨 *The weather in Korea has changed a bit over the years. There used to be four distinct seasons. **현재 날씨** However, the weather in Korea these days is often very hot or very cold. I remember having mild weather as a child. I used to go outside and enjoy outdoor activities almost every season. **현재 날씨의 예1** However, the winter last year was so cold and there was a lot of snow. **현재 날씨의 예2** Also, the summer last year was very hot and it rained almost every day. I wouldn't be alive without the air conditioner. *Some say the weather keeps on changing *because of global warming. **마무리** *For the upcoming year, I hope that summer will not get too hot and there will be less snow during the winter. I guess I will just have to wait and find out.

⸻⸻⸻⸻⸻⸻⸻⸻⸻⸻⸻⸻ ✱을 제외한 기본 문장연습 ➡ IM1~3 목표

해석 | 한국의 날씨는 몇 년간 조금씩 변해 왔습니다. 전에는 사계절이 뚜렷한 날씨였죠. 하지만 요즘 한국의 날씨는 종종 매우 덥거나 매우 춥습니다. 제가 어렸을 때에 날씨는 온화했던 것으로 기억합니다. 거의 매 계절마다 밖에 나가 야외 활동을 즐기곤 했습니다. 하지만 지난겨울은 매우 추웠고 눈이 많이 왔습니다. 또한 지난여름은 매우 더웠고 거의 매일 비가 내렸습니다. 저는 에어컨이 없이는 살아남지 못했을 것입니다. 어떤 이들은 지구온난화 때문에 날씨가 계속해서 변한다고 합니다. 내년에는, 저는 여름이 너무 덥지 않고 겨울 동안은 눈이 좀 덜 오기를 바랍니다. 그냥 기다리며 어찌될지 봐야겠지요.

Key expressions

four distinct seasons 뚜렷한 사계절 | **wouldn't be alive without** ~ 없이 살수 없다 | **keep on changing** 계속 변화하다 | **the global warming** 지구온난화

과거 날씨	현재 날씨	현재 날씨의 예1	현재 날씨의 예2	마무리

과거 날씨 The weather in Korea has changed

현재 날씨 However, the weather in Korea these days is

현재 날씨의 예1 However, the winter last year was

현재 날씨의 예2 Also, the summer last year was

마무리 For the upcoming year, I hope that summer will

고득점 Tip　 > 변화·비교묘사를 할 때는 과거시제와 현재시제를 구분하여 사용할 수 있다는 것을 어필할 수 있도록 하고, The weather in Korea has changed a bit over the years. 등의 도입부나 현재완료를 사용해 변화 내용을 정리해 주는 것이 중요합니다.

PART 3
Role-Play 정복하기

{ PART 3 }

01

주어진 상황에서 직접/전화 질문하기

| Role-Play 11번 문제 출제자의 의도 |

롤플레인 11번 문제의 [질문하기]는 답변자가 얼마나 주어진 상황에 맞게 필요한 질문을 능숙하게 하는지의 여부를 파악하기 위함입니다. 다양한 질문 패턴을 익혀서 보여 주는 것이 가장 중요한 팁입니다.

🎧 PART3 › 01

| 나오는 문제 알고 가자 |

a. 영화/공연 문의하기

Q1 콘서트 티켓 문의 I'd like to give you a situation and ask you to act it out. You want to buy tickets for a concert tonight. Call the theater and ask two or three questions about ways to get tickets.

Q2 영화 문의 I'd like to give you a situation and ask you to act it out. You are planning to watch a movie with your friend. Call the theater and ask three or four questions about the movie and getting tickets for it.

b. 제품 문의하기

Q3 친구에게 MP3 질문 I'd like to give you a situation and ask you to act it out. You would like to buy an MP3 Player. Call your friend and ask about the MP3 Player he or she uses. Ask three or four questions that will help you decide whether you want to buy the product your friend is using.

Q4 신규 휴대전화 구매 문의 I'd like to give you a situation and ask you to act it out. You would like to buy a new cell phone. Call a store and ask three or four questions about a new phone you would like to purchase.

Q5 가구점, 원하는 가구에 대한 직원 문의 I'd like to give you a situation and ask you to act it out. You are at a furniture store to buy a piece of furniture. Ask the clerk three or four questions about the furniture you would like to buy.

Q6 부동산에 살 집 문의 I'd like to give you a situation and ask you to act it out. You would like to find a house to live in. Call a management office or a real estate agency and ask three or four questions about getting a house to live in.

Q7 커피숍 메뉴 문의, 주문 전화 I'd like to give you a situation and ask you to act it out. You would like to get coffee from a new coffee shop that has opened nearby. Call the coffee shop and ask three to four questions about their menu and how to order your coffee.

Role-Play 11번 문제 유형

a. 영화/공연 문의하기
b. 제품 문의하기
c. 예약 문의하기
d. 친구와 약속하기
e. 장소 문의하기

Q8 친구가 즐겨 쓰는 웹사이트 질문 I'd like to give you a situation and ask you to act it out. Your friend has a website that he or she likes to use. Call your friend and ask three or four questions to find out whether you want to use that website.

Q9 친구가 SNS 시작, 도와주려고 질문 I'd like to give you a situation and ask you to act it out. Your friend wants to use a social networking site and needs some help. Call your friend and ask three or four questions to help that friend out.

Q10 가게에서 옷 구매 질문 I'd like to give you a situation and ask you to act it out. You are at a clothing store to buy something for your trip. Ask a clerk three or four questions about the clothes you would like to buy.

Q11 도서관에서 책 빌리기 I'd like to give you a situation and ask you to act it out. You are at the library to borrow a book. Call the librarian and ask three or four questions about the book you would like to borrow.

Q12 여행사 문의 I'd like to give you a situation and ask you to act it out. You're planning to travel overseas. Call the travel agent and ask three or four questions to get information for your trip.

C. 예약 문의하기

Q13 호텔 예약 문의 I'd like to give you a situation and ask you to act it out. You want to stay at a hotel on a trip. Call a hotel and ask three or four questions to find out whether you want to stay at that place.

Q14 음식점 예약 문의 I'd like to give you a situation and ask you to act it out. You need to make a reservation at a restaurant for an event that is coming up. Call the manager at the restaurant and ask three or four questions to make arrangements for the event.

Q15 병원 예약 문의 I'd like to give you a situation and ask you to act it out. You would like to make an appointment to go see the doctor. Call the clinic and make arrangements to see the doctor. Ask three or four questions about your appointment.

d. 친구와 약속하기

Q16 친구에게 공원 가는 것에 대한 질문 I'd like to give you a situation and ask you to act it out. Your friend wants to go to the park this weekend. Call your friend and ask him three or four questions about going to the park.

Q17 친구에게 해변 여행 질문 I'd like to give you a situation and ask you to act it out. You and your friend are planning to go on a trip to the beach this weekend. Call your friend and ask three to four questions regarding the trip you are planning.

Q18 외국에 사는 친구 방문 계획에 대한 질문 I'd like to give you a situation and ask you to act it out. You would like to visit a friend who lives overseas. Call your friend and ask three or four questions about the things you have to know about your visit.

e. 장소 문의하기

Q19 친구 생일파티 장소 문의(바/술집) I'd like to give you a situation and ask you to act it out. You have been invited to a friend's birthday party. The party will be held at a bar. Call your friend and ask three or four questions about the place where the party is being held.

Q20 친척이 집을 비움, 집 봐주기 위해 질문 I'd like to give you a situation and ask you to act it out. One of your relatives is going on a trip. Their house is going to be empty and you have to watch the house while they are gone. Call your relative and ask three or four questions about what you have to do.

Q21 면접(인터뷰) 관련 질문 I'd like to give you a situation and ask you to act it out. You are going to interview at a company. Call the company and ask three or four questions about what you have to know for the interview.

Q22 술집/바 문의 I'd like to give you a situation and ask you to act it out. You are thinking about going to a new bar that has opened. Call the bar and ask three to four questions to see if you want to go to that bar.

Q23 헬스클럽 문의 I'd like to give you a situation and ask you to act it out. You are thinking about signing up at a gym nearby. Call the gym and ask three or four questions about the gym.

Role-Play 답변 패턴 암기하기

STEP 1
인사하기 ····▶

Hello. / Excuse me. / Hi there.

STEP 2
목적 밝히기 ····▶

1. (전화) I am calling to ask you some questions about 주제.
(방문) I am here to ask you some questions about 주제.

2. (목적 밝히기) I'd like to 하고 싶은 일.

STEP 3
질문하기 ····▶

❶ 종류 문의 What kinds of 사물(n) do you 하는 일(v)?

❷ 생김새 문의 What does it look like?

❸ 물건 찾기 Where can I find some 물건?

❹ 가격 문의 How much does it cost?

❺ 위치 문의 I wonder where it is located.

❻ 시간 문의 What time does it open or close?

❼ 기간 문의 How long does it take (to 일)?

❽ 존재 문의 Is there any/other 물건/상황 (that I can 할 것)?

❾ 특정가능여부 문의 Is it possible (for you) to 특정한 일?
/ Would you be okay for you to 특정한 일?

❿ 도움 요청하기 Can you 부탁할 것 by any chance?
/ Do you mind helping me out on that?

⓫ 설명 문의 Could you tell me why 주어+동사?

⓬ 방법 문의 Could you tell me how to 궁금한 점?

⓭ 예약 문의 Can I book 용건 for 인원 수?

⓮ 약속 잡기 Can I make an appointment with 사람?
/ Do you have any schedule tonight? (친구)

⓯ 할인 문의 I wonder if you have any promotions going on.

⓰ 추천 문의 Do you have any recommendations?

STEP 4
마무리 ····▶

Alright! Thank you for your help.

STEP 3 질문하기의 예문&해석

❶ What kinds of movies do you have? 어떤 종류의 영화가 있나요?

❷ What does the movie theater look like? 그 영화관은 어떻게 생겼나요?

❸ Where can I find some apples? 사과는 어디에 있나요?

❹ How much does a ticket cost? 티켓 한 장은 얼마인가요?

❺ I wonder where the office is located. 사무실 위치가 궁금해요.

❻ What time does the restaurant open? 그 레스토랑은 몇 시에 여나요?

❼ How long does the movie take? 그 영화는 얼마나 걸리나요?

❽ Is there any action movies? 혹시 액션 영화 있나요?

❾ Is it possible to exchange my phone for a new one?
혹시 제 휴대폰을 새것으로 교환 가능한가요?

❿ Do you mind helping me out on that? 혹시 이것 좀 도와주실 수 있나요?

⓫ Could you tell me why my phone does not work?
제 휴대폰이 왜 작동되지 않는지 설명해 주시겠어요?

⓬ Could you tell me how to get there? 그곳에 어떻게 가는지 설명해 주시겠어요?

⓭ Can I book a table for 2? 2명 테이블 예약을 잡을 수 있을까요?

⓮ Can I make an appointment with Dr. Kim at 2 P.M. tomorrow?
내일 김 선생님과 2시에 예약을 잡을 수 있을까요?

⓯ I wonder if you have any promotions going on.
혹시 진행 중인 프로모션이 있는지 궁금해요.

⓰ Do you have any recommendations? 혹시 추천 사항이 있나요?

Q1 ▶ 콘서트 티켓 문의

🎧 PART3 › 01 › Q1

I'd like to give you a situation and ask you to act it out. You want to buy tickets for a concert tonight. Call the theater and ask two to three questions about ways to get tickets.

당신에게 연기할 상황을 드리겠습니다. 당신은 오늘 밤 콘서트를 보러 갈 티켓을 사고 싶습니다. 극장에 전화를 걸어 티켓을 구하기 위한 방법에 대해 2~3가지 질문을 하세요.

공식 적용

(❶ 종류 문의) ⋯▸ (❽ 존재 문의) ⋯▸ (❹ 가격 문의) ⋯▸ (⓯ 할인 문의) ⋯▸ (❻ 시간 문의)

IH&AL 답변

🎧 PART3 › 01 › Q1 answer

인사/목적 밝히기 *Hello, this is Heather. *I am calling to ask you some questions about concerts tonight. *I'd like to watch a concert with my friend.

질문하기/마무리 So, ❶ *what kinds of concerts do you have? I personally prefer classical concerts. ❽ *Are there any classical concerts happening tonight? If not, a pop concert would be okay as well. So, ❹ *how much does a ticket cost? Also, ⓯ *I wonder if you have any promotions going on. One more question. I have some discount coupons and I was wondering if you accept them. By the way, ❻ *what time does the concert start and how long does it take? Actually I have to be back home by 11P.M. Will it be finished before then? Alright, thank you for your help.

⋯⋯⋯⋯⋯⋯⋯⋯⋯⋯⋯⋯⋯⋯⋯⋯⋯⋯⋯⋯⋯⋯⋯⋯⋯⋯⋯⋯⋯⋯ ✱의 기본 문장만 연습 ➜ IM1~3 목표

해석 | 안녕하세요. 저는 헤더라고 합니다. 오늘 콘서트 공연에 관해서 뭐 좀 물어보려고 전화했어요. 오늘 친구와 콘서트를 보려고 합니다. 그래서 말인데요, 오늘 어떤 종류의 콘서트가 있나요? 전 개인적으로 클래식 콘서트를 선호하는데요. 오늘 볼 수 있는 클래식 콘서트가 있나요? 만약 없다면 팝 콘서트도 괜찮습니다. 그렇다면 티켓 한 장 가격은 얼마인가요? 또 혹시 진행 중인 프로모션은 없는지요. 질문이 하나 더 있습니다. 제게 할인 쿠폰이 있는데 혹시 쿠폰을 사용할 수 있는 지요. 그나저나 몇 시쯤 시작하고 얼마나 오래 걸리나요? 사실 제가 집에 11시전에는 가야 해서요. 그전엔 끝나겠죠? 네, 감사합니다.

Key expressions

personally prefer 개인적으로 선호하다 | **pop concert** 팝 콘서트(교향악단이 대중음악 프로그램으로 폭넓은 청중을 상대로 여는 연주회) | **would be okay** 괜찮을 것이다 | **I have to be back home by 11P.M.** 11시까지 집에 가야 한다 | **it will be finished before then** 그전에 끝날 것이다

나만의
공식
적용

❶ 종류 문의	❽ 존재 문의	❹ 가격 문의	⑮ 할인 문의	❻ 시간 문의

나만의
아이디어
노트

인사/목적 밝히기

질문하기/마무리

고득점 Tip ➤ 상황극에서 고득점의 필수 요소인 능숙도를 보여 주려면 활용이 좋은 다양한 의문문 패턴들을 가지고 적용하는 연습을 하면 도움이 됩니다. 또한 자연스러운 대화ㄴ체를 위하서 질문 사이 사이에는 본인의 상황, 생각, 간단한 대답, 접속사 등을 사용하여 이야기의 흐름을 자연스럽게 이어 가세요.

Q2 영화 문의

I'd like to give you a situation and ask you to act it out. You are planning to watch a movie with your friend. Call the theater and ask three or four questions about the movie and getting tickets for it.

당신에게 연기할 상황을 드리겠습니다. 당신은 친구와 영화를 보러 갈 계획입니다. 영화관에 전화를 걸어 영화와 티켓 구매에 대해서 3~4가지 질문을 해 보세요.

나만의 공식 적용

| ❶ 종류 문의 | ⑯ 추천 문의 | ❹ 가격 문의 | ⑮ 할인 문의 | ❽ 존재/특정한 일/가능 여부 문의 |

나만의 아이디어 노트

Q3 친구에게 MP3 질문

🎧 PART3 › 01 › Q3

I'd like to give you a situation and ask you to act it out. You would like to buy an MP3 Player. Call your friend and ask about the MP3 Player he or she uses. Ask three or four questions that will help you decide whether you want to buy the product your friend is using.

당신에게 연기할 상황을 드리겠습니다. 당신은 MP3 플레이어를 사고 싶습니다. 친구에게 전화를 걸어 그/그녀가 사용하고 있는 MP3 플레이어에 대해 물어보세요. 당신 친구가 사용하고 있는 제품을 구입할 것인지 결정하는 데 도움이 될 3~4가지 질문을 하세요.

공식 적용

⑯ 추천 문의 ··▶ ❶ 종류 문의 ··▶ ❷ 생김새 문의 ··▶ ❹ 가격 문의 ··▶ ❺ 위치 문의 ··▶ ⑫ 방법 문의

IH&AL 답변

🎧 PART3 › 01 › Q3 answer

인사/목적 밝히기 *Hello John, this is Jessie. *How are you? *I'm calling to ask you some questions about the MP3 player that you have. *Actually I'm thinking of purchasing a new MP3 player. Since I don't know much about the latest version, ⑯ *can you give me some information? I heard you are pretty good with electronics device, so *I wonder if you have any recommendations.

질문하기/마무리 ❶ *What kind of MP3 player do you use? I need something that has a lot of storage because I have a bunch of music files. Also, ❷ *what does your MP3 player look like? I want to have something small so that I can easily carry it around. Also, ❹ *how much does it cost? (How much did you pay for it?) *And ❺ where is the store located? (Where did you buy it?) If you have time, is it possible for you to go with me? If that's not an option, ⑫ *could you tell me how to get there? *Thanks John. *See you later!

·········· ✱의 기본 문장만 연습 ➡ IM1~3 목표

해석 | 안녕, 존. 나 제시야. 잘 지내지? 나 네가 갖고 있는 MP3 관련해서 질문이 있어서 연락했어. 사실 내가 요즘 MP3를 사려고 하는데 난 최신 MP3에 대해서 아는 게 없어서 말이야. 나한테 추천 좀 해 줄 수 있니? 네가 전자 기기에 대해 잘 안다고 들었어. 그래서 혹시 네가 좀 추천할 만한 게 있나 해서. 넌 어떤 종류의 MP3를 사용하니? 나는 음악 파일이 많아서 뭔가 저장 공간이 많은 걸 사용하고 싶은데 말이지. 네 MP3는 어떻게 생겼어? 난 쉽게 휴대할 수 있는 작은 사이즈가 좋은데. 그리고 얼마니? 또 상점은 어디에 있어? 혹시 시간되면 나와 같이 가 줄 수 있니? 아니면 어떻게 가는지 설명해 줄 수 있니? 고마워 존. 다음에 보자!

Key expressions

MP3 player that you have 네가 갖고 있는 MP3 기기 | **I'm thinking of purchasing** 구매할까 생각 중이다 | **latest version** 최신 버전 | **that has a lot of storage** 많은 저장공간을 가지고 있는 | **I can easily carry it around** 쉽게 휴대할 수 있다

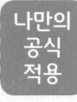 추천 문의 종류 문의 생김새 문의 가격 문의

⑤ 위치 문의 ⑫ 방법 문의

인사/목적 밝히기

질문하기/마무리

고득점 Tip ▶ 상황극에서 고득점의 필수 요소인 능숙도를 보여 주려면 활용이 좋은 다양한 의문문 패턴들을 가지고 적용하는 연습을 하면 도움이 됩니다. 또한 자연스러운 대화체를 위해서 질문 사이 사이에는 본인의 상황, 생각, 간단한 대답, 접속사 등을 사용하여 이야기의 흐름을 자연스럽게 이어 가세요.

Q4 신규 휴대전화 구매 문의

I'd like to give you a situation and ask you to act it out. You would like to buy a new cell phone. Call a store and ask three or four questions about a new phone you would like to purchase.

당신에게 연기할 상황을 드리겠습니다. 당신은 새로운 휴대폰을 사고 싶습니다. 가게에 전화를 걸어 당신이 구입을 원하는 새로운 휴대폰에 대해 3~4가지 질문을 하세요.

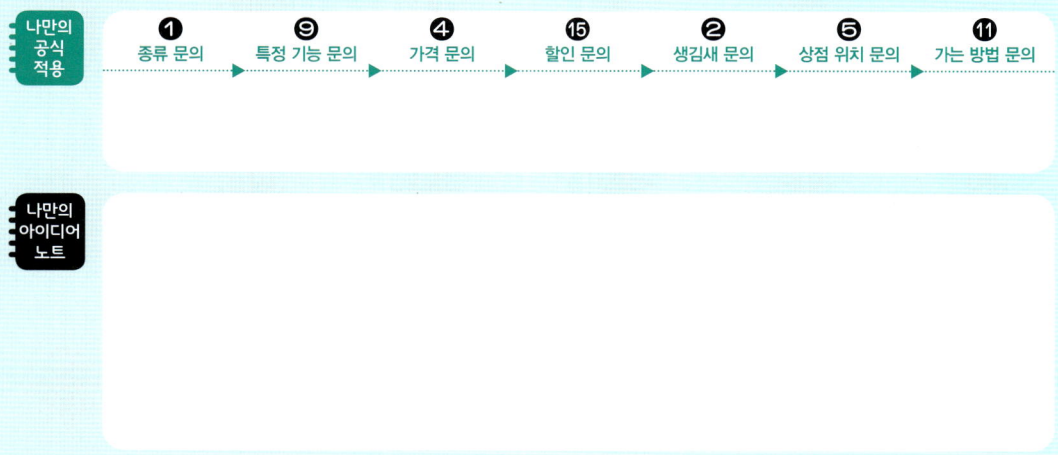

나만의 공식 적용

❶ 종류 문의 → ❾ 특정 기능 문의 → ❹ 가격 문의 → ⓯ 할인 문의 → ❷ 생김새 문의 → ❺ 상점 위치 문의 → ⓫ 가는 방법 문의

나만의 아이디어 노트

Q5 가구점. 원하는 가구에 대한 직원 문의

I'd like to give you a situation and ask you to act it out. You are at a furniture store to buy a piece of furniture. Ask the clerk three or four questions about the furniture you would like to buy.

당신에게 연기할 상황을 드리겠습니다. 당신은 가구를 사러 가구점에 왔습니다. 직원에게 당신이 사고 싶은 가구에 대해 3~4가지 질문을 하세요.

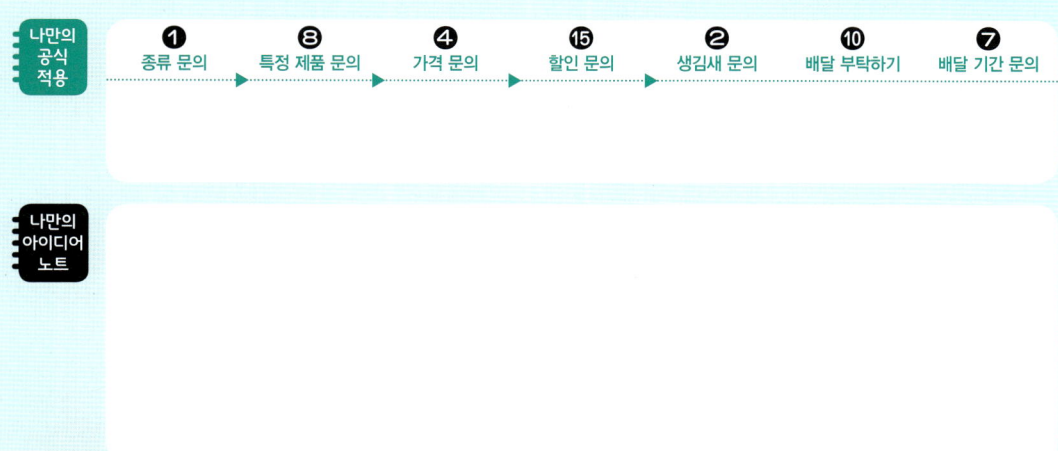

나만의 공식 적용

❶ 종류 문의 → ❽ 특정 제품 문의 → ❹ 가격 문의 → ⓯ 할인 문의 → ❷ 생김새 문의 → ❿ 배달 부탁하기 → ❼ 배달 기간 문의

나만의 아이디어 노트

Q6 부동산에 살 집 문의

I'd like to give you a situation and ask you to act it out. You would like to find a house to live in. Call a management office or a real estate agency and ask three or four questions about getting a house to live in.

당신에게 연기할 상황을 드리겠습니다. 당신은 살 집을 구하고 싶습니다. 관리사무소나 부동산에 전화를 걸어 살 집을 구하기 위한 3~4가지 질문을 하세요.

나만의 공식 적용

❶ 종류 문의 ▶ ❽ 특정 집 문의 ▶ ❹ 가격 문의 ▶ ⑮ 할인 문의 ▶ ❷ 생김새 문의 ▶ ❺ 집 위치 문의 ▶ ⑪ 가는 방법 문의

나만의 아이디어 노트

Q7 커피숍 메뉴 문의, 주문 전화

I'd like to give you a situation and ask you to act it out. You would like to get coffee from a new coffee shop that has opened nearby. Call the coffee shop and ask three to four questions about their menu and how to order your coffee.

당신에게 연기할 상황을 드리겠습니다. 당신은 근처에 새로 연 커피숍에서 커피를 사고 싶습니다. 커피숍에 전화를 걸어 그곳의 메뉴와 당신이 어떻게 커피를 주문해야 하는지에 대해 3~4가지 질문을 하세요.

나만의 공식 적용

❶ 메뉴 종류 문의 ▶ ⑯ 추천 문의 ▶ ❹ 가격 문의 ▶ ❻ 영업시간 문의 ▶ ⑫ 방법 문의 ▶ ❺ 커피숍 위치 문의 ▶ ❼ 기간 문의

❾ 배달 가능 여부

나만의 아이디어 노트

유사 문제 연습하기

Q8 친구가 즐겨 쓰는 웹사이트 질문

I'd like to give you a situation and ask you to act it out. Your friend has a website that he or she likes to use. Call your friend and ask three or four questions to find out whether you want to use that website.

당신에게 연기할 상황을 드리겠습니다. 당신의 친구가 즐겨 사용하는 웹사이트가 있습니다. 친구에게 전화를 걸어 당신이 그 웹사이트를 이용할 것인지 알아보기 위한 3~4가지 질문을 하세요.

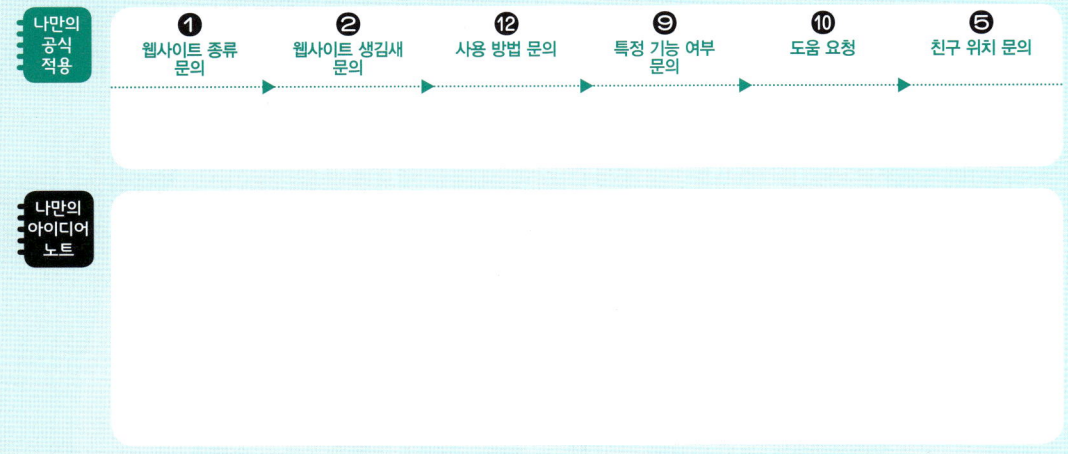

Q9 친구가 SNS 시작, 도와주려고 질문

I'd like to give you a situation and ask you to act it out. Your friend wants to use a social networking site and needs some help. Call your friend and ask three or four questions to help that friend out.

당신에게 연기할 상황을 드리겠습니다. 당신의 친구는 소셜 네트워킹 사이트를 사용하고 싶어 하며 도움을 원하고 있습니다. 친구에게 전화를 걸어 도움을 주기 위한 3~4가지 질문을 하세요.

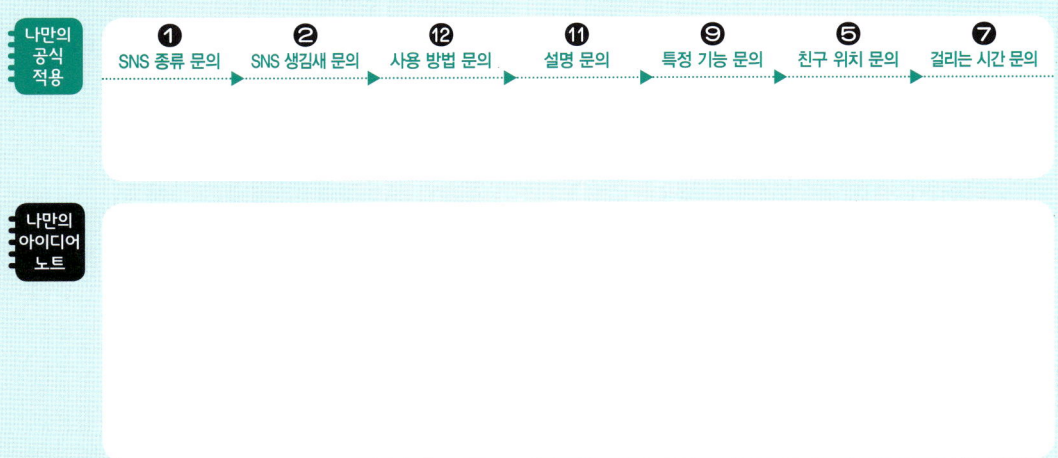

Q10 가게에서 옷 구매 질문

I'd like to give you a situation and ask you to act it out. You are at a clothing store to buy something for your trip. Ask a clerk three or four questions about the clothes you would like to buy.

당신에게 연기할 상황을 드리겠습니다. 당신은 여행에 필요한 것들을 사러 옷가게에 와 있습니다. 점원에게 당신이 사고 싶은 옷에 관하여 3~4가지 질문을 하세요.

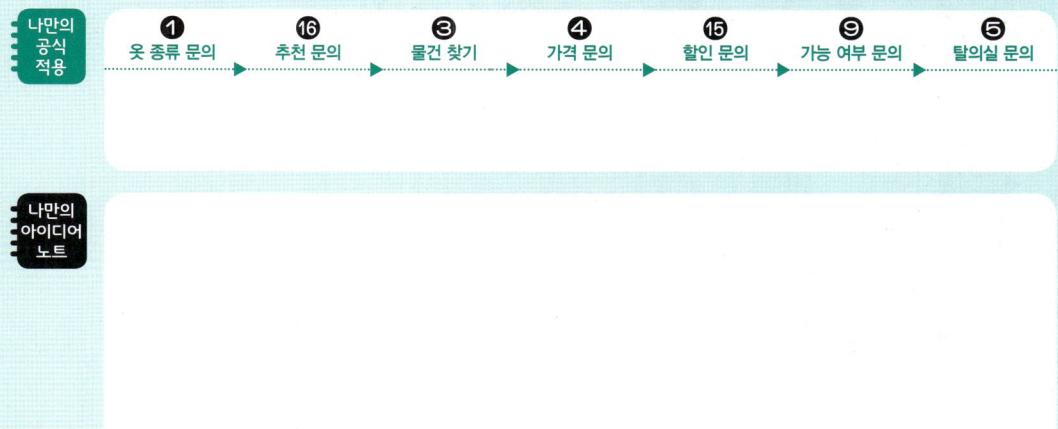

나만의 공식 적용

① 옷 종류 문의 → ⑯ 추천 문의 → ❸ 물건 찾기 → ❹ 가격 문의 → ⑮ 할인 문의 → ❾ 가능 여부 문의 → ❺ 탈의실 문의

나만의 아이디어 노트

Q11 도서관에서 책 빌리기

I'd like to give you a situation and ask you to act it out. You are at the library to borrow a book. Call the librarian and ask three or four questions about the book you would like to borrow.

당신에게 연기할 상황을 드리겠습니다. 당신은 책을 빌리러 도서관에 와 있습니다. 사서를 불러 당신이 빌리고 싶은 책에 대한 3~4가지 질문을 하세요.

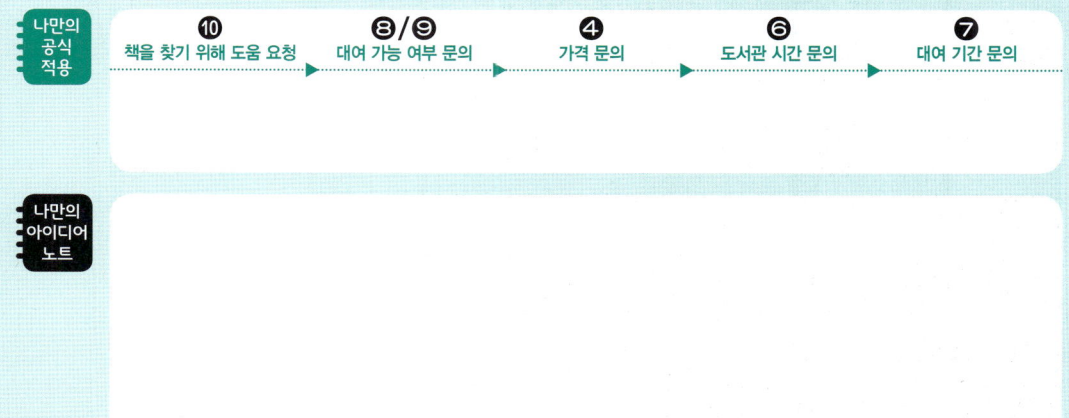

나만의 공식 적용

⑩ 책을 찾기 위해 도움 요청 → ❽/❾ 대여 가능 여부 문의 → ❹ 가격 문의 → ❻ 도서관 시간 문의 → ❼ 대여 기간 문의

나만의 아이디어 노트

유사 문제 연습하기

Q12 ▶ **여행사 문의**

I'd like to give you a situation and ask you to act it out. You're planning to travel overseas. Call the travel agent and ask three or four questions to get information for your trip.

당신에게 연기할 상황을 드리겠습니다. 당신은 해외 여행을 갈 계획입니다. 여행사에 전화를 걸어 여행 정보를 얻기 위한 3~4가지 질문을 하세요.

나만의 공식 적용

❶ 여행상품 종류 문의 ▶ **⑯** 추천문의 ▶ **❽** 특정 상품 문의 ▶ **❼** 여행 기간 문의 ▶ **❹** 가격 문의 ▶ **⑮** 할인 문의

나만의 아이디어 노트

Q13 호텔 예약 문의

🎧 PART3 › 01 › Q13

I'd like to give you a situation and ask you to act it out. You want to stay at a hotel for a trip. Call a hotel and ask three or four questions to find out whether you want to stay at that place.

당신에게 연기할 상황을 드리겠습니다. 당신은 여행 동안 호텔에서 머물고자 합니다. 호텔에 전화를 걸어 당신이 그곳에 머물 것인지 알아보기 위해 3~4가지 질문을 하세요.

공식 적용

⑬ 예약 문의 ··▸ ❶ 종류 문의 ··▸ ❹ 가격 문의 ··▸ ⑮ 할인 문의 ··▸ ❽ 주차장 가능 여부 문의

IH&AL 답변

🎧 PART3 › 01 › Q13 answer

인사/목적 밝히기 Hello. *I'm calling to ask you some questions about staying at your hotel. *I'd like to stay for three nights starting this coming Friday.

질문하기/마무리 So, ⑬ *I wonder if you have any rooms available. Also, ❶ *what kinds of rooms do you have? Actually, I am a non-smoker, so I prefer to have a non-smoking room with an ocean view. ❹ *How much does it cost? ⑮ *I wonder if you have any promotions going on currently. By the way, ❽ *is there a parking lot? I plan on driving around the city so I need my hotel to have a parking lot. Well, if not, is there any public parking available nearby? *Thank you for your help.

·········· ∗의 기본 문장만 연습 ➜ **IM1~3 목표**

해석 | 여보세요. 호텔 관련해서 질문이 있어 전화 드렸습니다. 제가 이번 주 금요일부터 3일 밤을 머물려고 합니다. 그래서 혹시 방이 있는지 문의 드립니다. 그리고, 어떤 종류의 방이 있나요? 사실 전 비흡연자라서 바다가 보이는 비흡연실을 선호합니다. 가격은 얼마나 되나요? 혹시 진행 중인 프로모션은 없는지요. 아 그런데, 주차장은 있나요? 그 도시에서 운전하고 돌아다닐 생각이라 주차장이 필요합니다. 음, 만약 없다면, 혹시 근처에 공영주차장이 있나요? 감사합니다.

Key expressions

for three nights 3일 밤 동안 | **starting this coming Friday** 이번 주 금요일부터 | **a non-smoking room with an ocean view** 바다가 보이는 비흡연실 | **plan on driving around the city** 도시 주변을 운전하고 돌아다닐 계획이다

나만의 공식 적용

❸ 예약 문의 ▸ ❶ 종류 문의 ▸ ❹ 가격 문의 ▸ ❺ 할인 문의 ▸ ❽ 주차장 가능 여부 문의

나만의 아이디어 노트

인사/목적 밝히기

질문하기/마무리

고득점 Tip ▸ 상황극에서 고득점의 필수 요소인 능숙도를 보여 주려면 활용이 좋은 다양한 의문문 패턴들을 가지고 적용하는 연습을 하면 도움이 됩니다. 또한 자연스러운 대화체를 위해서 질문 사이 사이에는 본인의 상황, 생각, 간단한 대답, 접속사 등을 사용하여 이야기의 흐름을 자연스럽게 이어 가세요.

Q14 음식점 예약 문의

I'd like to give you a situation and ask you to act it out. You need to make a reservation at a restaurant for an event that is coming up. Call the manager at the restaurant and ask three or four questions to make arrangements for the event.

당신에게 연기할 상황을 드리겠습니다. 당신은 다가 올 이벤트를 위해 레스토랑에 예약을 해야 합니다. 매니저에게 전화해서 예약을 위한 3~4가지 질문을 하세요.

나만의
공식
적용

❾ 예약 가능 여부 문의 ➡ ❹ 가격 문의 ➡ ❷ 음식점 생김새 문의 ➡ ❺ 위치 문의 ➡ ⓬ 가는 방법 문의 ➡ ❻ 영업시간 문의 ➡ ❶ 메뉴 종류 문의 ➡

❽ 특정 메뉴 문의

나만의
아이디어
노트

병원 예약 문의

I'd like to give you a situation and ask you to act it out. You would like to make an appointment to go see the doctor. Call the clinic and make arrangements to see the doctor. Ask three or four questions about your appointment.

당신에게 연기할 상황을 드리겠습니다. 당신은 진료 예약을 잡고자 합니다. 병원에 전화해서 진료 예약을 하세요. 예약 관련 문의를 위해 3~4가지 질문을 하세요.

나만의 공식 적용

❻ 진료시간 문의 → ⓮ 약속 잡기 → ❺ 위치 문의 → ⓬ 가는 방법 문의 → ❼ 기간 문의 → ❽ 주차 가능 여부 문의

나만의 아이디어 노트

d. 친구와 약속하기

Q16 친구에게 공원 가는 것에 대한 질문

🎧 **PART3 › 01 › Q16**

I'd like to give you a situation and ask you to act it out. Your friend wants to go to the park this weekend. Call your friend and ask him three or four questions about going to the park.

당신에게 연기할 상황을 드리겠습니다. 당신의 친구가 이번 주말에 공원에 가고 싶어 합니다. 친구에게 전화를 걸어 공원에 가는 것에 대한 3~4가지 질문을 하세요.

공식 적용

⑭ 약속 잡기 ··▶ ❺ 공원 위치 문의 ··▶ ❷ 생김새 문의 ··▶ ⑫ 가는 방법 문의 ··▶ ❽ 특정 장소 문의

IH&AL 답변

🎧 **PART3 › 01 › Q16 answer**

인사/목적 밝히기 Hi, John. This is Jessie. How are you? I'm calling to ask you some questions. As you know, we had talked about going to the park this weekend. **질문하기/마무리** ⑭ *Do you have anything scheduled this Saturday after 1P.M.? I am pretty free after my meeting. If you are too, let's go to the park this Saturday. Also, ❺ *where is your favorite park located? (Which park would you like to go to?) ❷ *What does it look like? ⑫ *Could you tell me how to get there? Since this is my first visit there, I don't know where the park is. By the way, ❽ *is there any place to grab a bite near it? Okay John, See you later.

············· ✱의 기본 문장만 연습 ➡ **IM1~3 목표**

해석 | 안녕, 존. 나 제시야. 잘 지내지? 나 뭣 좀 물어보려고 전화했어. 네가 알다시피, 우리 이번 주 주말에 공원에 가기로 얘기했잖아. 이번 주 토요일 1시 이후에 스케줄 있니? 나는 그날 1시 미팅만 끝나면 한가하거든. 그런데 너도 괜찮다면 이번 주 토요일에 공원에 가자. 그리고, 네가 좋아하는 공원 위치가 어디니? (넌 어느 공원을 가고 싶니?) 어떻게 생겼는데? 거기에 가는 방법을 알려 줄래? 내가 처음 가는 곳이라 나는 정확히 그 공원이 어디에 있는지를 모르거든. 그나저나 혹시 거기 근처에 간단히 요깃거리를 할 만한 장소가 있을까? 알겠어 존, 나중에 보자.

Key expressions

as you know 너도 알다시피 | **had talked about going to~** ~에 가는 것을 얘기했다 | **be free after my meeting** 미팅 이후에 한가하다 | **first visit** 첫 방문 | **don't know where the park is** 그 공원이 어디에 있는지를 모른다 | **grab a bite** 간단히 먹다, 요기하다

나만의 공식 적용

⑭ 약속 잡기	❺ 공원 위치 문의	❷ 생김새 문의	⑫ 가는 방법 문의	❽ 특정 장소 문의

나만의 아이디어 노트

인사/목적 밝히기

질문하기/마무리

고득점 Tip > 친구와의 상황극에서는 자연스러움이 우선적으로 중요합니다. 친구와 대화임을 잊지 말고 편하게 대화하는 능숙도를 보여 주세요. 상황극에서 고득점의 필수인 능숙도를 보여 주려면 활용이 좋은 다양한 의문문 패턴들을 가지고 적용하는 연습을 하면 도움이 됩니다. 또한 자연스러운 대화체를 위해서 질문 사이 사이에는 본인의 상황, 생각, 간단한 대답, 접속사 등을 사용하여 이야기의 흐름을 자연스럽게 이어 가세요.

Q17 **친구에게 해변 여행 질문**

I'd like to give you a situation and ask you to act it out. You and your friend are planning to go on a trip to the beach this weekend. Call your friend and ask three to four questions regarding the trip you are planning.

당신에게 연기할 상황을 드리겠습니다. 당신과 당신의 친구는 이번 주말에 해변으로 여행을 갈 계획을 짜고 있습니다. 친구에게 전화를 걸어 여행 계획에 관한 3~4가지 질문을 하세요.

나만의 공식 적용

❶ 원하는 해변 문의   ❷ 생김새 문의   ❺ 위치 문의   ❼ 걸리는 시간 문의   ❽ 특정 시설 문의

나만의 아이디어 노트

Q18 외국에 사는 친구 방문 계획에 대한 질문

I'd like to give you a situation and ask you to act it out. You would like to visit a friend who lives overseas. Call your friend and ask three or four questions about the things you have to know about your visit.

당신에게 연기할 상황을 드리겠습니다. 당신은 해외에 사는 친구가 있습니다. 친구에게 전화를 걸어 그 나라로 여행 준비를 위한 3~4가지 질문을 하세요.

나만의 공식 적용

| ❺ | ⓬ | ❷ | ❼ | ❾ | ⓬ |
| 친구 집 위치 문의 | 가는 방법 문의 | 집 생김새 문의 | 공항에서 걸리는 시간 문의 | 픽업 가능 여부 문의 | 준비할 사항 문의 |

나만의 아이디어 노트

Q19 친구 생일파티 장소 문의(바/술집)

🎧 PART3 › 01 › Q19

I'd like to give you a situation and ask you to act it out. You have been invited to a friend's birthday party. The party will be held at a bar. Call your friend and ask three or four questions about the place where the party is being held at.

당신에게 연기할 상황을 드리겠습니다. 당신은 친구 생일파티에 초대받았습니다. 파티는 바에서 열릴 것입니다. 친구에게 전화를 걸어 파티가 열릴 장소에 대해 3~4가지 질문을 하세요.

공식 적용

❺ 술집 위치 문의 ··▶ ⓬ 가는 방법 문의 ··▶ ❷ 생김새 문의 ▶ ❶ 술집 종류 ··▶ ❻ 영업시간 문의 ··▶ ❽ 존재/특정한 일/가능 여부 문의

IH&AL 답변

🎧 PART3 › 01 › Q19 answer

인사/목적 밝히기 Hello, John. *This is Heather. How are you? *I'm calling to ask you some questions about the bar where your birthday party will be held.
질문하기/마무리 Since this is my first time going to that bar, I don't know where it is. ❺ *Where is it located? ⓬ *Could you tell me how to get there? If there is a parking lot, it would be better to take my car, so I don't have to wait for a taxi late at night. ❷ *Also, what does it look like? I don't know anything about the bar. ❶ *What kind of bar is it? Is it a traditional Korean bar? or a western style pub? ❻ *When does it close? ❽ *Is it okay to be a little bit late? I might get off work around 7. Alright then, please send me the directions. I will see you then!

·········· *의 기본 문장만 연습 ➔ **IM1~3 목표**

해석 ㅣ 여보세요. 존, 나 헤더야. 어떻게 지내니? 나 네 생일파티가 열릴 술집에 대해 몇 가지 질문이 있어서 전화했어. 내가 그 술집을 처음 가 보는 거라서 위치를 몰라. 술집이 어디에 있니? 어떻게 가는지 설명해 줄 수 있니? 만약 주차장이 있으면 차를 갖고 가고 싶어. 늦은 밤에 택시를 기다릴 필요 없이 말이야. 그리고 술집은 어떻게 생겼니? 나는 그 술집에 대해 아는 게 전혀 없거든. 어떤 술집이니? 한국 전통 주점이니? 아니면 서양 스타일의 펍이니? 문은 언제 닫니? 내가 혹시 조금 늦어도 괜찮을까? 내가 일이 7시쯤 끝나거든. 그럼, 나한테 가는 방법 좀 보내 줘. 나중에 봐!

Key expressions

where your birthday party will be held 너의 생일파티가 열릴 곳 ㅣ **it would be better to ~** ~를 하는 것이 낫다 ㅣ **late at night** 늦은 밤 ㅣ **it is okay to be a little bit late** 조금 늦는 것이 괜찮다 ㅣ **get off work** 퇴근하다 ㅣ **send me the directions** 가는 방법을 보내 주다

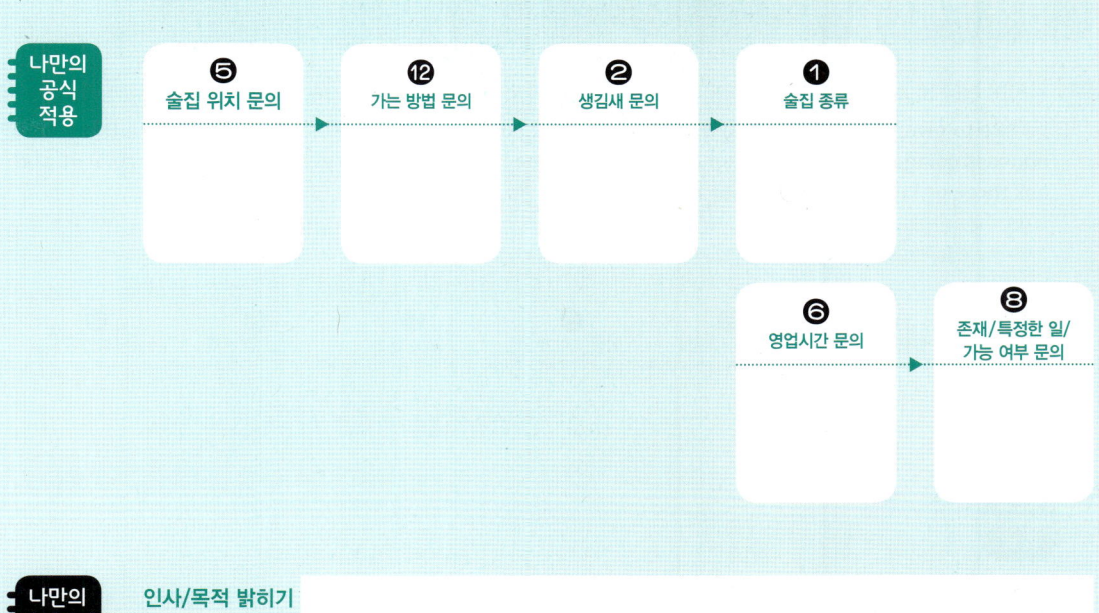

나만의 공식 적용

❺ 술집 위치 문의 → ⓬ 가는 방법 문의 → ❷ 생김새 문의 → ❶ 술집 종류

❻ 영업시간 문의 → ❽ 존재/특정한 일/가능 여부 문의

나만의 아이디어 노트

인사/목적 밝히기

질문하기/마무리

고득점 Tip ▷ 친구와의 상황극에서는 자연스러움이 우선적으로 중요합니다. 친구와 대화임을 잊지 말고 편하게 대화하는 능숙도를 보여 주세요. 상황극에서 고득점의 필수 요소인 능숙도를 보여 주려면 활용이 좋은 다양한 의문문 패턴들을 가지고 적용하는 연습을 하면 도움이 됩니다. 또한 자연스러운 대화체를 위해서 질문 사이 사이에는 본인의 상황, 생각, 간단한 대답, 접속사 등을 사용하여 이야기의 흐름을 자연스럽게 이어 가세요.

Q20 친척이 집을 비움, 집 봐주기 위해 질문

I'd like to give you a situation and ask you to act it out. One of your relatives is going on a trip. Their house is going to be empty and you have to watch the house while they are gone. Call your relative and ask three or four questions about what you have to do.

당신에게 연기할 상황을 드리겠습니다. 당신의 친척 중 한 사람이 여행을 갈 예정입니다. 집을 비우게 되어 당신이 그들이 없는 동안 집을 봐 줘야 합니다. 친척에게 전화를 걸어 당신이 해야 할 일들에 대한 3~4가지 질문을 하세요.

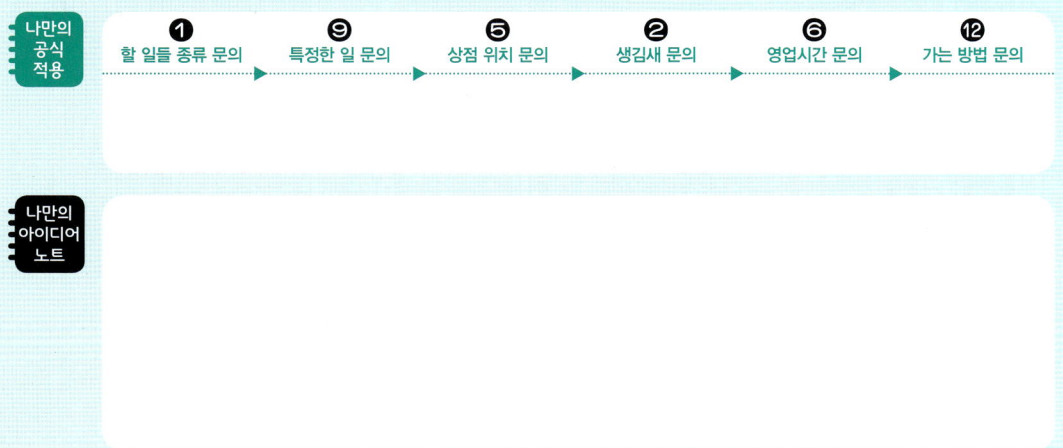

Q21 면접(인터뷰) 관련 질문

I'd like to give you a situation and ask you to act it out. You are going to interview at a company. Call the company and ask three or four questions about what you have to know for the interview.

당신에게 연기할 상황을 드리겠습니다. 당신은 회사 면접을 보러 갈 것입니다. 회사에 전화를 걸어 면접을 위해 알아 둬야 할 것들에 대해 3~4가지 질문을 하세요.

Q22 술집/바 문의

I'd like to give you a situation and ask you to act it out. You are thinking about going to go to a new bar that has opened. Call the bar and ask three to four questions to see if you want to go to that bar.

당신에게 연기할 상황을 드리겠습니다. 당신은 새로 연 바에 가고 싶습니다. 바에 전화를 걸어 당신이 그곳에 갈 것인지를 알아보기 위한 3~4가지 질문을 하세요.

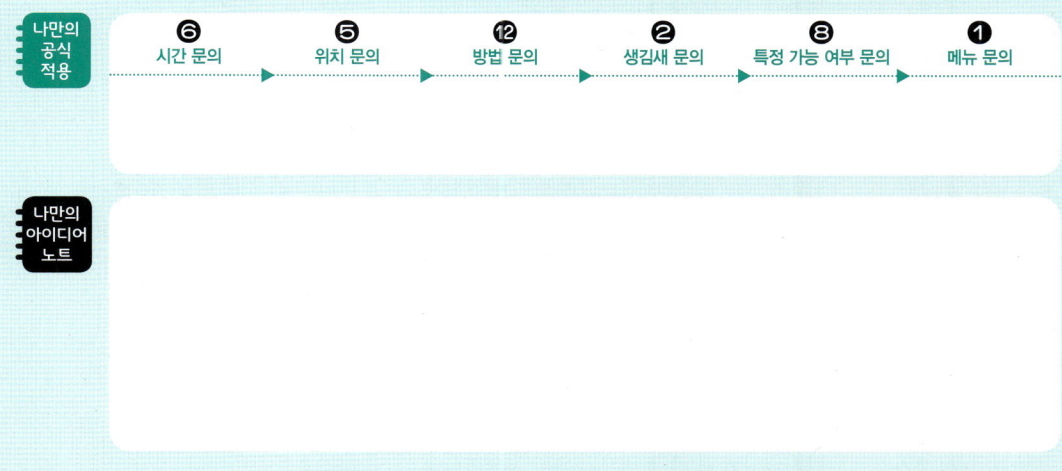

Q23 헬스클럽 문의

I'd like to give you a situation and ask you to act it out. You are thinking about signing up at a gym nearby. Call the gym and ask three or four questions about the gym.

당신에게 연기할 상황을 드리겠습니다. 당신은 근처의 체육관에 등록할지 생각 중입니다. 체육관에 전화를 걸어 체육관에 대한 3~4가지 질문을 하세요.

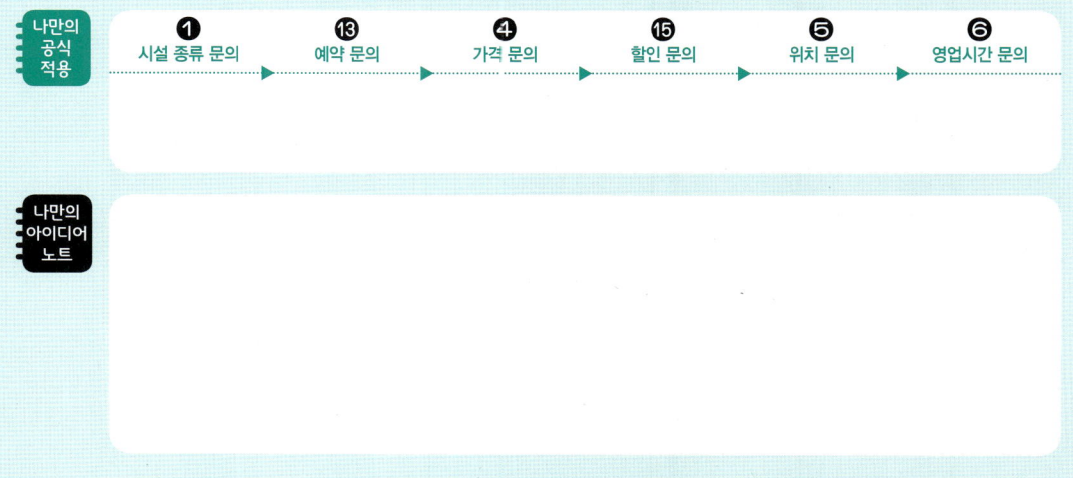

02

문제 상황에서 상황 설명과 대안 제시하기

Role-Play 12번 문제 유형

a. 계획 취소 설명과 대안 제시하기
b. 고장 설명과 대안 제시하기
c. 구매 문제 설명과 문제 해결하기
d. 문제 상황 설명과 도움 요청하기
e. 특수 상황 해결하기

| Role-Play 12번 문제 출제자의 의도 |

롤플레인 12번 문제의 [상황 설명과 대안 제시]는 답변자가 얼마나 문제 상황에 맞게 설명과 해결책을 제시하는지의 여부를 파악하기 위함입니다. 다양한 질문 패턴을 익혀서 능숙함을 보여 주는 것이 가장 중요합니다.

🎧 PART3 › 02

| 나오는 문제 알고 가자 |

a. 계획 취소 설명과 대안 제시하기

Q1 아파서 콘서트에 못 가게 되어 설명 I'm sorry, but there is a problem I need you to resolve. You bought the concert tickets for today but at the last minute you are so sick that you can't even get out of bed. Call your friend, explain your situation and give two or three alternatives to your friend.

Q2 음식점 예약 취소, 대안 제시 I'm sorry, but there is a problem I need you to resolve. You made a reservation for an event at a restaurant, but the event got canceled. Call your restaurant, explain your situation and give two or three alternatives.

Q3 시험 때문에 친구 생일파티 불참 설명 I'm sorry, but there is a problem I need you to resolve. You have a test coming up tomorrow and cannot make it to your friend's birthday party. Call your friend, explain your situation and give two or three alternatives regarding the situation.

Q4 공원에 못 가게 됨, 대안 제시 I'm sorry, but there is a problem I need you to resolve. You found out that the park you wanted to go to will be closed this weekend for renovations. Call your friend, explain your situation and give two or three alternatives about what to do.

Q5 날씨 때문에 해변 여행 변경 제안 I'm sorry, but there is a problem I need you to resolve. You have just found out that the weather at the beach you were planning to go to is not going to be good this coming weekend. Call your friend, tell him or her about the weather and give two to three alternatives.

Q6 사정이 생겨서 못 가게 된 상황, 대안 제시 I'm sorry, but there is a problem I need you to resolve. Something has come up and you can't make it to your friend's house. Call your friend, explain your situation and give two or three alternatives to solve the problem.

Q7 면접(인터뷰) 못 가는 상황, 대안 제시 I'm sorry, but there is a problem I need you to resolve. Something has come up and you cannot make it to your interview. Call the company, explain your situation and give two or three alternatives to make arrangements for a schedule change.

Q8 병원 예약 변경 I'm sorry, but there is a problem I need you to resolve. Something has come up and you have to change your doctor's appointment. Call the doctor's office, explain your situation and give two or three alternatives to deal with the situation.

Q9 사정이 생겨 공항에 친구 마중 나가지 못함, 문제 해결 I'm sorry, but there is a problem I need you to resolve. Something has come up and you can't pick up your friend at the airport. Call your friend, explain your situation and give two or three alternatives to solve the problem.

b. 고장 설명과 대안 제시하기

Q10 친구 MP3 고장, 상황 설명/대안 제시 I'm sorry, but there is a problem I need you to resolve. You have borrowed your friend's MP3 Player but broke it by accident. Call your friend, explain your situation and give two or three alternatives that will help solve the situation.

Q11 창문 깨짐, 관리사무실에 수리 요청 I'm sorry, but there is a problem I need you to resolve. One of the windows in your apartment is broken. Call the management office, explain your situation and give two or three alternatives to fix the problem.

Q12 호텔 객실이 더러움, 문제 해결 I'm sorry, but there is a problem I need you to resolve. You have checked into the hotel and gotten to your room, but the room is not cleaned up properly. Call the front desk, explain your situation and give two or three suggestions to solve the problem.

c. 구매 문제 설명과 문제 해결하기

Q13 문제 있는 신규 휴대전화 교환 I'm sorry, but there is a problem I need you to resolve. You have received your new phone but the features are not what you expected. You would like to exchange it for a different phone. Call the store, explain the situation and make arrangements to get a new product.

Q14 가구 도착했는데 마음에 들지 않음, 문제 해결 I'm sorry, but there is a problem I need you to resolve. You have received the furniture you bought, but there is something wrong with it. Call the furniture store, explain the situation and ask for a way to get an exchange or your money back.

Q15 잘못 배달된 커피, 주문 실수 해결 I'm sorry, but there is a problem I need you to resolve. You have had your coffee delivered to your house. But when you got your coffee, you find out that you've got the wrong order. Call the manager of the coffee shop, explain your situation and give two or three alternatives to solve the problem.

Q16 헬스클럽 마음에 들지 않아 환불 요청 I'm sorry, but there is a problem I need you to resolve. You have signed up at the gym but you are not satisfied with it. Maybe the gym is not clean enough or there are too many people. Call the manager of the gym and make arrangements to get a refund.

Q17 구매한 옷이 잘못됨, 문제 해결 I'm sorry, but there is a problem I need you to resolve. You bought some clothes at a store. But there is something wrong with what you bought. Call the clothing store, explain the situation and ask for a way to get an exchange or your money back.

Q18 영화 티켓 잘못 삼, 문제 해결 I'm sorry, but there is a problem I need you to resolve. You found out that you purchased the wrong tickets at the theater. Talk to the person at the box office about your situation and offer two or three suggestions to solve the problem.

d. 문제 상황 설명과 도움 요청하기

Q19 웹사이트가 열리지 않음, 질문 I'm sorry, but there is a problem I need you to resolve. You are on a social networking site that your friend recommended and cannot click anything on the website. Call your friend, explain your situation and ask for a help.

Q20 도서관에서 책을 빌리지 못함, 문제 해결 I'm sorry, but there is a problem I need you to resolve. You had to borrow a book for your paper at school, but a classmate has already borrowed the book. Call your professor, explain your situation and ask for two or three suggestions to solve the problem.

Q21 비행기 티켓 취소됨, 문제 해결 I'm sorry, but there is a problem I need you to resolve. When you arrived at the airport, you found out that your flight was canceled. However, all of the other flights are fully booked. Explain the situation to your travel agent and suggest two or three options.

e. 특수 상황 해결하기

Q22 열쇠를 못 찾음, 상황 설명/대안 제시 I'm sorry, but there is a problem I need you to resolve. You are at your relative's house, but can't find the key to the door. You can't get into the house. Call your relative, explain your situation and ask two to three questions to solve the problem.

Q23 지갑 분실해서 계산 어려움, 직원에게 설명 I'm sorry, but there is a problem I need you to resolve. You are at the bar and want to pay for your drinks. But you suddenly find out that you lost your wallet. Explain the situation to the bartender or waiter and make suggestions to solve the problem.

Role-Play 답변 패턴 암기하기

STEP 1
인사하기 ⋯⋯▶

(친구) Hello, Jenny this is Jina again.
(가게/상점) Hello, this is a customer who visited your store last night.

STEP 2
목적 밝히기 ⋯⋯▶

(전화) I am calling to ask you some questions.
    / I am calling to tell you some bad news.
(방문) I am here to ask you some questions.

STEP 3
상황 설명 ⋯⋯▶

I've got a problem. The problem is 상황.

일정 취소 I don't think I can make it (to the 내용)
    / Something has come up

제품 문제 There is something wrong with my item.

STEP 4
대안 제시 ⋯⋯▶

So, I have some suggestions. /
Here is the deal. / I need your favor.

❶ 교환하기 I'd like to exchange it for a new one.

❷ 환불받기 I'd like to get a refund.

❸ 할인받기 I'd like to get a discount.

❹ 수리하기 I want you to repair it as soon as possible.

❺ 추천받기 Could you give me any recommendations?
    / Do you have any other suggestions/ideas?

❻ 스케줄 변경하기 I'd like to reschedule the plan/appointment.

연결어 사용 If that's not the way, / If that's not an option,
    / If not, / If so, 질문

STEP 5
마무리 ⋯⋯▶

Alright! Thank you for your help.

사과하기 I am sorry that happened.

상황 해결하기 Please let me know as soon as possible.
    Thank you in advance.

Q1 아파서 콘서트에 못 가게 되어 설명

🎧 PART3 › 02 › Q1

I'm sorry, but there is a problem I need you to resolve. You bought the concert tickets for today but at the last minute you are so sick that you can't even get out of bed. Call your friend, explain your situation and give two or three alternatives to your friend.

유감스럽지만 당신이 해결해야 할 문제가 있습니다. 당신은 오늘 콘서트 티켓을 사 놓았는데 바로 직전에 너무 아파서 침대에서 일어날 수조차 없습니다. 친구에게 전화를 걸어 당신의 상황을 설명하고 친구에게 2~3가지 대안을 제시하세요.

공식 적용

인사하기 ┈▶ 목적 밝히기 ┈▶ 상황 설명 ▶ 대안 제시 ┈▶ 마무리

IH&AL 답변

🎧 PART3 › 02 › Q1 answer

인사하기 *Hello, Jenny. *This is Susan again.

목적 밝히기 *I am calling to tell you some bad news.

상황 설명 *I have a problem. *The problem is [일정 취소] I don't think I can make the concert tonight. *Something has come up. The thing is I got really sick since last night and I can't even get out of bed. I think that I need to go see a doctor and then rest at home. I am so sorry.

대안 제시 *So, I have some suggestions for you.

[대안 1] *First, can we meet the day after tomorrow? I think I will feel better after resting for a day. *If it's not possible, [대안 2] how about having dinner this weekend? It's my treat. If so, I would like to set up the reservation. What kind of food do you like? Also, is there any particular restaurant you prefer? *Or [대안 3/마무리] do you have another idea? Again, I am so sorry for what happened.

마무리 Which would you like to do? *Please let me know as soon as possible. Thank you in advance.

┈┈┈┈┈┈┈┈┈┈┈┈┈┈┈┈┈┈┈┈┈┈┈┈┈┈┈┈┈┈┈┈┈┈┈┈┈┈┈ *의 기본 문장만 연습 ➡ **IM1~3 목표**

해석 ┃ 안녕 제니. 나 수잔인데 다시 전화했어. 안 좋은 소식이 있어서 전화했어. 문제가 생겼어. 오늘 콘서트에 못 가게 될 것 같아. 일이 생겼어. 내가 어젯밤부터 너무 아파서 일어나지도 못하겠어. 병원에 다녀와서 집에서 쉬어야 할 것 같아. 그래서 대안이 좀 있는데. 첫 번째로는 우리 내일모레 만날까? 하루 정도 쉬면 괜찮아질 것 같은데. 아니면, 이번 주말에 저녁 먹는 건 어떠니? 내가 살게. 만약 괜찮다면 내가 예약을 할까 해. 넌 어떤 음식을 좋아하니? 그리고 혹시 좋아하는 레스토랑이 따로 있니? 아니면 좋은 생각 있어? 여하튼, 다시 한 번 미안해. 어떤 걸 원하니? 가능한 한 빨리 연락 부탁해. 고마워.

Key expressions

I can't even get out of bed 침대에서 일어날 수가 없다 ┃ go see a doctor 병원에 가다 ┃ I think I will feel better after resting 휴식을 취하고 나면 좋아질 것 같다 ┃ It's my treat. 내가 낼게. ┃ Which would you like to do? 어떤 걸 원하니?

인사하기	목적 밝히기	상황 설명	대안 제시	마무리

인사하기

목적 밝히기

상황 설명

대안 제시

마무리

고득점 Tip ＞ 친구와의 상황극에서는 자연스러움이 우선적으로 중요합니다. 친구와의 대화임을 잊지 말고 편하게 대화하는 능숙도를 보여 주세요. 상황극에서 고득점 필수 요소인 능숙도를 보여 주려면 활용이 좋은 다양한 의문문 패턴들을 가지고 적용하는 연습을 하면 도움이 됩니다. 또한 자연스러운 대화체를 익혀서 질문 사이 사이에는 본인의 상황, 생각, 간단한 대답, 접속사 등을 사용하여 이야기의 흐름을 자연스럽게 이어 가세요.

Q2 음식점 예약 취소, 대안 제시

I'm sorry, but there is a problem I need you to resolve. You made a reservation for an event at a restaurant, but the event got canceled. Call your restaurant, explain your situation and give two or three alternatives.

유감스럽지만 당신이 해결해야 할 문제가 있습니다. 당신은 행사를 위해 음식점에 예약을 해 놓았습니다. 하지만 계획된 행사가 취소되었습니다. 음식점에 전화를 걸어 상황을 설명하고 2~3가지 대안을 제시하세요.

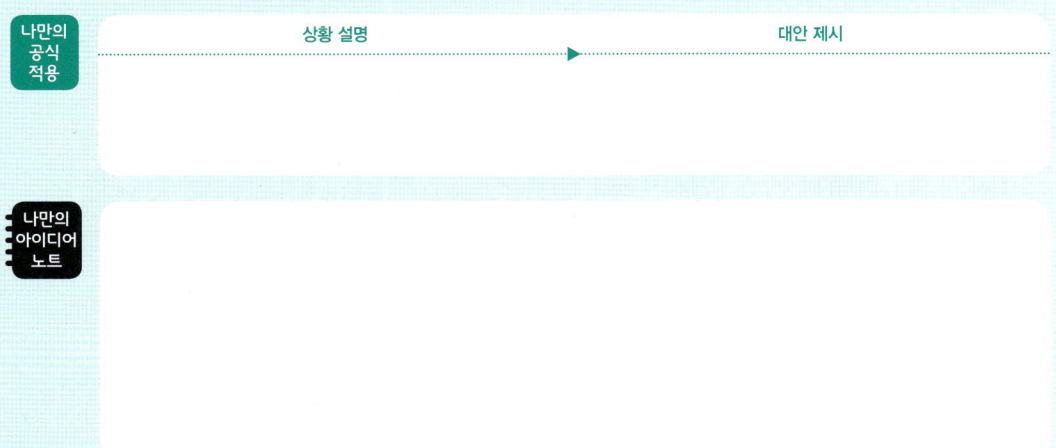

Q3 시험 때문에 친구 생일파티 불참 설명

I'm sorry, but there is a problem I need you to resolve. You have a test coming up tomorrow and cannot make it to your friend's birthday party. Call your friend, explain your situation and give two or three alternatives regarding the situation.

유감스럽지만 당신이 해결해야 할 문제가 있습니다. 당신은 내일 다가오는 시험이 있어서 친구의 생일파티에 갈 수가 없습니다. 친구에게 전화를 걸어 상황을 설명하고 2~3가지 대안을 제시하세요.

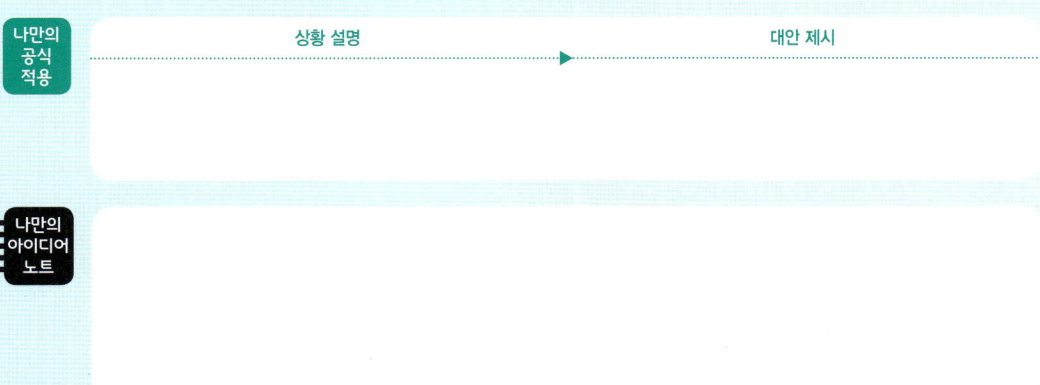

Q4 공원에 못 가게 됨, 대안 제시

I'm sorry, but there is a problem I need you to resolve. You found out that the park you wanted to go to will be closed this weekend for renovations. Call your friend, explain your situation and give two or three alternatives about what to do.

유감스럽지만 당신이 해결해야 할 문제가 있습니다. 당신은 당신이 가려던 공원이 이번 주말에 공사로 인해 문을 닫을 것이라는 걸 알았습니다. 친구에게 전화를 걸어 상황을 설명하고 어떻게 할지 2~3가지 대안을 제시하세요.

나만의 공식 적용	상황 설명	▶	대안 제시

나만의 아이디어 노트

Q5 날씨 때문에 해변 여행 변경 제안

I'm sorry, but there is a problem I need you to resolve. You have just found out that the weather at the beach you were planning to go to is not going to be good this coming weekend. Call your friend, tell him or her about the weather and give two to three alternatives.

유감스럽지만 당신이 해결해야 할 문제가 있습니다. 당신은 방금 막 당신이 가려던 해변의 날씨가 이번 주말에 좋지 않을 것이란 걸 알았습니다. 친구에게 전화를 걸어 날씨에 대해 이야기하고 2~3가지 대안을 제시하세요.

나만의 공식 적용	상황 설명	▶	대안 제시

나만의 아이디어 노트

Q6 사정이 생겨서 못 가게 된 상황, 대안 제시

I'm sorry, but there is a problem I need you to resolve. Something has come up and you can't make it to your friend's house. Call your friend, explain your situation and give two or three alternatives to solve the problem.

유감스럽지만 당신이 해결해야 할 문제가 있습니다. 일이 생겨 당신은 친구 집에 갈 수 없게 되었습니다. 친구에게 전화를 걸어 상황을 설명하고 문제를 해결할 2~3가지 대안을 제시하세요.

상황 설명	➤	대안 제시

Q7 면접(인터뷰) 못 가는 상황, 대안 제시

I'm sorry, but there is a problem I need you to resolve. Something has come up and you cannot make it to your interview. Call the company, explain your situation and give two or three alternatives to make arrangements for a schedule change.

유감스럽지만 당신이 해결해야 할 문제가 있습니다. 일이 생겨 당신은 면접에 갈 수 없게 되었습니다. 회사에 전화를 걸어 상황을 설명하고 일정 조정에 필요한 2~3가지 대안을 제시하세요.

상황 설명	➤	대안 제시

Q8 병원 예약 변경

I'm sorry, but there is a problem I need you to resolve. Something has come up and you have to change your doctor's appointment. Call the doctor's office, explain your situation and give two or three alternatives to deal with the situation.

유감스럽지만 당신이 해결해야 할 문제가 있습니다. 일이 생겨 당신은 의사와의 약속을 변경해야 합니다. 병원에 전화를 걸어 상황을 설명하고 상황에 대처할 2~3가지 대안을 제시하세요.

나만의 공식 적용	상황 설명	대안 제시

나만의 아이디어 노트

Q9 사정이 생겨 공항에 친구 마중 나가지 못함, 문제 해결

I'm sorry, but there is a problem I need you to resolve. Something has come up and you can't pick up your friend at the airport. Call your friend, explain your situation and give two or three alternatives to solve the problem.

유감스럽지만 당신이 해결해야 할 문제가 있습니다. 일이 생겨 당신은 공항에 친구를 데리러 갈 수가 없습니다. 친구에게 전화를 걸어 상황을 설명하고 문제를 해결할 2~3가지 대안을 제시하세요.

나만의 공식 적용	상황 설명	대안 제시

나만의 아이디어 노트

Q10 친구 MP3 고장, 상황 설명/대안 제시

 🎧 PART3 › 02 › Q10

I'm sorry, but there is a problem I need you to resolve. You have borrowed your friend's MP3 Player but broke it by accident. Call your friend, explain your situation and give two or three alternatives that will help solve the situation.

유감스럽지만 당신이 해결해야 할 문제가 있습니다. 당신은 친구의 MP3 플레이어를 빌렸는데 실수로 망가뜨리고 말았습니다. 친구에게 전화를 걸어 당신의 상황을 설명하고 그 상황을 해결할 2~3가지 대안을 제시하세요.

공식 적용

인사하기 ··▶ 목적 밝히기 ··▶ 상황 설명 ··▶ 대안 제시 ··▶ 마무리

IH&AL 답변

🎧 PART3 › 02 › Q10 answer

인사하기 *Hey, Heather. *This is Jessie. How are you?

목적 밝히기 *I am so sorry to tell you but I have some bad news.

상황 설명 *Remember the MP3 player I borrowed from you a few weeks ago? I left that on my bed and went to work in the morning. However, I just came back and realized that my dog stepped on your MP3 player. Now *it's completely broken. I know how much you liked it. *I am so sorry for what happened.

대안 제시 Well, here's the deal. *Since I broke yours, I will buy you the latest model that has a bluetooth function. I know you wanted it. *Also, I can even send you the songs you had on your last MP3 player. Well, I hope you are not too mad. *Once again, I am so sorry for what happened.

마무리 *Call me back when you get this message. Bye.

·· ＊의 기본 문장만 연습 ➡ IM1~3 목표

해석 | 안녕 헤더, 나 제시야. 잘 지내니? 미안한데 안 좋은 소식이 있어서 연락했어. 내가 몇 주 전에 너한테 빌린 MP3 기억하니? 내가 아침에 침대에 두고 출근을 했었어. 그런데 집에 돌아와 보니 내 개가 밟았더라고. 지금 보니 완전히 망가진 것 같아. 네가 얼마나 좋아하던 건지 아는데 이런 일이 생겨서 미안해. 저, 대안이 있어. 내가 망가트렸으니 블루투스 기능이 있는 최신 모델로 사 줄게. 네가 갖고 싶어 했잖아. 그리고 네 MP3에 있던 노래들도 보내 줄게. 그럼, 네가 많이 화나지 않았으면 좋겠어. 다시 한번 이런 일이 생겨서 미안해. 이 메시지 듣는 대로 연락 줘. 안녕.

Key expressions

go to work 출근하다 | **step on** ~을 밟았다 | **it's completely broken** 완전히 망가지다 | **I know how much you liked it** 네가 얼마나 좋아하던 것인지를 안다 | **I am so sorry for what happened** 이런 일이 생겨서 미안해 | **here's the deal** 대안이 있다 | **latest model** 최신 모델

나만의 공식 적용	인사하기	→	목적 밝히기	→	상황 설명	→	대안 제시	→	마무리

나만의 아이디어 노트

인사하기

목적 밝히기

상황 설명

대안 제시

마무리

고득점 Tip > 친구와의 상황극에서는 자연스러움이 우선적으로 중요합니다. 친구와 대화임을 잊지 말고 편하게 대화하는 능숙도를 보여 주세요. 상황극에서 고득점 필수 요소인 능숙도를 보여 주려면 활용이 좋은 다양한 의문문 패턴들을 가지고 적용하는 연습을 하면 도움이 됩니다. 또한 자연스러운 대화체를 위해서 질문 사이 사이에는 본인의 상황, 생각, 간단한 대답, 접속사 등을 사용하여 이야기의 흐름을 자연스럽게 이어 가세요.

유사 문제 연습하기

Q11 창문 깨짐, 관리사무실에 수리 요청

I'm sorry, but there is a problem I need you to resolve. One of the windows in your apartment is broken. Call the management office, explain your situation and give two or three alternatives to fix the problem.

유감스럽지만 당신이 해결해야 할 문제가 있습니다. 당신 아파트의 창문 중 하나가 깨졌습니다. 관리사무소에 전화를 걸어 상황을 설명하고 문제를 해결할 2~3가지 대안을 제시하세요.

나만의 공식 적용

상황 설명 → 대안 제시

나만의 아이디어 노트

 호텔 객실이 더러움, 문제 해결

I'm sorry, but there is a problem I need you to resolve. You have checked into the hotel and gotten to your room, but the room is not cleaned up properly. Call the front desk, explain your situation and give two or three suggestions to solve the problem.

유감스럽지만 당신이 해결해야 할 문제가 있습니다. 당신은 호텔에 체크인을 하고 방에 도착했는데 방 청소가 잘 되어 있지 않습니다. 프런트 데스크에 전화를 걸어 상황을 설명하고 문제를 해결할 2~3가지 제안을 하세요.

상황 설명 ▶ 대안 제시

Q13 신규 휴대전화 교환

🎧 PART3 › 02 › Q13

I'm sorry, but there is a problem I need you to resolve. You have received your new phone but the features are not what you expected. You would like to exchange it for a different phone. Call the store, explain the situation and make arrangements to get a new product.

유감스럽지만 당신이 해결해야 할 문제가 있습니다. 당신은 새로운 휴대폰을 받아보았는데 기대했던 기능이 되지 않습니다. 당신은 이것을 다른 휴대폰으로 교환하고 싶습니다. 매장에 전화를 걸어 상황을 설명하고 새로운 제품을 받을 조치를 취하세요.

공식 적용

인사하기/신분 밝히기 ⋯▸ 목적 밝히기 ⋯▸ 상황 설명 ⋯▸ 대안 제시 ⋯▸ 마무리

IH&AL 답변

🎧 PART3 › 02 › Q13 answer

인사하기/신분 밝히기 *Hello, this is a customer who purchased a cell phone at your store last night.
목적 밝히기 *I'm calling about the cell phone.
상황 설명 *I have had some problems with it. There is something wrong on my new cell phone. The problem is that it doesn't work properly. I can't even turn it on. I have charged it for half a day, but it is still not working.
대안 제시 *So, I have some suggestions. [대안1 교환하기] *First, I'd like to exchange it for a new one. I will come in to exchange it. [대안2 환불받기] If not, *I'd like to get a refund on my purchase. [대안3 수리하기] If you can't do that, then, *I want you to repair it as soon as possible. If so, how long would that take? I need a new phone by tomorrow.
마무리 *Please let me know what you can do *as soon as possible. *Thank you in advance.

⋯⋯⋯⋯⋯⋯⋯⋯⋯⋯⋯⋯⋯⋯⋯⋯⋯⋯⋯⋯⋯⋯⋯⋯ ✱의 기본 문장만 연습 ➡ IM1~3 목표

해석 | 여보세요. 저 간밤에 그쪽 가게에서 휴대폰을 구매한 고객인데요. 그 휴대폰 때문에 전화 드렸습니다. 휴대폰이 좀 이상해요. 제 새 휴대폰에 문제가 있는 것 같아요. 문제가 뭐냐면 이게 제대로 작동이 안 됩니다. 전원을 켤 수조차 없어요. 반나절 동안 충전을 했는데도 작동이 안 돼요. 그래서 대안이 있습니다. 첫째로, 새 제품으로 교환해 주세요. 제가 교환하러 갈게요. 아니면 환불을 받고 싶습니다. 만약 그렇게 안 된다면 빠른 시일 내로 수리 부탁 드려요. 그렇게 된다면 얼마나 걸릴까요? 내일까지는 새 휴대폰이 필요해서요. 빠른 시일 내로 연락 부탁드려요. 감사합니다.

Key expressions

it doesn't work properly 제대로 작동이 안 되다 | **can't even turn it on** 전원을 켤 수조차 없다 | **have charged it for half a day** 반나절 동안 충전했다 | **will come in to exchange it** 교환하러 갈 것이다 | **How long would that take?** 얼마나 걸릴까요?

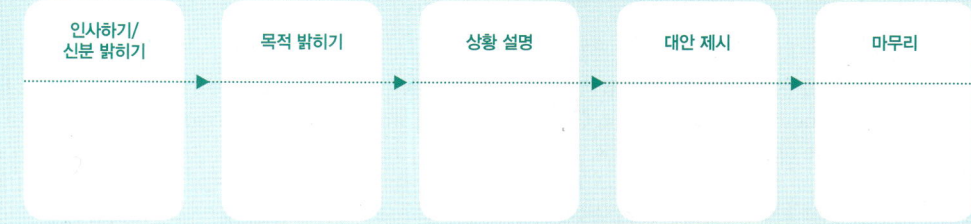

나만의
공식
적용

인사하기/ 신분 밝히기	목적 밝히기	상황 설명	대안 제시	마무리

나만의
아이디어
노트

인사하기/신분 밝히기

목적 밝히기

상황 설명

대안 제시

마무리

고득점 Tip

> 친구와의 상황극에서는 자연스러움이 우선적으로 중요합니다. 친구와 대화임을 잊지 말고 편하게 대화하는 능숙도를 보여 주세요. 상황극에서 고득점 필수 요소인 능숙도를 보여 주려면 활용이 좋은 다양한 의문문 패턴들을 가지고 적용하는 연습을 하면 도움이 됩니다. 또한 자연스러운 대화체를 위하여 질문 사이 사이에는 본인의 상황, 생각, 간단한 대답, 접속사 등을 사용하여 이야기의 흐름을 자연스럽게 이어 가세요.

유사 문제 연습하기

Q14 가구 도착했는데 마음에 들지 않음, 문제 해결

I'm sorry, but there is a problem I need you to resolve. You have received the furniture you bought, but there is something wrong with it. Call the furniture store, explain the situation and ask for a way to get an exchange or your money back.

유감스럽지만 당신이 해결해야 할 문제가 있습니다. 당신은 당신이 산 가구를 받아 보았습니다. 하지만 가구에 문제가 있습니다. 가구점에 전화를 걸어 상황을 설명하고 교환을 받거나 환불을 받을 방법에 대해 문의하세요.

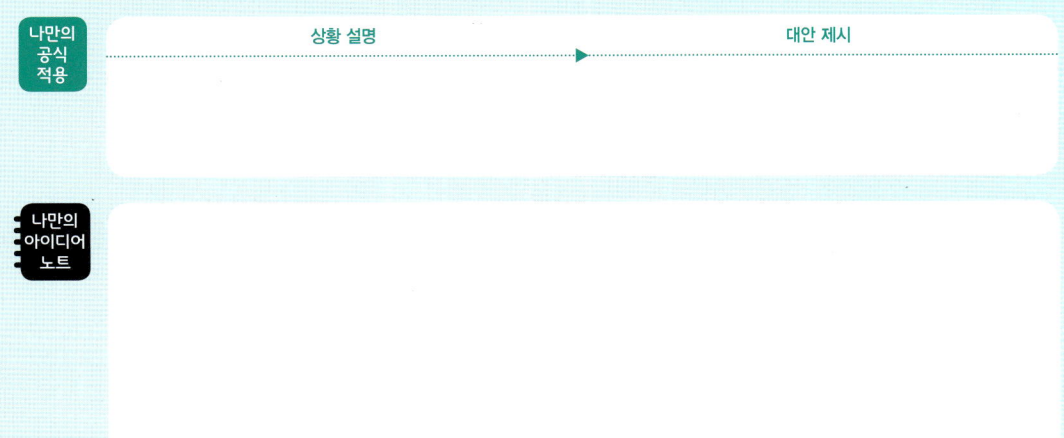

Q15 잘못 배달된 커피, 주문 실수 해결

I'm sorry, but there is a problem I need you to resolve. You have had your coffee delivered to your house. But when you got your coffee, you find out that you got the wrong order. Call the manager of the coffee shop, explain your situation and give two or three alternatives to solve the problem.

유감스럽지만 당신이 해결해야 할 문제가 있습니다. 당신은 커피를 집으로 배달시켰습니다. 하지만 커피가 도착했을 때, 당신은 주문이 잘못되었음을 알았습니다. 커피숍 매니저에게 전화를 걸어 상황을 설명하고 문제를 해결하기 위한 2~3가지 대안을 제시하세요.

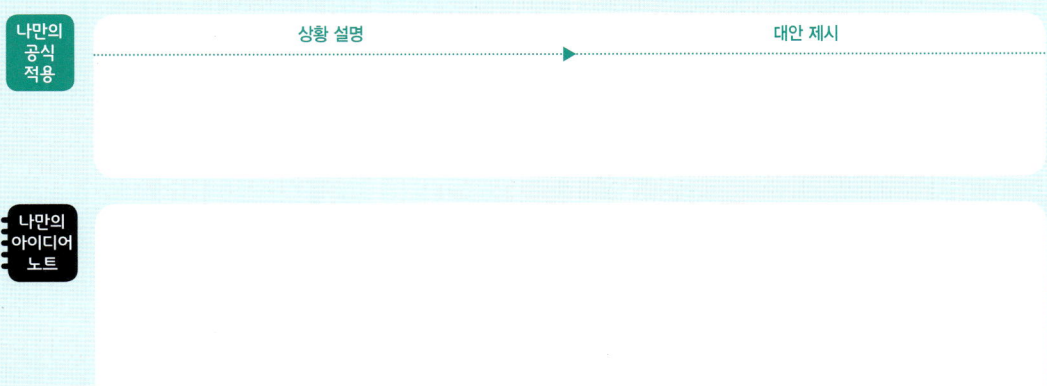

Q16 헬스클럽 마음에 들지 않아 환불 요청

I'm sorry, but there is a problem I need you to resolve. You have signed up at the gym but you are not satisfied with it. Maybe the gym is not clean enough or there are too many people. Call the manager of the gym and make arrangements to get a refund.

유감스럽지만 당신이 해결해야 할 문제가 있습니다. 당신은 체육관에 등록을 했지만 체육관이 만족스럽지가 않습니다. 아마도 체육관이 깨끗하지 않거나 사람이 너무 많습니다. 매니저에게 전화를 걸어 환불을 받을 수 있게 조치를 취하세요.

상황 설명	➤	대안 제시

Q17 구매한 옷이 잘못됨, 문제 해결

I'm sorry, but there is a problem I need you to resolve. You bought some clothes at a store. But there is something wrong with what you bought. Call the clothing store, explain the situation and ask for a way to get an exchange or your money back.

유감스럽지만 당신이 해결해야 할 문제가 있습니다. 당신은 가게에서 옷을 샀습니다. 하지만 산 물건에 문제가 있습니다. 옷가게에 전화를 걸어 상황을 설명하고 교환이나 환불을 받을 방법을 문의하세요.

상황 설명	➤	대안 제시

유사 문제 연습하기

Q18 영화 티켓 잘못 삼, 문제 해결

I'm sorry, but there is a problem I need you to resolve. You found out that you purchased the wrong tickets at the theater. Talk to the person at the box office about your situation and offer two or three suggestions to solve the problem.

유감스럽지만 당신이 해결해야 할 문제가 있습니다. 당신은 영화관에서 잘못된 티켓을 샀다는 것을 알았습니다. 매표소에 있는 사람에게 상황을 설명하고 문제를 해결할 2~3가지 제안을 하세요.

나만의
공식
적용

상황 설명 ▶ 대안 제시

나만의
아이디어
노트

Q19 웹사이트가 열리지 않음, 질문

🎧 PART3 › 02 › Q19

I'm sorry, but there is a problem I need you to resolve. You are on a social networking site that your friend recommended and cannot click anything on the website. Call your friend, explain your situation and ask for a help.

유감스럽지만 당신이 해결해야 할 문제가 있습니다. 당신은 친구가 추천한 소셜 네트워킹 사이트에 들어왔는데 웹사이트의 어느 것도 클릭할 수가 없습니다. 친구에게 전화를 걸어 상황을 설명하고 도움을 요청하세요.

공식 적용

인사하기 ··▶ 목적 밝히기 ··▶ 상황 설명 ··▶ 대안 제시 ··▶ 마무리

IH&AL 답변

PART3 › 02 › Q19 answer

인사하기 *Hey, Jessie. *This is Heather. *How are you?

목적 밝히기 *I am calling to tell you some bad news.

상황 설명 I came home and wanted to open the website you recommended. *However, I cannot click anything on the website. Do you have a minute to talk to me? *I have some questions for you.

대안 제시 *Well, first, can you tell me the address again? I don't know if I got the right address. Can you double-check it? *Also, is there Korean on the website? I can see some symbols on the bottom of the website but they are definitely not Korean keyboards.

마무리 Well, I need to solve this so that I can do my homework. *Please let me know soon. *Thanks, talk to you later.

··· *의 기본 문장만 연습 ➜ **IM1~3 목표**

해석 | 안녕 제시, 나 헤더야. 잘 지냈니? 안 좋은 소식이 있어서 전화했어. 집에 와서 네가 추천해 준 웹사이트 들어가 봤거든. 그런데 웹사이트가 클릭이 안 돼. 혹시 얘기할 시간 좀 있니? 나 물어볼 게 있거든. 음, 우선 혹시 주소를 다시 좀 얘기해 줄 수 있니? 내가 맞는 주소를 갖고 있는지 모르겠어. 다시 한 번 좀 확인해 줄래? 그리고 혹시 그 사이트 한글이 지원되니? 사이트의 맨 아래쪽에 몇 개 기호 같은 게 보이는데 한글은 아니라서. 음, 난 숙제를 하려면 이걸 해결해야 할 것 같아. 빨리 좀 알려 줘. 고마워. 이따가 얘기하자.

Key expressions

open the website you recommended 네가 추천했던 웹사이트를 열다 | Do you have a minute to talk to me? 나랑 얘기할 시간 좀 있니? | I don't know if I got the right address. 내가 맞는 주소를 갖고 있는 건지 모르겠어. | double-check 재확인하다

인사하기	목적 밝히기	상황 설명	대안 제시	마무리

인사하기

목적 밝히기

상황 설명

대안 제시

마무리

고득점 Tip ▶ 친구와의 상황극에서는 자연스러움이 우선적으로 중요합니다. 친구와 대화임을 잊지 말고 편하게 대화하는 능숙도를 보여 주세요. 상황극에서 고득점 필수 요소인 능숙도를 보여 주려면 활용이 좋은 다양한 의문문 패턴들을 가지고 적용하는 연습을 하면 도움이 됩니다. 또한 자연스러운 대화체를 위해서 질문 사이 사이에는 본인의 상황, 생각, 간단한 대답, 접속사 등을 사용하여 이야기의 흐름을 자연스럽게 이어 가세요.

Q20 도서관에서 책을 빌리지 못함, 문제 해결

I'm sorry, but there is a problem I need you to resolve. You had to borrow a book for your paper at school, but a classmate has already borrowed the book. Call your professor, explain your situation and ask for two or three suggestions to solve the problem.

유감스럽지만 당신이 해결해야 할 문제가 있습니다. 당신은 학교에서 보고서를 위해 책을 빌려야 합니다. 하지만 당신의 학우가 이미 책을 빌려 갔습니다. 교수에게 전화를 걸어 문제를 해결할 2~3가지 대안을 제시하세요.

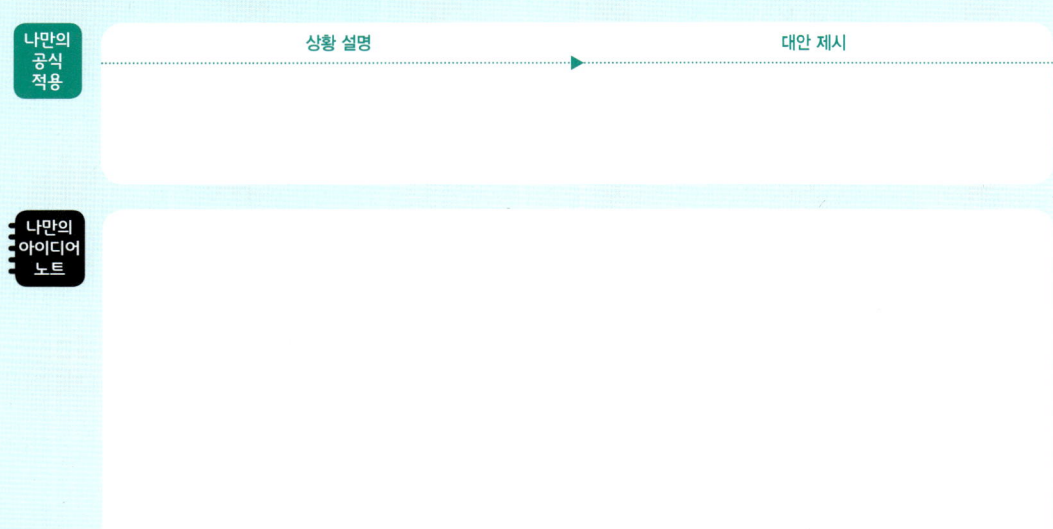

나만의
공식
적용

상황 설명   대안 제시

나만의
아이디어
노트

비행기티켓 취소됨, 문제 해결

I'm sorry, but there is a problem I need you to resolve. When you arrived at the airport, you found out that your flight was canceled. However, all of the other flights are fully booked. Explain the situation to your travel agent and suggest two or three options.

유감스럽지만 당신이 해결해야 할 문제가 있습니다. 당신은 공항에 도착했을 때, 당신의 항공편이 취소되었다는 것을 알았습니다. 하지만 다른 모든 항공편은 모두 만석입니다. 여행사에 상황을 설명하고 2~3가지 선택 사항들 제안하세요.

상황 설명	대안 제시

Q22 열쇠를 못 찾음, 상황 설명/대안 제시

🎧 PART3 › 02 › Q22

I'm sorry, but there is a problem I need you to resolve. You are at your relative's house, but can't find the key to the door. You can't get into the house. Call your relative, explain your situation and ask two to three questions to solve the problem.

유감스럽지만 당신이 해결해야 할 문제가 있습니다. 당신은 친척 집에 왔는데 문 열쇠를 찾을 수 없습니다. 당신은 집 안으로 들어갈 수 없습니다. 친척에게 전화를 걸어 문제를 해결할 2~3가지 질문을 하세요.

공식 적용

인사하기 ··▶ 목적 밝히기 ··▶ 상황 설명 ··▶ 대안 제시 ··▶ 마무리

IH&AL 답변

🎧 PART3 › 02 › Q22 answer

인사하기 *Hello, Uncle Park. *This is Susan again.

목적 밝히기 I am sorry to bother you on your trip, but *I have a situation here. I came to your house and tried to get in.

상황 설명 *But there's no key in the box where it is supposed to be. Well. I don't know what to do.

대안 제시 *Could you help me out? *So, is there any place you keep a spare key? If so, where would that be? *If you don't have any spare keys, can you send someone to open it? If so, how long would that take? It seems like that's the only thing we can do for now.

마무리 *Well, please let me know as soon as possible. *Okay? *Thanks.

··· ＊의 기본 문장만 연습 ➜ IM1~3 목표

해석 Ⅰ 여보세요. 삼촌. 저 또 수잔이에요. 여행 중에 죄송한데요. 여기 문제가 좀 생겨서요. 삼촌 집에 와서 들어가려고 했어요. 그런데 열쇠가 있어야 할 상자 안에 열쇠가 없어요. 어떻게 해야 할지 모르겠어요. 저 좀 도와주실래요? 혹시 다른 곳에 보조 열쇠는 없나요? 만약 그렇다면 어디예요? 혹시 다른 열쇠가 없으면 누구 좀 보내 주실 수 없나요? 만약 그렇다면 얼마나 걸릴까요? 제 생각에 현재로는 이게 유일한 방법인 것 같아요. 음. 가능한 한 빨리 알려 주세요. 아시겠죠? 감사해요.

Key expressions

bother you on your trip 여행 중에 방해하다 | there's no key in the box where it is supposed to be 있어야 할 상자 안에 열쇠가 없다 | I don't know what to do 어찌 해야 할지 모르겠다 | Where would that be? 어디일까요? | how long would that take? 얼마나 걸릴까요? | seem like that's the only thing we can do for now 우리가 할 수 있는 유일한 방법처럼 보인다

나만의 공식 적용	인사하기	목적 밝히기	상황 설명	대안 제시	마무리

나만의 아이디어 노트

인사하기

목적 밝히기

상황 설명

대안 제시

마무리

고득점 Tip

> 친구와의 상황극에서는 자연스러움이 우선적으로 중요합니다. 친구와 대화임을 잊지 말고 편하게 대화하는 능숙도를 보여 주세요. 상황극에서 고득점 필수 요소인 능숙도를 보여주시려면 활용이 좋은 다양한 의문문 패턴들을 가지고 적용하는 연습을 하면 도움이 됩니다. 또한 자연스러운 대화체를 위해서 질문 사이 사이에는 본인의 상황, 생각, 간단한 대답, 접속사 등을 사용하여 이야기의 흐름을 자연스럽게 이어 가세요.

023 **지갑 분실해서 계산 어려움, 직원에게 설명**

I'm sorry, but there is a problem I need you to resolve. You are at the bar and want to pay for your drinks. But you suddenly find out that you lost your wallet. Explain the situation to the bartender or waiter and make suggestions to solve the problem.

유감스럽지만 당신이 해결해야 할 문제가 있습니다. 당신은 바에 있고 술값을 내려고 합니다. 하지만 당신은 갑자기 당신의 지갑을 잃어버렸다는 것을 알았습니다. 바텐더나 웨이터에게 상황을 설명하고 문제를 해결하기 위한 제안을 하세요.

나만의 공식 적용	상황 설명	대안 제시

나만의 아이디어 노트